叩访档案

郭红解 / 著

人民出版社

策划编辑:孙兴民
责任编辑:李椒元
装帧设计:徐　晖
责任校对:宋春燕

图书在版编目(CIP)数据

叩访档案/郭红解著．-北京:人民出版社,2009.3
ISBN 978 - 7 - 01 - 007726 - 0

Ⅰ. 叩…　Ⅱ. 郭…　Ⅲ. 档案管理-文化史-中国　Ⅳ. G279.29

中国版本图书馆 CIP 数据核字(2009)第 020109 号

叩访档案

KOUFANG DANGAN

郭红解　著

人民出版社 出版发行
(100706　北京朝阳门内大街 166 号)

北京世纪雨田印刷有限公司印刷　新华书店经销

2009 年 3 月第 1 版　2009 年 3 月北京第 1 次印刷
开本:700 毫米 ×1000 毫米 1/16　印张:16.25
字数:216 千字　印数:0,001 - 3,000 册

ISBN 978 - 7 - 01 - 007726 - 0　定价:30.00 元

邮购地址 100706　北京朝阳门内大街 166 号
人民东方图书销售中心　电话 (010)65250042　65289539

序

冯惠玲

我知道郭红解始于他的随笔,多年来,在《上海档案》和其他档案期刊上经常读到他关于档案、档案工作的精致短文,因为喜欢那些清新、自然的文字中流淌着的思想精灵、文化意味和情感波痕,就建议他结个集子。当时和此后的近五年里他都没吭声,前不久却突然把文稿传到我邮箱并邀我作序,通读下来不由得被他对档案、档案工作的不舍、专注和深入打动了。百余篇随笔串在一起,郭红解的职业观念、生活情趣在我心中渐渐明朗起来,比过去断断续续获得的感受深刻、鲜活许多。

郭红解是个有情结的人,这本集子中弥漫着他浓浓的历史情结、文化情结、家乡情结、故旧情结,这些情结枝枝蔓蔓相互攀连,最终搭在他挥之不去的档案情结上,编织出他的思绪文路,汇成了这本我所知道的唯一以档案为题材的随笔集。

这本集子的话题很多,茶室品茗,市场闲步,老友重聚,探访他乡,一次次平常的经历,都让他浮想联翩;一桩桩无奇的见闻,都引他思索感悟,于是,一段段别有新意的文字就落在档案和档案工作上了。论档、留档、览档、说档,从国务院的《政府工作报告》到非典、地震等特大事件,从家喻户晓的巴金、刘翔到鲜为人知的摄影爱好者姜鑫元、艺术收藏家刘明秀,从自家珍藏的老照片到城市"进化"中消逝的风景,在他笔下都有档案的话题和故事。读着读着就会发现,档案与社会的瓜葛竟是如此生而有之,无处不在,剥离不开。郭红解在谈天说地间所要倾诉的,正是许多档案人望天问地所要寻觅的东西——档案并不只是档案自己,档案和社会是天然一体的。

郭红解的档案观念是开阔的,红头文件、官方记录并没有框住他的视野,"城市记忆"才能容纳他的档案世界。在他心目里,老字号、老房子、老厂子、老学校、老餐厅、老配方中都活着富有传奇的经历,都有一方文化的根脉,在城市"除旧布新"的过程中,档案要"拉历史一把",挽留住可能失落的记忆。他为具有档案价值的史料、照片流入旧书摊、旧货市场、拍卖会而悲哀、尴尬,因为这些东西原本具有档案的基因和特质,理应归属档案馆。在他看来,普通家庭的收支流水账、用餐账单,老城面貌的照片资料,都可以折射出社会的发展变迁,婚姻登记、知青下乡、独生子女、灾后余生等"生命记录",都可以让公民找到亲切的社会归属感,把这些记录揽入囊中的城市档案馆才能给予市民精神家园的感觉。

郭红解的档案观念是开放的,他真诚地希望档案馆的大门被叩开之后不再神秘,成为大众享有的"公共空间"。他直率地剖析一些档案人在档案开放上的矛盾心态和游移认知,为档案馆至今尚存的某些封闭状况而忧虑;他深入浅出地解说档案馆的"文化身份",为档案馆在城市文化生活中的每一次缺位而惋惜;他热忱地呼唤档案人的公共意识和公民的档案意识,为这两种意识的成长和对接,为档案"飞入寻常百姓家",市民与档案"零距离"接触,档案和公众的逐渐亲近、亲和而由衷欣喜。

郭红解说每个人都有属于自己的故事,我看这本随笔集讲述的就是他和档案的故事。档案工作这份在许多人看来平淡、清冷的职业,在他的精神世界中却是广袤无边、声色无尽。这不仅是因为他用思索的大脑、发现的眼睛、真切的情感来体味与自己朝夕相处了 26 年的行当,更因为他一直把档案和绵长厚重的社会历史、多姿多彩的社会生活联系在一起。

2008 年 10 月于北京

目　录

人 生 留 档

海 外 览 档

说 档 评 刊

自　序

人生，或许就是不断叩访的过程。

1982 年夏，已过而立之年的我大学毕业，收到了上海市档案局发来的"请柬"，邀请我去叩访神秘的档案。没想到，这一叩访已走过了 26 个年头。其间，虽曾有过迷茫和动摇，但总体是坚定和执著的，后来渐入佳境，可以说是全身心投入了。叩访档案，就是叩访历史与未来，叩访曲折与成功，叩访苦难与幸福。叩访档案，是与历史的对接，是和文化的对话，是对心灵的考问。叩访档案，让人深沉，给人睿智，使人真诚。

2003 年冬，中国人民大学副校长冯惠玲教授来沪参加一个研讨会时，向我提议结集出版这些年来我在叩访档案历程中留下的随笔类文章，撩拨了我久蓄心底的念头。但那时叩访还在行进中，我想为叩访留下更多的印痕，所以没有急于去考虑。现在，我的叩访档案的历程即将走向尾声，是到了可以"整理归档"的时候了。我从叩访中留下的随笔类文章里挑选了百余篇结成一集。为了还原叩访的历程，我把文章分为 4 个专题，每个专题内的文章按照时间顺序排列，由此形成了我叩访档案的"档案"，记录了我叩访过程中的所历所感所议。

个体的叩访，是群体叩访的一个组成、一方折射、一种脉动。这份叩访档案的"档案"，只是新时期我国档案工作厚重编年史中薄薄的一页。如果这薄薄的一页多少能反映一点我国档案工作发展的历史轨迹，多少能引发一些档案工作者的现实思考，那我将不胜欣慰。因为，这是我惴惴不安"公布"这一页"档案"的初衷所在。

由衷感谢上海市档案局局长吴辰等领导对结集出版此集子所给予的支持。最后，我要感谢 26 年来在我叩访档案历程中，所有给予过我关爱、关照、关心的领导、同仁和朋友，并通过这本集子来表达我的谢忱。

是为序。

郭红解

2008 年 8 月

纵横论档

神秘之门叩开之后

《档案法》于 1988 年 1 月 1 日起正式施行,厚重封闭的档案之门终于被叩开,但长久积淀的秘而不宣的档案意识不可能就此得以嬗变。

据资料介绍,西德联邦档案馆每年前来查档要求证实自己曾在军队服过役这段历史的就有 20 万人次。一些美国商人每做一次生意前,总要先花一笔"档案投资",半小时内即可购得所需的详尽的档案资料。通过对档案资料的对比、分析、权衡,最终确定投资项目以及项目的规模、地域。据法国《世界报》报道,档案情报资料员是"20 世纪 80 年代初美国新兴的一门职业",这类专家备受青睐,以至一些大企业愿提供"三十万法郎的年薪"招聘这方面人才。

比起某些发达国家公民体现的档案意识,我们的社会档案意识还处于比较低的层次。因此,提高社会档案意识,有效地保护和开发利用档案资源,是社会各界人士的共同责任。

有这样几个问题与提高社会档案意识恐怕不无关系。一是档案工作的透明度。档案工作人员大都有着同样的困惑:社会对我们了解太少了。买东西开张发票,你说档案局,他却给你赫然写上"党案局";与人交往,"在哪个单位""档案馆。""那我的档案也在你们那儿"让人啼笑皆非。这主要是档案工作长期处于封闭状态所致。随着改革开放进程的推进,档案工作也正在向开放型转变。但有的档案人员说,现在档案工作是我们内部热热闹闹,外面社会上冷冷清清。此话虽是极而言之,却也不无道理。档案工作的许多内容、意义、成就尚不为广大群众了解。因此,这就要求我们要提高档案工作透明度,不断将档案工作的有关情况告诉社会各方面人士。在这方面,档案部门和大众传播媒介以及社会有关部门互相配合,已做了不少工作,如举行新闻发布会、举办档案展览、播放电视录像、出版普及档案知识的书刊,等等。但从总体而言,特别是对封闭已久的档案工作而言,仅仅是有了一个良好的开端,档案宣传力度需要进一步加强。当然,宣传的透明度有赖于档案工作本身的透明度。这里需要指出的是,在有些档案人员中似乎还有这样一种矛盾的心态:既向往让社会了解自己的工作,又有点留恋长期以来档案封闭管理的"神秘氛围"。这种若明若暗"犹抱琵琶半遮面"的形象,不利于提高档案工作的透明度。二是要增强社会的档案法制观念。这与提高社会档案意识是密切相关,互为作用的。《档案法》已施行一年多了,但大多数人尚不知道有这部国家法律,那就更无从依法履行自己的权利和义务了。因此,要运用各种形式普及档案法制知识,提高公民档案法制观念。三是要普及档案、档案工作知识。领导干部、机关工作人员、科技人员更应懂得并掌握一些档案管理知识。不少国家都很注意普及档案知识,如美国档案工作者协会就编印了介绍和说明档案的性质、价值和管理的宣传品,向各学校和有关团体散发。美国国家档案馆西雅图分馆还鼓励一般公众作为义务人员直接参与档案工作的一些活动。这都是值得我们借鉴的。

(1988 年)

从《青春美丽档案》想到的

偶翻《新华文摘》，一个醒目而动人的标题跃入眼帘：《青春美丽档案》（载《新华文摘》1990年第5期），作者是著名作家陈祖芬。这不能不引起我的怦然心动：青春、美丽何以同档案结缘？作家陈祖芬何以把创作的视线投向这曾经是神秘兮兮的领域？我急不可耐地读了起来。

这确实是个美丽的故事：大连佳地针织厂的王守刚，为使"佳地"服装打进北京，打进国家运动队，他为体育界人士免费提供系列化服务，量身、裁剪、缝制，并由此建立起他的"青春美丽档案库"，收集了国家体操男女队全体队员的"三围"（胸围、腰围、臀围）等数据和国家花样滑冰男女队、国家技巧男女队等人的身材数据。队员年年长，数据常常改。佳地针织厂利用这些数据生产了佳地运动服。中国体操女队队员身穿佳地服参加了第23届奥运会，马燕红、吴佳妮、陈永妍等联合签名写信给佳地针织厂，说这次"是我们穿中外体操服以来最满意的一次……能在第23届奥运会上发挥水平……是和你们生产的体操服分不开的"，等等。

掩卷沉思，感奋不已。感奋之一，档案意识已在中国公众头脑中滋长起来。这个王守刚，不过是佳地针织厂的一个普通的销售人员，但他从实践中意识到建档的重要，并自觉地建立起了这个颇富魅力的"青春美丽档案库"，从中又获益匪浅。如果有更多的企业，更多的生产、经营、科研、管理人员都有这样的档案意识，那么，企业的发展前景将更为广阔壮美；感奋之二，在社会传播媒介中起着重要作用的作家、记者、编辑的档案意识正在日益增强。作家陈祖芬是以写报告文学见长的，这次，她寻找到了一个全新的对生活的楔入角度，将艺术思维的犁铧插进了一片未经艺术踏勘的土壤，为人们认识档案工作敞开了一扇五色缤纷的新窗。如果有更多的作家、记者、编辑向档案领域投注关照的视点，那社会档案意识将跃升到一个崭新的高度。

　　读了此文,又可得出两点启示。启示之一是,我们近年来开展的以宣传《档案法》为中心的档案宣传工作,是颇有成效的;国家档案局确定的立足档案,面向社会,振奋档案人员精神,提高社会档案意识的宣传工作方针是十分正确的。我想,作家陈祖芬、销售员王守刚可能并没有读过一本档案专业书,但很可能接受过档案宣传,不然,陈祖芬何以能如此准确地把握"档案"这个概念? 不然,王守刚何以会想到建立"青春美丽档案库"? 如果我们的档案宣传是封闭的,而不是开放的;是仅仅面向自己的,而不是面向社会的,那么陈祖芬、王守刚他们一定不会注入如此多的档案意识吧。我姑妄猜之。看来,我们的档案宣传工作还要继续加强,要注意研究档案宣传工作的规律和特点,注意提高宣传的品位和效果,这样,我们的档案工作很可能不会只囿于"领导重视是关键"这样一种观念了。进而,我们不妨可以组织一些作家、记者、编辑参观档案工作,邀请他们以各种艺术样式来形象地反映档案工作,这样,档案宣传工作就不再是我们单枪匹马地孤军作战了,也不是王婆卖瓜自卖自夸了,而可能形成一种社会的整体宣传效应了。

　　启示之二是,当人们一旦意识到档案的自我需要后,就会自觉地重视建立和研究利用档案,这要比行政命令管用得多。我不知道王守刚所在的大连佳地针织厂的档案管理是否上了等级,但有一点是清楚无误的,这就是王守刚建立运动员身材数据库的起因,绝不是因为行政命令、要上等级、搞评比之类的,而是为了打进运动服市场,当然也有为国争光的责任感。由此,我想到了新形势下如何加强档案工作这样一个大课题。时下以破"三铁"、转变企业经营机制,把全民所有制企业推向市场为重点的经济体制改革,正在全国迅速展开,国有企业转换机制的关键在于政企分开,两权分离。因而企业主管部门对企业的管理,要强化间接调控,摆脱一般性的检查评比等老一套工作方法,把工作重点转到规划、协调、服务、监督上来,停止一切不必要的干预。于是乎,我们就忧心忡忡:档案工作会不会就此削弱? 从佳地针织厂的事例来看,这种担忧是多余的。企业走向市场后,对各种信息的掌握与否是至关重要的;企业档案能为企业生产经营提供可靠的决策依据,能为企业在纷繁的经济纠纷中提供确凿的凭证,企业对档案信息的需求将比以往任何时候都来得迫切与重要,这是远见而务实的企业家的共识。从这个角度看,当前企业深化改革,对档案工作来说,不啻是一个机遇了。如能抓住机遇,档案工作在深化改革中必能闯出一片新天地来。

　　读了一篇有关档案的报告文学,竟引出这么一大段东西,可能扯远了,但确实是有感而发。

　　　　　　　　　　　　　　　　　　　　　　　　　　（1992 年）

从杏花楼月饼配方藏秘说开去

　　又到金秋送爽、菊黄蟹肥的时节。年年中秋月圆，年年月饼飘香。做月饼、销月饼、买月饼、送月饼、品月饼，是每年秋天沪上的一道风景线。今秋更是热闹，一条月饼新闻，成了沪上各大传媒争相追逐的热点：

　　"7月29日上午10时，在警车的护卫下，在公证员的严密监视下，有70多年历史，凝聚几代人心血的杏花楼月饼配方和工艺资料被锁进了银行保险箱。从此，每年月饼生产前取用数据资料，或有新品秘方存入，必须由杏花楼法人代表、职工代表、经营者代表为一方，加上浦东发展银行和市公证处代表，三方共同到场，方能开启此保险箱。"

　　一时间，沸沸扬扬，新奇者有之，赞赏者有之，酸溜溜者也有之。反映强烈的当属同行了。有的针锋相对地亮出了公开配方的旗号，称之为让顾客公开监督，有的则不偏不倚地广而告之：不藏秘，不揭秘，平平淡淡才是真。正是商场如战场，同行是冤家。倘如对杏花楼"藏秘"的举动的认识，仅仅停留在商家的"宣传攻势"、营销手段上，那是十分短视的。我想，杏花楼"藏秘"的初衷也绝不会局限在对当年的促销上，尽管这一举动事实上已产生了强烈的促销效应。

　　被誉为全国月饼第一品牌的杏花楼月饼，已有70多年制作的历史，以其外形美观、皮薄馅丰、软糯润滑、久放不硬的品质而著称。其独特的工艺配方产生于20世纪20年代，形成于30年代，工艺生产中最神秘之处在于16道工序8个控制点，均系一师一徒单传，不得染指非自己的工序，故想偷艺的人费尽心机也难以觅到全套工艺配方。今年初，在杏花楼做了50多年月饼、全国唯一的月饼高级技师陈明信经过艰苦的收集、整理，终于汇编成了一套由70年历史不断演绎过来的杏花楼月饼生产配方及工艺的资料，涉及品种近百个，体现了杏花楼月饼品牌的全部精华。当杨培民总经理接过这份资料时，深感其价值之珍贵，他对报界如是说："因为这不仅是企业巨大的无形资产,也是我们民族宝贵的财富。"铿锵之语,掷地有声,体现了现代经营者的眼光,从中也透示出一种难得的档案意识。

几年前,笔者也曾听到过一则关于月饼的传闻。说的是以肥而不腻,甜而不黏为特色的潮式"老婆月饼"起死回生的经历。"老婆月饼"先前原料配制方法极为原始,每当月饼生产前,就由几位富有经验的老技师,用轮流口尝的办法,品出最佳配方,然后批量生产,年年如此。光阴荏苒,老技师一个个告老还乡,"老婆月饼"的配方濒临失传之时,厂领导才猛地醒悟,赶紧聘请老师傅回厂,把最佳配方的各类数据和工艺流程记录在案,才使特色月饼得以继续飘香。

杏花楼经营者的档案意识与之相比,真是进了一大步。不仅妥善进行了收集整理,还从知识产权、无形资产的高度来认识保存特色产品配方工艺档案的重要性,当然,这也得益于时代的进步。但是,即便在今天,也不是所有经营者都那么重视企业的产品档案的,以致由此演绎出了一场场难解难分的技术侵权纠纷案。还有更无知的,要公开自己配方的。如果这仅仅是一种营销手段,那么公开的大抵是赤豆、莲心、花生、果脯之类的人所共知的原料,这无异于欺世盗名了;如若真的和盘托出自己的秘方,那也让人担忧不已,企业的无形资产不就白白流失了吗? 听说畅销全球的可口可乐配方,已秘密保存了111年,由此为可口可乐公司获取了源源不断的巨额财富。但愿我们的经营者在对待企业档案、无形资产的理念上,也能与国外那些精明的经营者接轨。

然而,细细再推敲一下杏花楼的做法,未免感到有些不尽妥善之处。比如,锁进保险箱的秘方在开启时需经企业、银行、公证处三方人员共同到场,而企业一方则由法人代表、职工代表和经营者代表组成,为何没有档案人员参加? 再比如,产品配方工艺档案是否非得锁进银行的保险箱? 据笔者了解,上海不少企业在保护无形资产,维护知识产权,重视企业核心技术档案管理方面研究制定了一系列切实有效的措施,其中档案部门、档案人员的积极参与是很重要的一条。由此看来,加强对知识产权、无形资产与档案关系的研究,并制定出有关的规定,已成为档案行政管理部门的当务之急。到那时,配方工艺档案也许不必再锁进银行保险箱了。

(1997 年)

圆明园不再安宁

心中的圆明园曾是这般安宁。

夕阳的余晖下,残荷、稻田、村舍、泥路,静静地环抱着一群高高低低、倾斜残缺的石柱。那氛围,那意境是圆明园所特有的。

后来,听说圆明园不再安宁了。历史废园改建成了遗址公园,人工湖里游船徜徉,游乐宫里欢声不断,空中飘荡着震耳的流行歌曲,草地上躺着丢弃的易拉罐。再后来,还听说要依据图纸,将已经湮灭的壮丽重新呈现在世人眼前⋯⋯

于是,圆明园不再安宁。几次上京城,都不敢再去圆明园,为的是想保留心中的那份安宁。

记得作家冯骥才先生对历史遗迹的整修,有过独到的见解:整旧如新是消灭历史,整旧如旧是保存历史,整旧如初是回到历史原貌。推倒重建,涂抹一新是"整旧如新";加固结构,维护原貌是"整旧如旧";至于"整旧如初",要使历经千百年的古迹回复到最初的模样,这只是一种追求的境界。

然而这种境界在当今高科技时代已有望实现了。中国档案界在档案复原上已有突破,年代久远,字迹褪变的档案,经李玉虎研究馆员妙手回春,档案不是"整旧如初",恢复了历史原貌吗? 文物古迹的"整旧如初"在国外也有成功的例子。1994 年 5 月 8 日,梵蒂冈西斯廷教堂穹顶和墙壁上,五百年前文艺复兴时期艺术大师米开朗琪罗传世之作的修复工程告竣,"整旧如初"的境界由此而跃入了。而梵蒂冈博物馆的人员为此花费了近 30 年的心血。他们从 20 世纪 60 年代就开始对壁画进行探测,将画面分成七千余块拍摄下来,采用高科技手段精密研究,再选择两千个部位做修复试验,直到 80 年代初才彻底弄清这举世闻名的壁画的最初模样,以及覆盖画面的那些有害物质的成分,最后才确定了修复方案。于 1982 年至 1994 年进行了历时 12 年 20 世纪最浩大的古代艺术修复工程,终使传世之作重现,熠熠生辉。倘若不是这样修复,谁能相信五百年前艺术大师描绘的那个著名的亚当的头颅,竟然如此轻描淡写,一挥而就?而《末日审判》中基督那情绪沉郁的面颊,总共只用了三笔!

当然,对于大多数遗迹来说,"整旧如初"毕竟是一种境界。圆明园早在一百多年前就被英法联军劫掠一空,焚毁殆尽了。即便有图纸,有财力,有技术,也难以走近"整旧如初"的境界,充其量只能"整旧如新"。即便能"克隆"一个圆明园,那又有何意义呢?遗迹能"整旧如新"、"整旧如初",历史能重新走过吗?何况圆明园绝不是一般意义上的遗迹,它是一段令人沉重得抬不起头来的历史。不知怎么,对于"整旧如初"的境界我并不那么神往。不仅仅是因为它要以巨额的财富、无尽的智慧、高新的技术和绵长的时间为代价,而是那样做的实际意义究竟有多少?而许许多多对历史的探究、想象和沉思却会由此而扼断。倒是"整旧如旧"的境界更让我醉心。人类能够创造未来,却无法更改历史。残损斑驳就是沧桑,就是历史。遗址古迹如同档案一样,也是一种历史的凭证,给人以深厚丰富的历史文化内涵。至于"整旧如新",那是对历史的图解。

从此不敢再去圆明园,为的是在心中珍藏那份安宁。

(1997 年)

档案的悲哀

近日,在《新民晚报》副刊上读到李辉先生的一则短文,不觉让人瞠目结舌。我把该文的开头摘录于下,我想,我的档案同仁们读后也会有此感受的:

"前些时候,在北京潘家园旧书摊那里淘到一大批历史资料,都是中国剧作家协会 20 世纪 50、60 年代的档案材料。它们怎么会流散出来,又怎么会出现在旧书摊,我不知道。不过对于一个研究者来说,得到它们却是意外的收获。……这些材料,大多是当年专案组整理出来的,包括个人检讨、互相揭发、批判提纲和批判会议记录等。这样一些特殊年代的遗物,对于研究那段历史,研究档案制度乃至各种特殊文体,显然有着不可取代的作用。难怪有朋友说我挖到了一个金矿。"

是的,对于从事中国现代、当代文学史研究的李辉先生而言,得到这批档案材料,无疑是如获至宝,但对于从事档案工作的我来说,却感受到了一种悲哀。更为可悲的是,这种悲哀我在一年前已感受过了。

也是在这个潘家园旧货市场上,去年"五一"节前,中国人民警官大学教授、摄影家李振盛仅仅花了几百元钱,就买回了 430 公斤、近 5 万幅中国摄影家协会保存的照片。这些照片的作者,几乎囊括了中国当代著名摄影家的名字。照片中有历届全国摄影展的获奖作品和入选国际摄影展的佳作,有不同国家评委书写的评语和签名。随同照片的还有评奖记录和总结,石少华、吴印咸、黄翔等著名摄影家的信函、文稿等。李振盛教授将装满照片的几个大编织袋运到了家里,进行了费时费力的精心整理,他准备在适当的时机,与热心文化事业的企业家一起,合作举办一个"从废品堆里捡回来的摄影艺术展览"。

1997 年 6 月读到这条消息后,我感受到了档案的悲哀,即便这 5 万幅照片后来得到了有识之士的呵护,但那个将来要举办的摄影展的名称,难道不是档案悲哀的写照吗?

　　而今,又是 6 月,还是在这个潘家园,又有一大批档案材料由此流散。只不过档案载体、种类不一样了。上回是照片档案,现在是纸质档案;上回是专门档案,现在是文书档案。不知这个潘家园,今后还会流散出什么别样的载体别样的种类的档案了,是否还要"门类齐全、结构合理"? 倘若这样的话,对档案来说,不啻是一种悲哀了。

　　档案的悲哀,在于流散到潘家园的这两批档案材料的主管部门,应属全国最高层次的文化团体了。这些部门、这些人员的历史意识、法制意识、文化意识、档案意识,理应较之常人要多一些,高一些,深一些,广一些。然而事与愿违,他们竟把珍贵档案视作草芥,以几毛钱一公斤的价格出售给收废品的小贩。至于中国剧协的那批档案是如何流散到潘家园的,现在尚不得而知。虽说这批档案是 20 世纪五六十年代一批文化人的检讨、揭发、批判材料,也许档案内容真真假假,但它却从另一角度反映了历史真实,凡是具有一定历史意识的人,是不会不重视它们的。何况,这批档案还打上了特殊年代的特殊印记,按档案法律法规规定,目前应在不开放之列,至少也在控制使用范围内。何以堂而皇之地出现在潘家园? 人们禁不住要问这些流散档案的主管部门:你们的历史责任心何在? 我还要再追问一句:你们的良心何在?

　　档案的悲哀,还在于这两起事件是在《档案法》颁布 10 周年,第十三届国际档案大会闭幕不久后,在一年时间里接连发生的。这使我们不得不重新审视我们以往的档案宣传的广度、档案执法的力度了。两起事件的责任部门都是全国性的文化团体,这不能不说是一种巧合,但却是一种耐人寻味的巧合。《中国档案报》1997 年 6 月 5 日在报道"照片事件"时,用的是《不该有的"盲点"》的标题,现在一年过去了,"盲点"不仅没有消失,还在原处扩散。记得"照片事件"发生后,京城传媒曾热炒过一番,但随后就没有下文了。于是一年后有了另一种"下文":又一批文化团体的档案流散在潘家园。不知"下文"的下文又该如何了。

　　末了,档案的悲哀,还在于发现并购回这两批流散档案的人,是两位专家学者,是我们档案部门的"局外人",看来,这又是一种耐人寻味的巧合了。

(1998 年)

到档案馆来旅游,如何?

那一天,在《人民日报》上看到一个很出挑的标题:《能去复旦、交大旅游吗?》,于是突发奇想:"能来档案馆旅游吗?"

后来,一位市领导来上海市档案馆检查指导工作,看了库房,看了档案,提出了一语惊四座的意见:档案馆要开发旅游资源。看来,上下想到一起去了,奇想也就不奇了。

随着编史修志的退潮,档案馆利用者门可罗雀的窘况日益凸现出来。而我们有些同志还死抱着"酒香不怕巷子深"的老观念,守着"老古董",默默无闻,心安理得地打发着寂寥的日子。于是,圈外人就不可思议了。人民日报记者看到某省档案馆宽敞的阅览室,冷冷清清坐着两位银发老人在查档,便感到诧异了,这便有了《档案馆里话沧桑》的报道。《中国档案报》随即转载了该文,希望广大档案工作者"积极开动脑筋,给这个问题以满意的答案"。半年多过去了,只陆陆续续读到过几篇"话沧桑",终于没能热闹起来,答案也就无法"满意"了。

当然,不少档案馆近年来已在行动上对此问题做了回答。例如举办档案展览,出版史料图册,开办广播讲座,拍摄电视片,建设青少年教育基地,从而拓宽了档案馆的服务功能。有些档案馆又正在启动档案资源上网工程,使公众走向新的档案利用空间,为档案资源的开发利用展示了诱人的前景。而在这方面,我们的"邻居"图书馆早已捷足先登。据报道,去年11月,到北京图书馆的读者为15.3万人次,而在北图网站访问的网上读者却高达241.8万人次。上海图书馆目前也已有61.4万册书目完成了数字化工作,并逐步使读者在网上可以读书。倘若我们的档案信息能上网,使读者能在"网上查档",不仅查到目录,而且读到老档案,看到老照片,查到老地图,在网上"漫游"档案馆,那么,我们真的不必担心档案阅览室门可罗雀了,倒是对"话沧桑"的问题作了令人神往的回答。

走笔至此,似乎有点跑题了,没办法,这铺垫不得不厚重些。如上所述,档案馆的利用人次已跌入了低谷,对此不少档案馆开动脑筋,在拓宽服务功能上做了富有成效的工作,得到了社会的认同和赞誉。但是笔者以为,可做的事还不少,例如档案旅游资源的开发。

时下,随着平民百姓的丰衣足食,旅游渐渐成了时尚,而且游出了文化的内涵,有了旅游文化的说法。那些文化含量高的文化机构、文化设施,纷纷成了旅游文化的抢眼点。上海的东方明珠电视塔、上海博物馆、上海图书馆、上海大剧院,成了沪上亮丽的风景线,吸引了众多中外游客前去观光。上海图书馆新馆落成后,曾对是否让儿童进入的问题引起过纷争,结果准入一方占了上风。馆长马远良先生如是说:"一个从小受到图书馆熏陶的人,长大一定会更熟练、自然地利用图书馆。"

现在,有人又提出游览复旦、交大著名学府的问题。其实这在国外也不是新鲜事了,国外的大学大多是"没有围墙"的,哈佛大学、耶鲁大学早已成了在美国文化旅游的重要景点。据说国内也有了先例,参观集美大学已作为厦门游的必备节目之一。至于档案馆,国外也是有游客盈门的。华盛顿的美国国家档案馆,每年约有上百万人走进该馆的圆形展厅,一睹镇馆之宝:写在羊皮纸上的独立宣言、美国宪法、人权法案和其他珍贵的历史文献。除了圣诞节外每天都开放,从上午 10 时到晚上 9 时(冬季提前到 5 时半),备有包括中文在内的各种语言文字介绍资料,并可提供导游服务,设有礼品部,出售历史文献的复制件以及历史照片、明信片、图书等。只是国内还未听到哪个档案馆成为旅游景点的,其实我们不乏这方面的优势和条件。倘若我们在这方面能有所为的话,档案馆定会"热"起来,社会的档案意识也会"高涨"起来。

至于如何开发档案旅游资源,可圈可点的还真不少,例如展厅的布局,展品的选择,礼品的设计,以至咖啡厅、茶室的设置,等等,这里就此打住,不一一赘述了。末了,有一处还得提一下,武警的哨位得移一下,不要出现在展厅前,这不至于会引起非议吧。

(1999 年)

由"茶文化节"想开去

上海的闸北区,原本并无多少引人注目的文化景观,给人印象深的倒是危棚简屋多。现在,该区不仅建设了繁华的不夜城商业区,还拥有了亚太地区最大的茶艺馆,在东南亚一些国家和地区已颇具声望。与此相邻的闸北公园,已改建成茶文化特色公园。以此为依托,闸北区已举办了6届上海国际茶文化节,吸引了众多国内外宾客。仅1998年,就有10多万游客前来观赏品茶,茶文化节的品牌效应,带动了文化的产业化进程。茶文化节创办初期由政府拨款,现在已进入市场化运作,实现了"以节养节"的目标。同时坐落在闸北区的茶叶批发市场也由此红红火火,成了上海茶叶批发市场的"半壁江山"。

这种以文化内涵来扩大城市的知名度,以文化导入来带动产品营销和市场竞争,以文化渗透来推进社会经济协调发展的文化节庆活动,已成为一个城市综合经济文化实力的重要标志。1998年6月,笔者访法时曾路过依傍地中海的滨海小城戛纳。尽管这里有着连绵的海湾,高高的棕榈,充满热带情调的露天咖啡茶座,但戛纳在人们心目中不仅仅是一个美丽迷人的滨海小城,还是一个富有魅力的"电影城"。至今,戛纳已成功举办了50届电影节。电影节期间,几乎倾城而动,全市沉浸在节日的狂欢之中。笔者去时,电影节虽已落幕,但余韵依然可寻。电影节的举办,有力带动了小城相关产业,如电影制作业、展览业、广告业,特别是旅游业的快速发展,据资料显示,这些产业增加值已占全市GDP的3/4。电影节及其造就的第三产业已成为戛纳的支柱产业。

即便是一个游乐园、一部电影,也可成为直接推动经济发展新的增长点。美国的"迪斯尼乐园"、好莱坞大片《泰坦尼克号》等,就带动了旅游、玩具、服饰、箱包、交通、餐饮等行业和商品的发展。说近点的,毗邻上海的江南古镇周庄,以其独特的文化资源,深厚的文化底蕴,吸引着络绎不绝的游人,从而不仅是带动,可以说是支撑着全镇经济文化的发展。

　　走笔至此,不由得想起了档案与文化、档案部门与文化产业的关系问题。关于档案与文化的关系,已在档案刊物上议论过一阵子了,见仁见智,各有所论,但共识是有的,即档案承载着丰厚的历史文化信息,况且档案馆又是法定的文化事业单位,因而说档案与文化有着密不可分的关系也是不为过的。至于档案部门与文化产业的关系,笔者尚未在档案刊物上发现有文论及。何谓文化产业? 上海的一份研究报告是这样界定的:所谓文化产业,通常是指从事物质和精神文化产品的生产、流通和以文化为内涵的各种服务活动或部门的集合。照此解释,档案部门,尤其是档案馆应在其中了,因为是"以文化为内涵"的服务部门之一。该研究报告也把档案馆同文物业、图书馆业一起,列入了文化产业大结构中的文化服务业内。当然,同属文化服务业,档案馆、图书馆、博物馆作为社会公益性文化单位,与广播、电影、电视、出版业等具有经营性的文化单位显然不同。但笔者以为,如何以适当的经济手段来"盘活"档案文化资源,如何更好地拓展以档案为内涵的服务活动,则是值得我们思考的。比如,利用重大的档案业务活动,尤其是国际档案业务活动,举办商业性的档案管理技术和设备展览;比如,利用各种社会性的档案展览,制作、出售具有档案文化的纪念品;比如,编辑、出版各类适应市民文化需求的档案图册、明信片等;比如,利用档案部门的文化活动,接受社会的捐赠、赞助;比如,利用档案馆的技术和设备优势,向社会提供服务,等等。

　　　　　　　　　　　　　　　　　　　　　　　　　　　(1999 年)

从"科技史料走进博物馆"说开去

最近,上海各大媒体纷纷刊发的一则消息不能不引起档案人的关注。6月1日《文汇报》以"科学史料走进博物馆"为题,报道了中科院上海生物化学研究所将曾轰动世界的科研成果"人工全合成牛胰岛素"的档案史料捐赠给了中国革命博物馆。这份珍贵的档案史料由试验记录、检测报告和1965年国家颁发的重大成果鉴定证书组成。

对这份档案我还是比较了解的,在编《上海档案志》时,我们特地将此档案列入志书并作介绍。呜呼!以后续编《上海档案志》时,不得不在后面添注一句:2000年6月后,该档案已由中国革命博物馆收藏。也许若干年后,有关"没有外祖父的癞蛤蟆"的卵母细胞的成熟受精和人工单性生殖的研究档案,有关我国第一台电子计算机诞生的档案,有关我国第一张气象雷达探测素描图及照片,有关世界上首例断手再植的病史记录以及上海第一家合资企业的文件、第一块批租土地的文件,等等,都会从科研院所、大专院校、医院企业的档案室纷纷"走进"各类博物馆。后人续编《上海档案志》时,类似的添注将补不胜补。他们免不了会发问:这些珍贵档案为什么都"走"了?

档案与文物你中有我,我中有你的说不清道不明的关系由来已久。为使档案和文物各自的收藏部门档案馆和博物馆等相安无事,《档案法》第十二条规定:"博物馆、图书馆、纪念馆等单位保存的文物、图书资料同时是档案的,可以按照法律和行政法规的规定,由上述单位自行管理。"因而档案馆也并没奢望将甲骨档案、居延汉简从博物馆那里拿过来,大量珍贵的革命历史文献也并没"走进"博物馆、纪念馆然而"散存"在社会上各类档案室的珍贵文献,却成了博物馆等扩大馆藏的"猎物"。

就在写这篇短文之际,读到了新出版的《档案与建设》的一篇关于"文物价值"与"档案价值"辨析的文章。该文提出及援引的关于有文物价值的档案更适宜于博物馆收藏的观点，我不能完全赞同。这种观点是对档案价值及档案馆功能认识上的偏差。否则，就很难理解为什么美国独立宣言、宪法和人权法案会收藏在美国国家档案馆。

我不知《文物法》对文物的收集是如何规定的，但档案法规对档案收集的规定却是明了的。国家档案局发布的《各级国家档案馆收集档案范围的规定》第三条规定了各级综合性国家档案馆收集建国后档案的范围。其中第三款规定，"本级人民政府直属工作部门所属的独立分管某一方面工作或从事某项事业的行政管理机关和企业事业单位，如文化部门下属的文化馆、剧团，教育部门下属的专门学校，卫生部门下属的专科医院，工业部门下属的生产地方传统名优产品或具有特种生产工艺的工厂等形成的档案"，也在收集范围之内。然而，我们各级综合国家档案馆馆藏中有多少这样的档案？或许有学校医院的档案，那是因为撤销了才进馆的；或许有企业档案，那是因为破产了才进馆的。既然有了规定，为什么不去作为？个中原因不少，想来传统的"全宗理论"束缚了手脚。按此理论，一个立档单位在其全部活动中形成的所有档案不能分散也就是说，你想把这个单位的几份很有历史价值的文献收集进馆，就得连同这个单位所有的党政工团会议记录、会计档案、设备档案等等统统接收，因为一个全宗档案不能分散。而博物馆则全然不顾你的"全宗理论"，于是就有了"科技史料走进博物馆"的故事。其实，问题的症结还不在于传统的理论，因为理论可以创新，何况《档案法》所称的档案是对国家和社会有保存价值的历史记录，并非全部档案。

当然，我无意认为综合性国家档案馆进了点医院、企业类的现行档案，那就是"馆藏丰富、结构合理"了，而是担心越来越多的具有文物意义的档案"走出"档案室，"走进"博物馆。你不作为，别人就作为了。这不能不说是档案馆的"尴尬"。

近来，档案馆的"尴尬"还不止于此。传媒又报道，上海将花大气力抓好行业博物馆的建设。在现已建成的中国印刷博物馆上海展馆、上海公安博物馆、上海监狱陈列室、上海银行博物馆的基础上，到2005年将再建成上海邮政博物馆、上海铁路博物馆、中国烟草博物馆、中国乳品博物馆等一批各具特色的行业博物馆。看来，又要有不少具有文物价值的档案纷纷"走进"这些博物馆了。

　　之所以尴尬地诉说档案馆的"尴尬",并无意抹杀近年来档案馆的种种努力,而是期待档案人对产生这些"尴尬"的原因给予更多的关注,并有所作为。

(2000 年)

再谈档案的悲哀

又是李辉先生。又是北京潘家园。这篇《纸上苍凉》使养生休息中的我有点按捺不住了。

几年前,在《新民晚报》副刊"夜光杯"上读到了李辉先生一篇短文,披露了他在北京潘家园旧书摊上淘到的一个"金矿":20 世纪 50、60 年代中国剧作家协会的一大批档案材料,大多是当年个人检讨、互相揭发、批判提纲和批判会议记录等材料。当时读后有一种悲凉的感觉,于是在《上海档案》上写了篇题为《档案的悲哀》的短文。

近日又在《新民晚报》上读到了李辉先生《纸上苍凉》一文。这次他开始显露了他收购的"金矿"的一角:"胡风集团案"涉及的杜高先生的个人档案。"杜高档案"装订成册,厚厚几大摞。它们始于 1955 年反胡风和肃反,历经 1957 年反右和反右后长达 12 年的劳改生活,结束于 1969 年"文革"期间被摘去右派分子帽子并释放回家。历史跨度十多年,几十万字的交代、揭发、外调、批判、总结、评语、结论等,构成了一个庞杂的世界。档案的完整让人惊奇。而我却不得不惊奇如此完整的个人档案竟会流落街头让人收购而去,对档案的悲哀之情又涌上了心头。

时下,披露私人档案似乎成了一种时尚。最近出版发行了一本名为《检讨书》的书,洋洋近 30 万字,全面完整地披露了"诗人郭小川在政治运动中的另类文字",收集了郭小川在历次政治运动中的检查交代、揭发以及组织鉴定等档案材料。我不得不钦佩编者郭小川儿女的勇气。读完《检讨书》,确实给我留下了一种刻骨铭心的记忆,使我走进黑暗的时间隧道,去触摸一位我喜欢的,曾创作过《致青年公民》、《望星空》、《厦门风姿》、《团泊洼的秋天》等作品的诗人艰难坎坷的心路历程。然而,读着这个沉重的"个案",读着这段沉重的历史,我心中又产生了"另一类"沉重的担忧。郭小川不仅仅是位诗人,而且还是建国初期全国文艺界领导者之一;《检讨书》中包容的内容不仅仅局限于郭小川本人的"错误",还广泛涉及许多人的情况,例如当时文艺界的领导陆定一、周扬、夏衍、林默涵、邵荃麟、刘白羽、张光年、冯雪峰等;例如作家丁玲、艾青、秦兆阳、康濯等,甚而涉及周恩来、陶铸、王任重等领导。尽管是郭小川的后辈,是否就有权公布这些记载着"另一类文字"的档案? 对这样的坦诚我不由得有点惶恐不安。按照国家《档案法》规定,即使属于个人所有的档案,在公布时也不得损害国家安全和利益,不得侵犯他人的合法权益。再者,书中还公布了组织部门的鉴定材料,这类档案的所有权似乎不属个人。读罢《检讨书》,让人感受到了档案的"另一类"悲哀。

早就听说上海也有个"潘家园",那就是文庙广场,每周日有旧书交易市场。逛了两次,果然大开眼界。在一个紧挨着一个的摊位上,除了簇新的盗版书外,还有各种版本的旧书。令人心跳的是还可发现发黄变脆的史料,如 1932 年的《扫荡报》,1933 年的上海公共租界工部局年报,1949 年庆祝上海解放的画刊,"文革"时期各类小报的创刊号,等等。我还惊奇地在一个摊位上发现了十来册 20 世纪 30 年代、40 年代上海书业同业公会档案的抄件。上面全宗号、目录号、案卷号一应俱全。尽管是抄件,何以流落街头,问及摊主,闪烁其词。摊主见我对档案感兴趣,又拿出了一套私人档案向我炫耀,竟是翻译家陈冠商先生的私人档案。20 年前我在上海师大求学时就已知陈冠商教授是波兰著名作家显克微支代表作《十字军骑士》的翻译者,为此他还受到了波兰政府的表彰。摊主如数家珍地向我展示了陈冠商的手稿、书信、照片、剪报等。已没必要追究档案的来源,要紧的是向母校转告这一信息。可惜下一个书市再去时,已找不到这位摊主了。私人档案的种种窘境,也是档案的一种悲哀。

私人档案的流向和公布,涉及许多有关的法律和档案管理方面的问题,是该引起必要的关注了。刚好读到了《新民晚报》的又一则报道《他留下的东西应属于国家——陈景润之妹向福州仓山区政府捐献哥哥遗物》。这批遗物包括笔记、手稿、证书等 22 件。这真是个令人欣慰的好消息。但愿关于"档案的悲哀"的话题不再议下去了。

(2001 年)

"通才"、"通材"及其他

现在的医院分科越来越细,光内科就分离出心内科、肾内科、消化内科、神经内科、血液内科等多个,有时真让病人无所适从。朋友偶染小恙,有尿频尿急指征,不知该看哪科对路,只好挂了普通内科的号。内科医生让他查了尿常规,见指标正常就到此为止,总算留下一句话,去肾内科看看。肾内科让他查了肾功能,又正常,医生也只能就此打住。朋友怯生生地问,会不会是糖尿病?医生顺势把"球"踢出去。到了内分泌手中,折腾就更多了,检查一套又一套,可结果还是正常。这下我的朋友没辙了,于是向我求救。听了他的求医经过,我立即为他"指点迷津":你是五十大几的人了,该不会前列腺出问题了。朋友按我指点去泌尿科求医,做了 B 超,果然是前列腺肥大惹的祸。这下他总算是对上号了,但朋友对先前的求医、检查总耿耿于怀。我却以为医生是无过的。你去内科,当然要怀疑你炎症;你去肾科,当然要怀疑你肾功能有问题;你去内分泌科,你至少应了糖尿病"三多一少"典型症状中的一"多",当然要让你查血糖、尿糖,这也算"守土有责"吧。看来,还是分科过细惹的祸。

现代新学科正以惊人的速度激增,据有关资料统计,由现代科学基础理论分化出来的学科达 400 余种,由技术理论分化出来的学科达 500 余种,整个学科门类已逾 2000 个。如果再加上分支科目,那更是数不胜数了。就拿我们的档案学来说吧,原本称历史档案学。20 世纪 80 年代初我进档案局时,拿了 5 本教科书参加培训,师长们说,这是档案学的基本科目。即使这5 个科目内容交叉之处不在少数。而如今,档案学不仅成为一门独立学科,其科目已"裂变"为 20 来种了。刚出版的"21 世纪档案学系列教材"内容重复交叉又随处可见,《档案开发与利用教程》更是有"新瓶装旧酒"之嫌。人们对学科的专门化研究,已到了精雕细刻的境界。当然,这种分化有助于科学认识和科学实践的专门化和精深化,但这个日益加速的进程,从实践上、心理上也往往容易导致从事者的自我封闭性。生存环境愈益狭窄，一叶障目，不见河汉，有意无意忽略了认识发展的相关性和统一性，丧失了拓展自身专业精进的思路和完善自身专业创新能力的机遇。同时，使得本来可以迎刃而解或继续深化的一些课题处于自设的困境。还说档案学吧，总给人有点小家子气的感觉。比如，那5本教科书是绝对的权威，容不得有半点批评。20个世纪80年代初期，信息革命方兴未艾，从外专业转行到档案部门的人有点按捺不住了，提出把档案作为一种信息，按信息管理的观点，这下被认为触动了教科书上档案管理"六个环节"的根基，于是引来了一阵讨伐声，现在想来很可笑了。再比如，不少人在接受档案学培训时，都有一种教科书把一些简单明了的事理讲述得过于复杂深奥的感觉，这样反让人"一头雾水"。如此种种，当然不能简单归咎于分科过细，但也不无影响吧。

人们常说21世纪人类将进入信息社会。信息社会应该是一个高度开放、高度融通、高度发展的社会。学科和专门人才"独善其身"式的发展显然难以适应社会的需求。信息社会呼唤"通才"的涌现。美国曾对1311位科学家进行追踪调查，从他们获得的事业成就特别是创新成果来衡量，得出了"通才取胜"的结论。当然，"通才"的涌现还有赖于"通材"教育的制定与实施。为此，美国制定并已开始执行一项令世人瞩目，面向未来的计划：《2061计划——全体美国人的科学》，详细论述了全面改革美国初、中级教育体系的设想、步骤、目标及科学依据。这项计划的最高目标是通过各学科融会贯通的教学方式，以实现使人的智能获得全面发展，有助于获得个人成功并承担起社会责任的教育目标。

诚然，"通材"并非把数以千计的学科融汇成百科全书式的一炉，而是指学科之间的互相交流和融通；"通才"并非精通一切，通晓一切，而是要尽可能博学多才，通而后专，力求放得开，收得拢；纵览未来，立足今天；着眼宏观，实践微观；思维发散，行为稳实。这或许是一个诱人的前景，但并非是难以触摸到的。就说医院吧，全科人才的培养已提到了议事日程。那么档案界呢，是否需要"全才"和"全材"？我不敢妄评，但有一点是毋庸置疑的，档案学、档案工作的发展离不开创新体制的形成，创新人才的涌现，创新能力的提升。从看病想到学科发展、人才培养，走笔够远了。末了，又跳出《三国演义》"开宗明义"的一句话："话说天下大势，分久必合，合久必分。"也算是有点发散性思维吧。

（2001 年）

档案馆和他的"邻居"们

档案馆有几位"近邻"：博物馆、图书馆、纪念馆。当然，档案馆成为他们的"新邻"不过是近二十来年的事。原本档案馆的"近邻"是保密局、机要局这些神秘兮兮的部门。

当初，档案馆蜕去神秘的外衣，走近文化圈的时候，对他的"新邻"还有点不屑一顾，不以为伍的味道，自以为行政级别高，有一种说不清、道不明的优越感。后来，当档案馆不得不文化起来，再后来，档案馆想方设法文化起来，才发现不可小看他的这些"邻居"们的文化底蕴、科技含量、社会效应，从"邻居"那里借鉴到了不少有益的东西，比如纪念馆的陈列展览，图书馆的信息处理，博物馆的社会教育。期间，档案馆和他的"邻居"们和睦相处，还时常"走亲访友"，联手策划举办一些展览之类。

近年来，文化开始市场化、产业化起来，这种"邻里"关系也就不能不受影响，特别是原本相对稳定、分工明确、约定俗成的馆藏资源配置格局发生了新的变化。

档案馆的"邻居"们正忙着"扩容"。上海图书馆进行中心图书馆建设的运作模式，把部分区县、大学、科研院所的图书馆吸纳加盟为分馆，成为上海图书馆延伸的"阅览室"。由此，读者可以享受"一卡通"的服务。毋庸置疑，这是有利城市文化建设、信息化建设的大好事，对档案馆不仅无损，还是大有可鉴之处的。倒是另两位"邻居"博物馆、纪念馆的庞大发展计划，不能不引起档案馆的担忧。据报载，上海在"十五"期间全市博物馆、纪念馆、陈列馆将从现有的 54 个发展到 100 个。又据近日报载，上海正掀起一个行业博物馆建设的新高潮，今明两年，本市将出现上海工艺美术博物馆、铁路博物馆、造币博物馆、气象博物馆、牛奶博物馆等一批各具特色的行业博物馆。看似与档案馆无关，其实不然。比如，报载"筹建中的上海气象博物馆将着重反映上海气象探测、预报手段、气象通讯、气象服务等领域的历史演变,其中一些展品是极其珍贵的气象文献,如1872年当时的徐家汇观象台法国传教士留下的东亚第一张天气图等。"这不,原本珍藏在上海气象档案馆的档案文献,都将成为博物馆的重要藏品。随着产业博物馆的兴起,一批部门、企事业单位档案馆将摇身一变为博物馆,这不会是危言耸听吧。其实,论规划,论馆网布局,档案馆起步比博物馆、图书馆要早得多,要法规有法规,要文件有文件,可惜多年来一直在不确定中游移徘徊,比如,综合档案馆何为"综合",如何"综合",与其他各类档案馆的关系如何定位等等,似很明确,又不那么明了。

除了"邻居"的"扩容",档案馆原本稳固的国家档案资源接收渠道受到影响外,档案馆的社会征集来源更是面临严峻的挑战。前不久举行的上海春季艺术品拍卖会上,一批珍贵的档案史料相继竞拍。其中,茅盾、老舍、叶圣陶、胡风、巴金等80多位名人的130多件信函组成的中华全国文艺界抗敌协会史料和《国内和平协定》(马叙伦文本)均被博物馆(或图书馆)拍走。档案和文物,你中有我,我中有你。你说是有文物价值的档案,他说是有档案价值的文物,"剪不断,理还乱"。这种"邻里纠纷",连《档案法》也只能"息事宁人":谁收藏就归谁。"邻居"们收藏的档案文献不能不让档案馆眼红:上海图书馆的18万件盛宣怀档案,是研究中国近代史的重要资料;12000余卷、约10万册家谱,使上图成为世界上收藏中国家谱原件最多的图书馆。在眼红的同时,档案馆不能不钦佩"邻居"们在文献收集上的创意和坚韧。20世纪90年代初,上海市档案馆曾筹划建立文化名人档案全宗,为此曾多次向巴金等人征集过手稿、信函等史料,但至今却未能形成系列和规模。而稍晚起步的上海图书馆,十年来已征集到文化名人手稿、信函、日记、照片等45000多件,建成了国内规模最大的中国文化名人手稿专馆。上海市档案馆早就有意建立上海历史照片中心,但上海图书馆1997年以来就翻拍资料照片2万余幅,初步形成了上海历史照片资料库。令人叹服的是,"邻居"们对档案馆的时新做法也亦步亦趋,"文物征集与重大活动的举办同步进行",APEC会议刚结束,博物馆就征集到与APEC会议相关的300多件实物资料,其中不少是有文物价值的档案。

面对"邻居"们咄咄逼人的气势,档案馆虽然不必庸人自扰,档案馆的优势依然存在,自成体系的接收渠道基本稳固,但调整思路,加强规划却是至关重要的。征集工作最忌的是"拿到篮里都是菜"。当然,继续密切与"邻居"们的沟通、协调、交流和合作也是必不可少的,"远亲不如近邻",档案馆定会从中得益匪浅。

（2002 年）

走出"兰台"

"兰台"是什么？朋友问我。"好像是古代典藏档案之处。"我回答。"那现代的档案馆、档案工作者为何还要称兰台、兰台人?"朋友疑惑不解。其实，这也是我从档二十年来一直萦回脑际的疑惑。

最早听到"兰台"一词，是在刚进档案局后的一次业务培训班上。当时感觉这词挺幽雅。后来，"兰台"频频亮相于档案报刊上，"兰台人"、"兰台精神"、"兰台风采"时常跃入眼帘，总感到有那么一种别扭。现在，"兰台"又闯入互联网上驰骋遨游，在搜索网上键入"兰台"两字，查询结果竟有7450 项。以"兰台"为名的网站就有不少，如"兰台导航"、"兰台风采"、"兰台纵横"、"兰台文苑"等等。最耀眼的是个人网站"兰台眼"，创意制作颇为新颖；让人眼睛一亮的还有山东大学文秘专业学生办的"笑傲兰台"；信息量较大的要数温州的"兰台导航"。除了网站外，还有各式各样的"兰台"，如兰台大酒店、兰台矿泉水、兰台软件、兰台写真喷绘工作室，等等。想来档案圈外的朋友大多是不会点击"兰台"两字的，如若这样，他们是无法进入这片多彩的档案天地的，这难道不让人扼腕吗？本想让中国档案工作走出封闭，走出国门，偏偏自己又设置了很难让人逾越的屏障，这真是一种可悲的悖论。

我有时会想，档案人为何偏好"兰台"？现在我想追究一下了。"兰台"一词，在《现代汉语词典》里是找不到它的影踪的，在《辞海》里才找到了它的立身之所："兰台，汉代宫内藏书之处。以御史中丞掌管，后世固称御史台为兰台。东汉时班固为兰台令史，受诏撰史，故后世亦称史官为兰台。唐高宗时曾改秘书省为兰台。"以《辞海》对"兰台"释义来看，"兰台"一为"御史台"，即"封建国家的监察机关"（典藏图籍最初为弹劾百官之用）；二为"史官"，白居易《秘书省中忆旧》中有"犹喜兰台非傲吏，归时应免动移文"的诗句。岁月湮沉，兵燹摧毁，旧日金碧交辉的殿宇宫阙早已不复存在，只留下一座皇史宬,孤独地传承着"石室金匮"的文脉。

诚然,在中国档案事业史,乃至中国文化史上,"兰台"还是有其历史意义的。中国封建王朝为了统治的需要,大都重视档案典籍的收藏。在两汉时期,除了兰台外,还有石渠阁、东观、麒麟阁、天禄阁等著名的"藏书之所"。但"兰台"之所以能给后人更为夺目的光彩,或许是源于班固的兰台令史和他所修的《汉书》。中国历朝历代向来是看重修史的,故有二十四史之盛。司马迁作通史体《史记》,上起黄帝,下讫汉武帝。此后,诸少孙、刘歆等多人补撰史事,积累了不少西汉史料。东汉初班彪作《史记后传》,有纪传数十篇。班彪子班固,继承遗业,专心精研,前后共二十余年,修成《汉书》纪、表、志、传一百篇。历朝典章史料借志书得以保存,《史记》、《汉书》的功绩是不可磨灭的。"兰台"为后人所倚重,也就不足为奇了。

然而,即便如此,"兰台"在历史上的重要作用,还不至于要现代档案工作者以此来自诩,甚或还要在互联网上以此为自己"正名"吧。现代的档案馆、档案工作、档案人与古代的"兰台"所象征的"石室金匮"和"史官"的含义已相去甚远。一段时空有一段时空的原创,一代人有一代人的魅力。文化的传承并不等于文明理念的恒常。英国诗人艾略特在《四个四重奏》中写下过"去年的话属于去年的语言"的诗句,这是颇有哲理的。"去年的话",如果不能分娩出今年的新意,那就让它进入编年史吧,尽管它曾灿烂一时,也不必再作牵强的现代阐释了,那样反而不古不今,让人不明不白。"去年的话",只有当它能够滋生出鲜活的东西,有益于人们进行前瞻性思索时,才能变成"今年的语言",甚至是"明年的语言"。

"档案"一词,虽然始见于清初顺治年间的官府文书,但三百年来,"档案"却富有生命力,特别是新中国成立 50 多年来,"档案"的内涵外延有了很大变化,期间经历了深刻的历史性嬗变。让人难以释然的是,当"档案"一词的现实含义正在被社会所认同,甚或被现代媒体广泛地运用在各种书名、专栏名和文章标题上时,我们档案人却舍其不用,反而要以让现代人难以理解的、已进入编年史的"兰台"来自诩。何以会进入这样的悖论的,似乎可以从政治、历史和文化的层面上找到一些因素。当然,这不是这篇短文

所能论述的,最多只能破个题罢了。末了,但愿我的这番对"兰台"的考问,
不至于引起我的同仁们的误解吧。

（2002 年）

让档案史料读物走近普通市民

刚刚过去的 2001 年，是上海档案史料编纂工作的丰收年。《上海租界志》等一批重要编纂成果在这一年纷纷问世。引人注目的是，这批编纂成果中呈现出鲜明的趋众性特征，档案史料读物开始走近市民，贴近生活。

上海有不少名闻遐迩的路，淮海路和福州路就是其中的两条。淮海路以格调高雅、人文荟萃、意蕴丰富而饮誉于世；福州路则因曾汇集过众多的书店、报馆、出版社、文具店、书场、茶馆、妓院而堪称为"旧式文化的熔炉和新式文化的发祥地"，前者有百年历史，后者有 150 年的历史。2001 年，这两条路有了自己的"正传"和"全传"。由卢湾区档案馆编纂的《淮海路百年写真》和由黄浦区档案馆编纂的《福州路文化街》双双问世。卢湾区档案馆在各方鼎力帮助下，从 4000 余幅图片中精选出 800 余幅汇集成册，以一条路的视角，展现市政、建筑、政治、经济、文化、社会生活、历史人物等不同历史时期的形形色色，以照片为主，释文为辅，对历史作了生动而入理的诠释。黄浦区档案馆则对丰富的档案史料进行了分类梳理，以近 50 万字的容量介绍了福州路的报馆业、书业、文化用品业、文化娱乐业、商业以及历史上的风化区等。上海经济史研究专家、上海市黄浦区副区长沈祖炜先生在"序"中说：该书"图文并茂，可读性强，是一部全面介绍福州路文化街方方面面的史料书，具有很好的学术价值"。

上海市档案馆历经十年编纂的鸿篇巨制，120 万字的《上海租界志》终于在新世纪开始时，公开出版。十分巧合的是，一本亦俗亦雅，图文交融的《畸形的繁荣——租界时期的上海》也在此时呱呱落地。作者是《上海档案》编辑陆其国先生。该书以图片史料为素材，以历史为坐标，用文学的笔触，对上海的租界历史作了"全景式"的扫描。

这几本史料编纂读物，无论是在视角取向上，还是在编排方式上，都与以往那些"原汁原味"的铺陈档案史料的汇编有着明显的不同，并且充分考虑到了现代人的阅读方式。图文并置、互动呼应就是其中一个鲜明的特色。难怪这些书上柜后能得到市民的青睐,媒体的关注了。这几本书的编纂,为档案部门、档案工作者与文化受众之间的沟通进行了十分有益的尝试。

《北京晚报》曾在青少年中进行过有关中华文明历史知识的试卷调查,结果调查者平均得分仅27.69。但调查者表示对历史有兴趣的占到七成以上,认为历史重要的竟在九成以上。如此反差,不能不让人深思。最近,网上有人对历史学意义进行"考问",提出:"我们不是治国者,需要常常以古思今。""怎样突出历史中真正吸引我们视线的那些东西,并且用一种现代人阅读方式的文本展示给大家?"这个尖锐的提问,不仅对传统的史学家著作是一种诘难和挑战,对我们档案史料编纂工作也是富有启迪意义的。

我们以往的档案编纂读物,大多以"原汁原味"(当然进行过必要的加工整理)公布档案史料为主,这对数量有限的研究者来说,当然是很欢迎的。但凝重的主题、枯燥的文本往往使广大读者望而却步。史学也是人学。能不能让档案"活"起来,进而让历史"活"起来,是摆在档案编纂工作者面前的一个新课题,因而,档案编纂功能的多样化已成了一个必然的选择。我们期待,有更多更好的贴近市民的档案史料读物问世。

(2002 年)

感悟米卢和他的"快乐足球"

中国足球够乖戾的。人们刚欣喜若狂地享受过金秋圆梦的快乐,就一头雾水地遭遇寒冬"黑哨"的烦恼。如同这一年波谲云诡的股市,正当人们在大牛市里癫狂着,突然间股指一泻千点,上亿市值蒸发,6000万炒股一族成为"套中人"。股民们都在惊恐地问:"谁动了我的奶酪?"球迷们也在迷惑地问:"谁抢走了我的快乐?"

然而,有一个人依然快乐着,在春城海埂对着采访的《南德意志报》的记者,笑眯眯地讲述着中国足球的故事,故事的主题依然是"快乐"。这个人就是米卢。那个难忘的金秋,一个叫博拉·米卢蒂诺维奇的塞尔维亚人走上了中国体育的神坛。40年来,中国队在绿茵场上曾经演绎过多少出黯然销魂、泣血捶膺的悲剧故事,名帅年维泗、苏永舜、曾雪麟、高丰文、戚务生,还有那个德国人施拉普纳,一个个饮恨在世界杯的大门前。激情教练徐根宝1992年1月19日在中国国奥队的赛前准备会上,曾充满激情地朗诵了毛泽东的词《沁园春·雪》,发出了"数风流人物,还看今朝"的誓言,但最后还是遭遇"黑色九分钟",兵败吉隆坡。当米卢走上"神坛"后,我和许多球迷都扪心自问:为何这个外国人能独领风骚呢?也许你可以举出许多无可辩驳的理由。诸如足协领导有方,8年职业化进程,抽了个好签,等等,但如同一个再经典、再豪华的乐队也离不开优秀的指挥一样,有谁能否定米卢举足轻重的作用呢?

有一百个读者,就有一百个哈姆莱特;有一百个观众,就有一百种对米卢的感悟。20年前,曾率领容志行等一批热血男儿冲击世界杯大门仅一步之遥的苏永舜说:"米卢从来都保持着追逐胜利的心态。他不甘平庸,充满了冒险精神,而这正是中国队最缺乏的。"一名在卡塔尔执教的法国教练这样评说米卢:"米卢的秘密在于他知道如何制作蛋黄酱。他知道如何把所有的调料制成美味。"米卢在冲击成功后如是说:"中国队在十强赛中表现出来的团队精神和昂扬的斗志最让我感到高兴,这才是一支真正的、完整的Team(队伍)!"这也许是对米卢足球理念的很好诠释。其实,观众不仅是在我歌我狂的胜利中感受到了"快乐足球",而且从米卢将"足球之夜"炮轰他的"永远的前锋""招安"归队;在一位国脚的婚礼上与"永远的后卫"冰释前嫌;从素有"过节"的"范大将军"和"郝董"相拥而泣等场景中,从另一面感悟到了米卢和他的足球理念。

当人们从沉重的足球、悲怆的足球转而迎来快乐的足球、胜利的足球时,不啻是享受到了足球的快乐,还经历了一场新旧理念脱胎换骨式的转换,从中可以感悟到更多的东西。作为档案人,自然联想到了档案。如何让档案工作也"快乐"起来,让参与档案管理和利用的人都能充分享受档案的快乐,是我在十强赛落幕后所想到的。很久以来,我们的档案、档案工作、档案人够痛苦的:地位低,经费少,条件差。每逢遇到同行聚会,总会祥林嫂般地念叨起这"老三篇"。后来,一靠政策,二靠机遇,三靠档案人的奋进,档案工作开始"快乐"起来,盖了新馆,配了新机,进了新人,电台、电视台也时有档案的声和影。于是乎,有的开始小富则安,自得其乐了。好在大多还是与时俱进的,不断追逐着新的胜利,不仅自己享受快乐,还要让利用者、让广大市民快乐起来。爱国主义教育基地的涌现、现行文件利用窗口的开设就是很好的例证。由此可见,拓宽档案服务功能是"快乐档案"的灵魂所在。当然,要不断提升这种快乐的境界,我们的各级档案行政领导肩负重任,如同主教练米卢对于"快乐足球"一样。有管理,就有管理激励理论,这是创造快乐不竭的源泉。看来米卢是深谙其道的。他对马斯洛的需要层次理论的运用可谓炉火纯青了。米卢有句名言:"态度决定一切。"他特别强调团队精神。他把所有队员团聚在为崇高荣誉而战的大旗下,无论是在国外的,还是在国内的;是重量级的"大腕",还是初出茅庐的新人;是"大连帮"的,还是"上海帮"的;是主力阵容的,还是坐冷板凳的。"他把所有的调料制成美味"。我们档案人常讲要加强队伍建设,要见物又见人,那么米卢对激励理论的应用,能否给我们一些启迪呢?

一个外国人,孤身一人,不远万里来到中国,给我们带来了"快乐足球",这不由得让我们想起了60年前,不远万里来到中国的一位加拿大人。就像那位加拿大人,留给中国人民的不仅仅是医治了许多伤员,米卢留给我们的也不仅仅是帮助中国队打开了世界杯的大门。想到这里，"黑哨"之类的烦恼也就挥之而去了。

（2002 年）

为普通人"记录历史"鼓与呼

今年"五一"期间,《新民晚报》上"和推土机赛跑的人——摄影爱好者姜鑫元的故事"让我怦然心动,使我这个"五一"节过得有点激情。

姜鑫元是上海石化的普通职工,也是一位业余摄影爱好者。20世纪90年代第一个除夕夜,他从金山乘火车回市区与家人团聚,拎着年货在弄堂口停留了良久。他是在弄堂口爷爷的烟杂店柜台上长大的,而现在,烟杂店变成了装潢一新的时装店。这个小小的变化却深深撼动了他的心,使他萌发了一个伟大的构想,用20年的时间,用摄影镜头来记录上海消失的景象。

自那以后的12年来,他一直用镜头跟踪着上海城市改造的步伐,目前已完成了虹口、黄浦、原南市区的全部马路,卢湾、闸北区的一半马路,普陀、长宁、徐汇、静安、杨浦等区的部分马路的拍摄工作;抢拍了江湾镇、"两湾一宅"、南北菱白园地区等改造前的景象,共积累底片近4万幅。在南市区于2000年7月1日撤销后,他拍摄的包括南市区政府、各街道办事处、颇有老城厢特色的居委会、老虎灶、弹格路、摊贩手艺人和450条路、上千条弄堂及与之相关的许多建筑,各种带有南市区字样的告示、人文场景,许多已成了"绝版"。

为了留下近4万幅历史图片,12年来,无论是元旦、春节、国庆,还是休息天,他大都是在拍摄路上度过的。他的家远离市区70多公里,20世纪90年代初,他路上来回要近6个小时。作为一名上海石化的普通职工,他的收入并不高,而摄影又是一个高消费的行为。计划起步时,他和妻子用全部的积蓄3000元钱购置了相机,他还用献血的补助和卖了祖传的两件小古董,凑足了1500元钱捧回了一套进口不锈钢冲片器材。12年来,他历尽艰辛,阅尽沧桑,他的最大心愿是:为上海的变迁留下历史的脉络和印迹。

让人欣喜的是,这种普通人记录历史的故事这些年来时有所闻。生长在上海浦东的姚建良先生,几年来几乎跑遍了陆家嘴金融贸易区28平方公里的每一个角落,用 3000 多卷胶卷、1 万多张照片,跟踪记录着浦东的变迁。

伟人列宁说过:"一切真正革命的、科学的和实际政治的主要标志之一,就是积极、自动和有效地参加政治生活和国家建设的普通人,非常迅速、急剧地增加起来。"当越来越多的普通人积极、自动和有效地加入"记录历史"的行列,作为以维护历史真实面貌为己任的档案人,难道不该额手称庆吗?

可惜,我们档案部门对这些"普通人"主动参与"记录历史"的行为没有给予更多的人文关怀。行政上号令、简单的"拿来主义",只会使档案部门、档案馆失去亲和力,使这些对国家和社会有保存价值的史料长期存留在无妥善保管条件的个人手里,甚或流向博物馆、图书馆、纪念馆。

那么,我们档案部门应该做些什么呢? 首先,还是要加强档案馆"人文形象"的塑造和宣传,使社会深入了解档案馆是"历史记忆"最好的藏身之地、激活之源。要让市民走进档案馆,就要让档案馆走近市民、亲近市民。其次,要动员更多的"志愿者"加入到"记录历史"的行列中。我们正处于一个新旧转换眼花缭乱的年代,城市的"最后一个"纷纷退出了历史视野:上海最后一个苏州河轮渡站悄然隐退,最后一个马路菜场迁进了室内,最后一个热水"老虎灶"关门大吉,最后一个传呼电话服务站功成身退,最后一条"弹格路"即将消逝,等等。城市新的审美图像在现代气息中不断转换。而这种"转换"的记录,不是一、二个专业部门所能独立承担的,特别是那些"转换"的"细部",要依托社会各方面的力量,包括市民的参与,才能较为完整地"存档"。其三,要切实为"记录历史"的"志愿者"提供有利的条件,搭建成才的舞台。比如,可以组织以城市变迁为主题的"志愿者"摄影比赛、图片展,举办有关城市变迁的学术讲座,为"志愿者"提供有关的摄影条件,资助出版图片集等,时机成熟,还可创办城市历史图片中心。这样的举措,比以往简单的"拿来主义"效果可能会好些。

但愿以后能够时常读到这些普通人"记录历史"的故事,而不只是在"五一"期间。

　　　　　　　　　　　　　　　　　　　　　　　　　　　(2002 年)

档案馆的"公共空间"

每年人代会的《政府工作报告》,档案人最关注的莫过于有否"档案"两字。在一、二万字的报告中,能发现让人心跳的"档案"两字,无疑是档案人最大的满足了,因为我们的事业、我们的工作"列入了计划",尽管没有这两个字,政府照样是对档案工作关爱有加的。今年的《政府工作报告》依然没让档案人失望,档案馆与图书馆、文化馆、博物馆等一起"榜上有名"。但今年的提法与以往略有所别:"加强图书馆、博物馆、文化馆、科技馆、档案馆等公共文化和体育设施建设",文化设施前加上了"公共"两字。

公共设施,构建了我们生活的公共空间,是承载精神生活的物质载体。早在古希腊古罗马时期,就非常重视公共空间的构建。苏格拉底的哲学殿堂其实是在广场、街头。有学者提出,现代社会出现了横向的三个板块:政治国家;市民社会及最微小的细胞——家庭;当中一块便是公共空间,由广场、剧院、草地、喷泉、咖啡馆等构成。从某种意义上说,公共设施的建设,体现了建立在自由、平等、民主基础上的文化共享与文化参与。1789 年法国大革命后,法国颁布了《国家档案馆条例》,规定国家档案馆要实行对社会、对公众开放的原则,标志着世界上第一次有了脱离机关而独立存在的综合性国家档案馆,这是近现代国家公共档案馆的滥觞。

中国社会和历史由于诸多的特殊性,公共空间的培育既充满艰难坎坷,又带有许多个性特点。中国档案馆的发展历程,即是其中的一个缩影。中国古代档案库的起源,可追溯至奴隶制的周朝。两汉时代,王朝中央在宫廷内外修造了多处殿阁,用来收贮各种档案典籍。明嘉靖十二年建造的皇史宬,是中国古代"石室金匮"的典范,在明、清三百多年间,一直是封建王朝的档案库房。民国时期,张继、邹鲁等人曾提议要建国立档案总库,但终究未能实现。新中国成立后,档案馆事业得到了快速发展,到 2000 年,全国已有各级各类档案馆 3706 个。尽管早在 1958 年,全国档案馆会议就已决定:省以上档案馆都要逐步建成相对独立的科学文化事业实体;地(市)、县级档案馆也要向相对独立的事业实体过渡。但是由于历史的原因,当时并未迈出实质性的步伐。直到 20 年后,改革开放的春风叩开了档案馆神秘之门,档案馆才开始融入中国的社会生活。与欧洲一些国家相比,中国档案馆进入社会公共领域的时间,晚了整整两个世纪。然而就在这短短 20 年间,中国档案馆完成了从封闭走向开放的巨大跨越。

　　当然,中国档案馆要真正融入社会的公共领域,要走的路还很长。由于历史和社会诸多方面的原因,中国档案馆在进入社会公共领域后,存在着种种不适应。首先是人员心理不适应。在这除旧布新、瞬息万变的社会生活里,档案人显得有点力不从心,矛盾重重:既想融入公共文化事业的群体,又迷恋机关的地位与权威;既想扩大档案开放利用的范围,又怕被人“抢走”了自己深藏不露的“宝贝”。档案开放犹如架在档案人头上的一把“双刃剑”。我们不少档案人的公共意识似乎还少了些。当我们把档案馆、档案人自豪地称之为“兰台”、“兰台人”的时候,是否意识到多了些什么? 缺了些什么? 其次是馆库布局不适应。我们的不少档案馆与党委、政府机关大楼融为一体,即使想“公共”,也“公共”不起来。先前建的,已成为物化的历史;但现在建的,不能不让人扼腕了。即使建得再现代,藏在机关大厦里,离公共文化设施总远了点。不能不钦佩深圳档案人的公共意识,在深圳崛起之际,他们便把档案大厦矗立于市中心的深南中路上,成为深圳公共文化设施的一个鲜明的象征符号。令人欣喜的是,经过十来年的时间,上海市档案馆的“窗口”,又将从偏远的虹桥迁回到繁华的外滩,从而完成了一个否定之否定的质的回归。第三是档案服务不适应。其一是档案内容;其二是服务手段。“馆藏丰富、门类齐全、结构合理”,我们已喊了多少年了,但总丰富不起来,齐全不起来,合理不起来。个中缘由暂且不论,但即使一个地区各级各类档案馆每天的利用卷次、人次加在一起,又有多少呢? 现行文件利用“窗口”的开设无疑给档案人带来了新的兴奋点,但随着信息化程度和市民素质的提高,这扇“窗口”不会越开越大。因而,服务功能的拓展,愈益成为档案馆“亲近”市民的一个重要支点。

档案馆离"公共"还有多远？由上议及，看来还有很多路要走。

（2002 年）

从档案进入拍卖市场说起

在上海朵云轩艺术品拍卖公司前些日子举办的一场拍卖会上,一批档案史料走上了拍台,被竞相拍走。其中,周作人、姚茫子3页手稿5000元成交;钱钟书、谢冰心致黄裳的两页手书9500元成交;曾国藩、李鸿章书札7500元成交;费孝通、韦君宜、屈武9页文稿1000元成交;《国内和平协定》(马叙伦文本)1500元成交。成交价格最高的是一卷《中华全国文艺界抗敌协会会员信札》,有宋庆龄签发的《上海文艺界致司徒雷登大使》的信和茅盾、巴金、老舍、叶圣陶、胡风等80余位文化名人的信件,经几轮竞拍,最终以8万元"一锤定音"。

档案走上拍台,已成了不争的事实,然而以文物身份走上拍台总有点尴尬。上面提及的一批档案是在"古籍版本专场"上竞拍的。文物中有档案,档案中有文物,这是档案界、文物界的共识,无须再作无谓的争论,事实上也难以严格廓清两者之间的界限。《档案法》也认定有些"文物、图书资料同时是档案的"事实,并规定"博物馆、图书馆、纪念馆等单位保存的文物、图书资料同时是档案的,可以按照法律和行政法规的规定,由上述单位自行管理。"因此,部分在我们看来的档案史料按照国家和地方文物拍卖的有关法律、法规进行拍卖,似也无可非议。

其实,档案法律、法规也并没规定所有档案一律不准出卖。《档案法》规定:"集体所有的和个人所有的对国家和社会具有保存价值的或者应当保密的档案,档案所有者应当妥善保管。"但对于这些档案,"档案所有者可以向国家档案馆寄存或者出卖"。当然,买方必须是国家档案馆。向国家档案馆以外的单位和个人出卖,要经县级以上档案行政管理部门审查批准。但事实上那些进入文物市场的档案是以文物身份而非档案身份出现,因而审查批准似有形同虚设之嫌。好在文物法律法规和文物行政管理部门对拍卖具有重要史料价值的文物也作了有关限制,例如这次拍卖会上的拍品

《国内和平协定》和《中华全国文艺界抗敌协会会员信札》在拍卖时规定"仅限于国家博物馆、图书馆竞买"（当然，国家档案馆如要竞买想必也是不该拒绝的）。因而，从这一角度来说，有史料价值的文物进入拍卖市场，总比流落在北京潘家园、上海文庙市场为好。

　　但是，这种拍品毕竟也是很有史料价值的档案文献，国家档案馆应该是它们最好的归宿。在拍卖会拍品预展时，有关工作人员也坦言，像这些珍贵的历史文献由档案馆收藏要比博物馆收藏更好。因为对于博物馆来说，这些文献更多的是体现个体的文物价值，而对档案馆来说，却能够拾遗补缺，互为印证，发挥整体的史料价值。虽说进入拍卖市场参加竞买，也不失为国家档案馆收集档案、丰富馆藏的一个渠道，上海市档案馆已在这方面作了一些尝试。但竞买毕竟需要雄厚的资金作为后盾，况且国家档案馆与博物馆、图书馆的事业经费同源于国家财政，互相竞买得益者是卖家，损失的还是国家。

　　尽管是一种"尴尬"，但档案史料进入文物拍卖市场毕竟已成为现实。档案部门在"尴尬"之际，也不得不关注一下文物拍卖活动，如见合适的，又有能力支付的，不妨也可参拍一下；如心有余而力不足的，也可了解竞拍档案的信息，此可谓无奈之中的有为之举了。

　　　　　　　　　　　　　　　　　　　　　　　　　　（2002 年）

"文化反哺"给我们带来了什么

这两年,我对上高中的儿子,在学业上的解惑空间日渐萎缩。数理化早在初中时就拱手相让,现在语政外也节节败退。倒是儿子,成了我"五十岁学吹打",按弄鼠标的老师。尽管我不是一个很传统的人,但这种"父为子纲"亲子关系的"颠覆",还是会让人感到难堪。

读了范敬宜先生在人民日报上写的一篇题为《回家问问孙子》的文章,使我感触良多,释然不少。范先生在文中写道:近来和老同志开会讨论时往往会涉及当今某些新领域、新学科、新知识。有时遇到难题,一些老同志便很自然地说:"等我回家问问儿子",或者"等我回家问问孙子"。开始听到这类话,觉得很不习惯,当了一辈子知识分子,甚至是有点名望的知识分子,到头来怎么还要"回家问问孙子",后来仔细想想,忽有感悟——这不是长幼失序,而是反映了我们正在经历一种历史性的变化。"回家问问孙子",首先说明当今世界科学技术正在一日千里地发展,我们的知识越来越跟不上时代的车轮,而儿孙辈这方面的知识正在或者已经大大超过我们。其次,还说明了社会观念的变化。过去,老人们常用这样的话来训斥儿孙:"我走过的桥比你走过的路还多"。现在已很少听见这类倚老卖老的话了,逐渐取代的是更多的"不耻下问"。在日新月异的科学技术面前,知识更新的迫切性越来越明显地摆在老一代面前,这已成为一个世界性课题。美国有些五六十岁的老博士,为了重新武装自己,又去攻读新的博士学位。因此,要想更好地跟上时代步伐,我们必须努力地学习,虚心地学习,包括向自己的第二代、第三代学习,否则,即使想"发挥余热",这余热也会越来越有限了。从这个意义上说,愿意"回家问问孙子"是值得赞美的好现象。这样看来,传统亲子关系的"颠覆",是科技发展、文明进步的使然。

近来,读了一些社会学方面的文章,知道这种"颠覆"是一种"文化反哺"的社会现象。自人类进入文明社会以来,文化传承的方向总是由上一代人向下一代人传承。与此相应,在家庭内部,亲代总是扮演教化者角色,子代总是扮演被教化者的角色。亲子两代在生物繁衍链上的前后相继性,决定了双方在社会教化上的不平等性。但在急速的社会变迁背景下,不仅文化传承的内容有了很大的变化,而且亘古不变的文化传承方向和形式也有了变化。美国著名文化人类学家米德曾在其名著《代沟》中,从文化传递的角度,把人类文化的发展分为三种基本形式:前喻文化、并喻文化和后喻文化。前喻文化是指晚辈主要向长辈学习;并喻文化是指晚辈和长辈的学习都发生在同辈人之间;后喻文化则是指长辈反过来向晚辈学习。这种后喻文化的传承形式,社会学家称之为"文化反哺"现象。社会科技文化的迅速发展,造成了年长一代的知识很快陈旧,年轻一代则用更贴近时代、更少传统和善于认同、接受新事物的优势,向长辈提供新的信息和新的生活样式。

在网络社会和数字化生存时代,这种"文化反哺"现象显现得尤为浓烈。在信息技术产业领域,年轻一代扮演着"弄潮儿"和"领航员"角色。世界第一名电脑 ENIAC 的发明者、关于"图林机"划时代论文的作者、苹果Ⅱ型微电脑的发明者、互联网安全系统公司的创办人、"雅虎"网站的创造者,以及"游戏机之父",等等,成就大业时,都只是二三十岁的青年。当今中国 IT 业的领军人物也都是清一色年轻人。这样一个"唯新是图"的朝阳事业、朝阳学科、朝阳技术、朝阳产业,需要得到"八九点钟太阳"的青年倾心拥抱。青少年带领着他们的父辈和祖辈走进数字化生活,已成为当今社会典型的"文化反哺"现象。

当我们把视野放得开阔些,就会发现"文化反哺"现象不仅仅表现在信息科技的传递上。当年曾把迪斯科视作洪水猛兽的年长一辈,如今却对迪斯科亲力亲为,乐此不疲,这是不是一种"反哺"呢?当大陆大众通俗文化沉寂了几十年后再次启动,是否得益于港台通俗文化,比如邓丽君的流行歌曲、金庸的武侠小说、琼瑶的爱情小说的"反哺"呢?当我们具有悠久历史的围棋被韩国高手演绎得尽善尽美时,我们是否不得不接受某种"反哺"呢?

还有,我们的档案管理、档案教育是否也要实现"反哺"呢?比如我们的业务指导,传统的师傅授徒弟的作坊方式至今还占据着主角地位,比如我们曾牢牢把守着传统的组卷方式不放,致使档案计算机管理步履维艰,比如我们的档案教学,很多内容还"拷贝"于20世纪五六十年代的东西。由于传统的重压太沉,这种"反哺"显得更为艰难。

　　当然,"文化反哺"并不意味着将抛弃年长的一代,而是激励年长一代必须学会主动跨越自己与后辈的"代沟"。"文化反哺"也并非完全取代传统的传承方式,而是将原来单一的传承方向改变为双向互动的传承——成年人在教育引导年轻一代的同时,也受着年轻一代的引导和教育。可以想见;这种双向的文化传承所形成的良性互动,不仅在网络平台上,同时在社会舞台上,都将开启更为光彩的未来生活。

(2003 年)

刘翔背后的档案支撑

刘翔成了名人。刘翔的一跃成名,源于他惊世骇俗的 12 秒 91 的飞翔。那个奥运夜晚,不,对我们来说,是一个奥运凌晨,我在荧屏前见证了这一完美的瞬间。那情那景,至今想起就会热血沸腾,怎一个爽字了得!

成功的背后,总有许多因素支撑。在各路媒体纷纷向刘翔的成功进行"狂轰乱炸"之时,也有媒体对刘翔现象进行了理性的探究:教练、慧眼识宝,体育环境开放,频繁出国比赛,运动设施先进,训练方法科学,甚至还有诸如美国耐克公司专为刘翔设计的一款最轻的"红色魔鞋"。

中央电视台"新闻调查"的专题节目《飞翔的奥秘》却以科技为视角,对刘翔现象进行了"调查"。"调查"表明,"飞翔的奥秘"在于科技的支撑,而档案的建立与分析利用,则是这种支撑的重要力量。

早在 2002 年国家体育总局田径运动管理中心和体育科研所就专门成立了对刘翔的训练进行科研和科技服务的课题组,对刘翔日常训练和历次国内外比赛都进行了跟踪拍摄,一场比赛往往在三个以上机位从正面、侧面等不同的角度,对刘翔的每一个技术动作进行记录。然后运用专门的软件系统对图像资料进行数字化处理,详细分析刘翔的跨越栏架时间、跑步频率、步伐长度等一系列基本数据,并以此与获取的约翰逊等世界名将的数据进行分析比较,从中知道刘翔的优势和弱处,为教练制订训练计划提供依据。比如,图像数据反映,刘翔的跨栏技术非常好,他的栏间二步节奏感非常强,过栏后腿的下压以及手臂的高频率摆动罕有人能企及。而刘翔的起跑和终点冲刺能力则是较弱的环节。通过有针对性的专门训练,刘翔整体技术才达到完美的境界。可以说,刘翔成功的背后有着档案信息的强力支撑,"飞翔的奥秘"之一,是课题组的档案意识和对档案信息的收集利用。

除了"飞翔的奥秘",我们在雅典奥运会上还可以读到不少"档案里的故事"。男篮中塞之战前夜,主教练哈里斯还在思忖次日对塞黑队的比赛。

他非常想要小组赛中塞黑队输给新西兰队的录像资料。于是哈里斯深夜走出房间,钻进奥运村里的音像图书馆,又连夜对录像带进行编辑处理,在第二天早上的准备会上以此给队员作了讲解部署。这个环节最终成为中国队奇迹般地战胜塞黑队的一个"奥秘"。

与成功一样,失败的背后总是各有各的原因。而档案信息的缺失,却成为我国举重、体操等传统优势项目在奥运会上皇冠坠落的切肤之痛。相反,对手的成功,则是由于利用档案信息把我们的选手研究得很透。一正一反,成也档案,败也档案!

据报道,我国目前真正重视体育信息的人并不多,而能够从事体育信息收集的专业人员更是少之又少。天津体育科研所于辛纳研究员将这种专才称为"体育信息专业人员"。他说,以网络化为主要特征的信息时代,一个体育信息专业人员必须通晓图书馆学、信息学、文献学基础知识和计算机编目技术,这样才能在网络环境下更好地开发利用体育信息资源。我们可能会为这位研究员未能点明档案学而遗憾,其实他的话语里包含了档案信息的开发利用,只是概念认同上的偏差而已。揭开"飞翔的奥秘",档案信息的作用是无可替代、无可比拟的。由此而论,在体育系统加大档案意识的培养,加大档案信息的服务是很有现实意义的,特别是我们正在全身心拥抱2008年北京奥运会。我们常说,小康社会发展到哪里,提供档案信息服务就延伸到哪里。我们档案信息服务不仅要进社区、进家庭,还要进专业系统、进高新技术领域、进尖端攻关项目。当然,后者要求更高,难度更大,但对社会的巨大作用是不言而喻的。可惜我们对这方面的关注似乎还不够。由此及彼,档案服务应有更多的大文章要做。要做好做大文章,不仅要有服务大局的意识,还要耐得住一时的寂寞。毕竟,不可能时时放飞辉煌。

(2004 年)

"泛档案"现象析

　　时下,档案成了"香饽饽",愈益受到媒体的青睐,"出镜率"节节攀升。一些媒体对档案的兴趣已不甘心于停留在消息报道的层面上,还别出心裁地以档案来包装自己的栏目,以此来显示内容的真实性、权威性、内幕性,等等。于是便有了明星档案、足球档案、检察档案、个股档案、餐馆档案,等等。上海电视台有档名牌栏目就叫"星期五档案"。这些以档案为名的栏目的内容,与我们业内人士对档案的理解并不完全趋同。比如,明星档案无非是有关明星的姓名、性别、身高、体重、血型、爱好,还有什么星座之类的;餐馆档案则罗列了地址、电话、菜系、特色、价格、环境等要素。倘若按照档案管理学教程上的释义来说,则是够不上纯档案的,但毕竟还有接近之处。对于这类现象,我们姑且不妨称之为"泛档案"现象。

　　"泛档案"现象的出现,折射出了社会档案观念的嬗变。现在对档案的理解不囿于神秘兮兮的人事档案的已不在少数。求职有求职档案,看病有病历档案,理财有理财档案。档案的直接记录性和参考凭证作用,已为更多的人所了解和运用。档案的亲和力比任何年代都强。这不能不归功于我们20多年来宣传档案工作、普及档案知识、推进档案法制建设的成果。甚至,有时让我们进入了两难的境地。我们不断宣传档案的重要、珍贵、稀缺,当人们一旦认识到档案的价值后,很可能就奇货可居。于是档案进入了文物市场,放上了拍品交易柜台,身价骤然显赫。即便是单位所有的档案,或不愿依法移交,或擅自把好东西留下,综合档案馆的接收征集工作较之以往增加了不少难度。当然,从另一角度而言,即便一时进不了档案馆,藏档于民,总比散失遗弃要好。

　　"泛档案"现象的出现,也凸现出了档案人开放、包容的姿态和胸襟。记得20世纪80年代初,笔者刚跨进档案局大门时,接受的启蒙教育第一课,便是什么是档案。对档案与文件、档案与资料,乃至与文物的区别,都能领略要义。印象最深的是,档案是立卷归档的文件,不立卷就非档案。尽管那时也有困惑之处：既然如此，何以解释征集档案？然而，终究未敢在"关公面前舞大刀"。倘若倒退二十多年出现这些"泛档案"现象，我们的前辈准得跟你急。好在时代发展了，档案观念得到了整体颠覆，档案人在普及社会档案意识的同时，也普及了自己的档案社会意识。文档一体化、电子档案的出现，更是成了档案人观念变革的助推器。

"泛档案"现象的出现，与泛文化的兴起也许不无关系。档案作为一种文化现象，不会不受到泛文化现象的影响。当今之时，对文化的挖掘和熔炼愈益受到人们的重视。酒文化、茶文化、服饰文化、建筑文化热热闹闹，尽管有人并不认同这种泛文化现象，但老百姓却乐意享用各种名堂的文化，而不在乎其概念的表述精准与否（当然，所谓的黑道文化、拍马文化之类不在其列）。看来，泛文化也好，"泛档案"现象也好，都是一定时代的产物。黑格尔有句名言：存在的就是合理的。

当然，存在的不一定是正确的。凡事当节制，过犹不及。泛而滥就成灾了。在泛档案现象前，档案人还是要有清醒的认识。首先，对于档案行政部门和档案馆来说，要着重把握好法定档案的概念，即《档案法》中所指的档案，这是我们行政监管和接收征集进馆的重点对象。倘若对"纯档案"弃之不管，而热衷于"泛档案"，那岂不本末倒置？业内对实物档案含义的讨论热闹了一阵子，但至今未有明确的结果。以笔者愚见，如果将无档案价值的各种实物大量接收征集进馆，那档案馆岂不成了"泛档案馆"了？其次，对于相关政策的研究与制定不容忽视。比如，现行文件阅览窗口的开设，拓展了档案馆的服务功能，方便了市民利用"红头文件"，这无疑是利国利民的大好事。但"红头文件"一旦归档进馆后都有一定的封闭期，市民反而不能看了。还有，当市民不满足于现行的"红头文件"，还要看历史的"红头文件"，即已进馆的"红头文件"时，却把我们带进了一种尴尬的境地。诸如此类的问题，看来要提到我们的议事日程上来了。

"泛档案"现象的出现，有其历史的必然性。对此，档案人要有积极而平和的心态，要正确把握和分析这一现象，因势利导，推进档案工作发展。这仅是笔者的一家之言。

（2005 年）

对连战寻根之旅档案"发现"的发现

国民党主席连战此次访问大陆的四个城市,不仅分别代表中国约 2000 年、1000 年、500 年、100 年的文明,也构成连战寻根怀旧的空间版图。西安、北京、南京、上海,都曾留下过连战及其亲属的生活印痕。这些尘封已久的"印痕",在连战的访问中,不时被档案的"发现"所印证、所凸现,成为海内外媒体聚焦的又一热点:

北京大学特意复制了连战母亲赵兰坤在燕京大学的学籍档案和照片,请连战转交给他母亲;

西安市档案馆几年前在整理"西京筹委会"有关档案时,偶然发现了有关连战父亲连震东的几份弥足珍贵的档案及其手迹;

国民党发言人郑丽文向媒体展示了《厦门日报》托她转交给连战的,其祖父连雅堂 1914 年呈请北京国民政府恢复其中国国籍,并要求改名为连横的文件副本。1994 年,厦门史学家洪卜仁在中国第二历史档案馆发现了这份申请书。

档案的"发现",为连战的寻根之旅增添了同根同源的浓浓亲情,为连战的大陆之行增添了厚重的历史感和鲜活的现实感。

在连战的这次大陆之行圆满结束之际,我们档案人免不了会对档案的"发现"作一番思考。在对档案的"发现"中,我们可以从中发现不少令人欣喜的东西。我们的档案人积极参与了这次"发现",为连战的寻根之旅添上了温馨的一笔。即便不是档案人的"发现",但毕竟是档案的"发现",同样让人激动。据报道,北京大学连战母亲的学籍档案,是北大台湾研究中心副主任潘庆德在北大档案馆"发现"的,从中也折射出近年来社会对档案的重视关注程度。当然,如果我们档案人的主动"发现"意识再强一些,那么,这次档案的"发现"可能不止于此。

在对档案的"发现"中,我们还可以从中发现不少值得思索的东西。比如,如何将"偶然"的"发现",变为有意识的"发现";如何从档案的"发现",提升到档案服务切入点的"发现",等等。有价值档案的"发现",固然有赖于坚实的档案基础工作,好在近年来档案数字化工程已经启动,这为"发现"叩开了沉重的大门。但是要使"发现"转化为现实的重要价值,还有赖于档案人的大局意识、政治意识、文化意识,甚而经济意识,要求档案部门建立一种有意识"发现"的长效机制。而要建立这样的"发现"机制,就要加强对党和国家大政方针的学习,加强对重点热点工作的关注,加强对档案史料的研究,加强对人力资源的整合,加强对档案提供利用的专题策划,从中"发现"并"推出"有价值的档案,并以此作为服务大局、服务社会的"切入口"。档案人尽管占有档案"发现"的先机,但不可能占有档案"发现"的专利。我们应以宽广的胸怀涵容社会各方面对档案的"发现",并为这种"发现"创设优越的条件。

央视"国家地理"的《探索与发现》栏目,有这样两句导言:在未知的领域我们努力探索,在已知的领域我们重新发现。因而,档案的"发现"并不是一次完成的,每一次新的"发现",都将为社会奉献一份新的惊喜。

（2005 年）

析档案馆文化

近年来,档案馆的文化属性愈益得到人们的关注。文化,有广义和狭义之分。广义的文化泛指人类创造的一切物质产品和精神产品;狭义的文化专指人类的精神现象和精神产品。20世纪以来,人们常把文化和经济、政治并列使用,对文化作狭义理解具有广泛性的趋势。近年来,国务院的政府工作报告明确把档案馆列为公共文化设施建设范畴,因而在文化的外延中,应该包括档案馆及其活动。

档案馆及其活动作为一种文化现象,是由什么要素构成的呢? 笔者认为,是由馆藏、建筑、活动和社会需求构成,并由此繁衍出档案馆文化。是否可以这么说,档案馆文化是以档案馆物质形态为基础,以档案馆价值取向为核心,以档案馆活动为表征的精神现象和精神产品。

档案记录了人类文明,又延续发展着人类文明。建筑,是档案馆文化的形象。任何一个文化形态和它的存在形式都有一个外部形相。档案馆建筑是档案馆文化的表征形象。如果没有档案馆建筑这样一个物质状态和结构,档案馆文化中的内核所在档案,就没有了归属感,档案馆文化在社会中就难以产生空间意识,也就失却了社会的认同感。活动,是档案馆文化的活力。档案凭借其来源于实践活动的源头活水,蕴藏着活泼泼的生命力。但如果不经开掘,只能是一潭"死水",档案馆文化也就没有活力。收集保管、整理鉴定、咨询服务、举办展览、编撰史料、开发文化产品等是档案馆的基本活动,也是档案馆文化的活力所在。需求,是档案馆文化的动力。人是文化的主体,人创造了文化,同时文化又塑造着人。人的需求是社会发展的原动力。人民对档案馆文化的需求是运动着的,档案馆文化表现出的人文关怀也应是进行时态的。正是这种互动,推动着档案馆文化的发生、发展。

任何一种文化现象,都有一般文化现象的共性,也有各自文化现象的特性。世界上可以出现两座馆藏相似的图书馆,但不可能产生两座馆藏相似的档案馆。读者要阅读一本书,可以从不同的图书馆满足需求,但要利用一份档案,在非网络化的环境里,大多只能在一个相应的档案馆里解决问题。这是因为,档案是历史的原始记录物,具有唯一性的特点。这种资源在法律的保护下,无偿地源源不断地从机关、团体及其他有关部门流向对应的国家档案馆。这种流向总体上是规范有序的。由此可见,档案馆文化资源具有"垄断"性。这种"垄断"性,对档案馆文化资源建设无疑是十分有利的,既有法律保障,又无需提供费用。但要求档案馆遵循信息共享的原则,按照法律规定向社会开放档案;要求档案工作人员熟悉馆藏,运用各种手段帮助利用者查阅所需档案,同时,要研究馆藏,尽可能准确地评价史料价值,为利用者服务。另外,还要防止档案工作人员利用"信息不对称"的有利条件,为了自身的研究利用等需要,而对档案资源进行封锁。档案馆文化资源的"垄断"是一把"双刃剑",既为档案馆文化建设提供了极为有利的条件,也给档案馆文化的开放度带来了一定的制约因素。与其他文化现象不同,档案馆文化的传播有着条件的制约。这是因为作为档案馆文化的内核——档案,具有一定年限的封闭期。由于档案内容会涉及国家秘密和个人隐私,因而档案的开放是以维护国家利益和个人权益为前提的。应该说,档案封闭期制度的实施,既顾及了国家和个人的利益,又顾及了公众利用的权益。但客观上使档案馆文化的传播产生了很强的条件性。同时又使这种传播带来了一定的风险,开放度越大,风险性越大。这样,就把档案馆推上了文化"把关人"的角色。

过去相当长一段时间里,我国市民的文化消费能力和欲望受到挤压,文化生活和消费被局限在一个非常狭小的空间里。随着改革开放的深入,由政治空间的变化、经济空间的变化进而引起文化空间的变化。这种文化空间的变化是多元的,当然,应该包容档案馆文化。档案馆文化有其独特的优势,但毋庸置疑也存在不少弱势。要扩充档案馆文化的张力,发挥其更大的社会作用,必须拓展档案馆文化空间。

档案馆文化就其性质而言是一种公益性文化。但是长期以来档案馆的文化性被其政治性排斥。再由于体制上的原因,档案馆不属于宣传文化系统领导,因而在政府的文化政策中容易忽略档案馆文化的建设。档案馆文化的发展需要政策法规的扶持,这种扶持,不仅是体现在财政支撑上,还应该体现在对档案馆文化功能价值的认同上。

档案馆文化空间的拓展，要求档案馆建筑在城市文化空间里找到应有的方位。由于历史的原因，长期以来档案馆大多深藏在党委和政府机关的高墙深院里，远离公共文化空间。先前建的，已成了物化的历史。让人扼腕的是，新近新建的有些档案馆，竟也与党委、政府机关融为一体，即便建筑再华丽，设施再现代，离公共文化空间相去甚远。由此，也折射出有关部门对档案馆文化的认同，至今还存在着不小的偏差。公共服务，是公益性文化机构的要旨。近年来，档案馆在公共服务方面有了长足发展，但与公共文化机构的性质与要求相比，有待拓展的空间还很大。服务空间的拓展主要体现在服务理念、服务手段两个层面上。

一切文化都是在传播的过程中得以生存和发展的。文化是传播的文化，传播是文化的传播。档案馆文化空间的拓展，必须重视传播功能的发挥。近年来，在档案部门的积极努力下，大众传播媒介对档案馆、档案工作的宣传取得了很好的社会效果。媒体的宣传甚至出现了"泛档案"现象，冠以××档案的词组频频出现在媒体的栏目、标题上，对档案外延的理解，由原先单一的人事档案，宽泛到形形色色的记录形式，展现了传播的力量与魅力，但也折射出档案馆文化在传播中的主导性有待加强。网络使媒体由权利的垄断走向开放。被称为继报纸、广播、电视之后的第四媒体的网络，为档案馆文化争得了更多的传播话语权。不少省、市档案馆纷纷在互联网上建立了网站。但令人惋惜的是，在广阔的网络空间中，有些档案馆网站却呈封闭的态势，传播的内容大多是业内的信息，传播的方式是以我为主单向的，传播的角色是官员兼教师，缺少文化性、互动性、亲和性，有点像份电子版的内部工作简报。当然，也有办得好的。文化交流是文化更新、发展的重要途径。全球化的形成，标志着人类整体的相互依存已达到前所未有的新水平。物质生产如此，精神生产也如此。档案馆文化的交流有两种基本形式：一是同质，即同一文化系统内部不同文化因素之间的交流与相互作用，如档案馆之间，档案馆与图书馆、博物馆之间的合作交流；二是异质，即不同国家档案馆之间的交流和合作。近年来，我国档案馆与国际档案界的交流合作日趋频繁，也取得了很好的成果，但与国内图书馆、博物馆之间的交流合作相对较少。图书文博部门的文化成果，对档案馆文化建设是很有借鉴意义的。在文化资源的整合开发上,互相之间也可互补。由于分属两个行政管理系统,互相间的交流需要搭起新的平台。

(2005 年)

为冯骥才们的"文化行为"所撼动

20 年前,曾被冯骥才的中篇小说《啊!》、《铺花的歧路》所感动,如今,又为他的"文化行为"所撼动。

近年来,正当我们各级档案馆纷纷开设现行文件和政府公开信息阅览"窗口",把提供利用的重点从历史档案前伸至现行"红头文件"之际,博物馆、图书馆、新闻媒体、民间团体,甚至文化名人、市民百姓却加紧了对历史档案资料的收集和抢救。

2005 年 4 月,国家博物馆、中国民间艺术家协会等正式启动抢救民间家书项目,向海内外公开征集中国家书,所有应征家书全部捐赠给正在筹建的中国民间家书博物馆,其中 100 封"最具价值的优秀家书"将被国家博物馆收藏。项目启动两个多月,已获赠各类家书近万封,其中有明代清代的家书,有孙中山、闻一多等人的书信手札。

启动这一项目的领军人物,是著名作家冯骥才。2005 年 2 月 18 日,冯骥才以中国民间艺术家协会主席的身份向外界宣布将启动一场国家级"中国民间文化遗产抢救工程",计划用 10 年时间,依托 4 万名各省民协会员、民间文化工作者、志愿者,运用文字、照相、录像等手段,完成普查、登记、分类、整理、出版工作。抢救家书是其中的一个项目。

可以说,这是冯骥才又一项更为广阔、更为深远的"文化行为"。20 世纪 90 年代,冯骥才发起的"文化行为"把正在消逝的天津地域文化抢救保存了下来。冯骥才组织了历史、文化、建筑、考古等方面的学者,对天津进行了一条街、一条街的地毯式的考察。然后组织摄影家系统拍摄,前后历时 3 年,拍摄照片 3 万多张。最后编辑出版了大型历史文化图册《天津老房子》。冯骥才欣慰地说:"我终于将历史消失前的一瞬,形象地锁定为永久。"

如今,具有冯骥才这样"文化行为"的人士正在增多。上海音像资料馆研究员张景岳等人,用了 10 年时间,从海内外收集整理了 300 多分钟有关上海抗战时期的珍贵影像史料,在抗战胜利 60 周年之际,从中编辑成 75 分钟的《抗战影像 1932～1945》,在上海市档案馆、上海图书馆等播映解读,受到市民热烈反响。曾是一名粮店营业员的徐喜先,以常人无法想象的坚韧和挚情,用一架普通照相机,拍摄了 2 万多张黑白照片,写下了 50 余万字的拍摄记录,还原了上海城乡 40 年的历史变迁过程。

冯骥才们的"文化行为"对我们的"档案行为"无疑是一种"考问"。存史,是档案馆的基本职能。城市记忆应该涵容社会政治、经济、文化方方面面,应该承载于文字、照片、音像各种载体中。在当代城市变迁历程的记录和记录材料的收集中,档案馆的屡屡"缺位"和博物馆、民间团体、文化人士、市民百姓的不时"补位",形成了很大的反差。我们拓展档案馆服务功能的举措是不容置疑的。但细究一下其动因,除了围绕中心、服务大局的理念外,还源于档案馆馆藏结构及其内容难以适应广大利用者的需要。档案馆要贴近市民、服务社会,延伸服务职能是一方面;调整馆藏结构、丰富馆藏内容也是不能忽略的。尽管这一问题讲了多年,不少档案馆也作了很大努力,但实际收效不能令人满意。面对当今社会对文化资源包括档案资源日益增长的关注度,我们一则为之振奋,档案资源为社会所建、为社会所藏,无疑是社会档案意识和文明程度提升的体现;二则不由得为之担忧,档案部门是组织城市记忆收集工作的主导部门,档案馆是收藏城市记忆的主体,倘若档案馆长此仅以红头文件、官方档案为倚重,忽略民间档案的收集整合,那么,档案馆的城市记忆是残缺的,档案馆独特的社会功能将有可能削弱。在这方面,"冯骥才"们的"文化行为"值得我们借鉴:以政府为背景,以社会为依托,以项目为载体,"咬住青山不放松",直至项目完成。

(2005 年)

档案馆的"文化身份"

文化,是一座城市的根,是一个人终极意义上的家。档案馆,是文化的这种本质特性重要体现的载体。在这个"精神家园"里,人们可以探究个人和城市的文脉,可以考证个人和城市的文化"身份",从而找到个人和城市的文化归属感。在档案馆,市民可以触摸到城市的每一次脉动,感受到个人命运和城市发展的联系。从某种意义上说,档案馆的各种活动,都是在为市民和城市提供"文化身份"的凭证和依据。

然而,为城市和市民出具"文化身份"证明的档案馆,她自己的"文化身份"却是十分模糊。档案馆是一个什么样的机构?虽然早在1960年,全国各级档案馆创建之初,国家档案局制定的《省档案馆工作暂行通则》就明确档案馆是党委和政府直属的文化事业机构;1987年颁布的《档案法》,从法律上明确县级以上档案馆是集中管理档案的文化事业机构。但是,这一"文化身份"是否真正得到政府、社会、市民以及我们档案馆的管理者、工作人员的认同呢?或者说,应该如何来认同呢?似乎是一个值得研究的问题。

文化事业单位,是指在文化领域从事研究创作、精神产品生产和文化公共服务的组织机构。其特性一是主要任务是为社会提供精神产品,满足人民对文化生活的多种需求;二是由政府主管部门审定资格,管理形式多样化;三是涵盖门类多,单位分布广。文化事业单位的主要类别是:演出事业单位、文献事业单位、文物事业单位、群众文化事业单位、广播电影电视事业单位、报纸杂志事业单位、新闻出版事业单位等。法律将档案馆定性为文化事业机构,那档案馆就应该是一个向社会提供文化公共服务的组织机构。

然而,尽管法律已明文规定档案馆是文化事业单位,但社会对档案馆"文化身份"的认识却是模糊的。档案馆长期以来被界定为党委和政府的直属机构,与档案局合署办公,这样档案馆不可能纳入宣传文化体系中管理,对党委和政府的依附性强,与档案行政机关的职能难以区分。这种体制,对档案馆的发展无疑有着十分有利的一面,但不容置疑,对档案馆按照文化事业单位的规律和机制进行运作以及档案馆文化形象的塑造,也必然会带来影响,其主要表现在档案馆的发展没有有机地融入进国家和地区的文化发展规划,在文化建设和文化活动中时常"缺位",缺少文化工作的"话语权"。

虽然,近年来各地加强了档案馆设施建设,但大都各自为政、各自为战,未能像图书馆、博物馆那样纳入城市文化的总体规划和布局中,未能形成档案馆设施建设的总体规划,其缺陷是显而易见的。

在正在进行的全国文化信息资源共享工程建设中,档案馆又一次"缺位"。该"工程"针对当前我国文化事业的实际情况和科技发展的水平,整合包括图书馆、博物馆、美术馆、艺术院团、研究机构等现有的文化信息资源,形成互联网上中华文化信息资源的整体优势,充分利用现代高新技术手段,将中华民族几千年来积淀的各种类型的文化信息资源精华以及贴近大众生活的现代社会文化信息资源,进行数字化加工处理与整合,建成互联网上的中华文化信息中心和网络中心,并通过覆盖全国各省、自治区、直辖市和大部分地(市)、县(市)以及部分乡镇、街道(社区)的文化信息资源网络传输系统,实现优秀文化信息在全国范围内的共建共享。浏览一下该网站,犹如打开了一部文化百科全书,各类文化信息包容其中,唯独没有档案。

在政府和社会对文化机构的考核检查中,也未包含档案馆这样的文化事业单位。2004 年 5 月 23 日至 5 月 31 日,以全国政协副主席张思卿为团长的全国政协委员视察团赴上海市围绕公益性文化设施建设和发挥作用情况进行了为期 9 天的视察。视察团听取了上海市政府关于公益性文化设施建设和发挥作用情况介绍;召开了上海图书馆、上海博物馆、上海公安博物馆和有关纪念馆干部等座谈会;实地考察了图书馆、博物馆、纪念馆、美术馆、体育场、青少年活动中心,但档案馆未能被纳入视察范围中。

档案馆的这种文化"缺位",使档案馆游离于整个文化建设的大环境、大循环中,在文化的架构下"特立独行",这对档案馆文化功能的发挥,无疑有着负面影响。

由于局馆合一的体制,档案馆的运作往往带有一定的行政色彩,社会和市民对档案馆的定位感较弱。市民捐赠史料首先想到的是博物馆,于是,哥德巴赫猜想的手稿捐赠给了中国革命博物馆,人工合成牛胰岛素的试验记录从档案室"走进"了博物馆,著名作曲家黄准把他创作的电影《燎原》、《红色娘子军》的音乐总谱捐赠给上海历史博物馆。对此,我们不能简单归之为社会档案意识差。

其实,我们自身对档案馆"文化身份"的认同也是游离的:既想融入到公共文化事业的群体中,又留恋行政机关的"权力"和地位;既想走专业技术的成材之路,又为公务员的利益所诱惑。体制上、机制上、心理上的各种因素制约着社会和我们自身对档案馆"文化身份"的认同。

当然,我国档案馆的上述现状并非是中国特色,不少国家和地区的档案馆也有类似的情况。国际档案界对档案馆文化属性的认识也有一个过程。即便从管理体制上来说,国外档案馆有从属于文化部门领导的,也有直属于政府领导的。或许,档案馆文化方位的不确定性是一个历史性、世界性的问题。

面对档案馆"文化身份"的现状,我们无意从体制上去改变它,但可以在机制上使之文化起来。要使档案馆更好地发挥其文化功能,我们不能停留在档案圈内热热闹闹"坐而论道",而要实实在在做几件有文化的事,比如,加强与宣传文化部门的联系和沟通,将档案馆文化功能的发挥列入宣传文化工作计划;参加有关文化工作会议,了解各种文化信息,参与重要文化活动;策划并运作几个有一定规模的文化项目和活动,提高档案馆的文化贡献力;利用各种载体着重介绍档案馆的公共文化事业机构的性质,等等。

(2005 年)

档案人的"文化自觉"

　　曾经为冯骥才的"档案行为"所感动,一个作家、一个文化人,深谙档案与文化的关系,以文字、照片、录像为载体,领军抢救即将消逝的天津地域文化、抢救家书等民间文化遗产。现在,又为档案人的"文化行为"所感动。贵州省黔南州和荔波县等档案部门多年来负重致远抢救古老的濒临失传的水族文字——"水书";锦屏县几代档案人历经艰辛征集 7000 余件清朝、民国时代的"山林契约文书",而这两个县每年业务经费仅万元,有的还不足万元,拳拳之心让人动容。

　　把抢救"水书"和征集"山林契约文书"称之为"文化行为",是有足够理由的。2006 年 5 月,"水书"入选第一批国家级非物质文化遗产名录。2005 年以来,国家加强了对非物质文化遗产的保护工作,出台文件,制订规划;做好预算,加大投入;开展普查,建立档案;组织申报,进行验收。毋庸置疑,这项工作与档案工作是密不可分的。普查工作就是"运用文字、录音、录像、数字化多媒体等各种方式,对文化遗产进行真实、系统和全面的记录,全面了解和掌握各地各民族文化遗产资源的种类、数量、分布状况、生存环境、保护现状及存在的问题,运用现代科技手段建立档案和数据库,加强对其研究、认定、保存和传播,形成科学有效的传承机制"。也就是说,在非物质文化遗产保护中,一项最主要的工作就是建立档案、保护档案、传承文化,使非物质文化遗产拥有物质的载体。深为遗憾的是,这项与档案工作密切相关的文化保护工作,档案行政管理部门并未参与其中,而是由文化部门单独组织的。但是,黔南州和荔波县等档案部门并没有因此而削弱多年来保护"水书"这一非物质文化遗产工作的热情和努力。自 1987 年以来,在国家档案局和省档案局以及当地政府的支持下,州档案馆和荔波县、三都县水族自治县档案馆克服重重困难,共征集"水书"13771 册,建立了"水书"特藏室,荔波县档案馆已对 2300 册"水书"进行了计算机扫描录入,刻录了光盘。现在,档案人又乘此东风,以绵薄之力奔走呼吁,要为"水书文化"建立一座永久的安身、传承之所——水书档案博物馆。再说,倘若没有档案人付出的巨大艰辛,"水书"不可能入选国家级非物质文化名录。还是在贵州,锦屏县几代档案人筚路蓝缕、锲而不舍地做着一项文化抢救保护工作。该县档案馆早在1960年,就启动被有关专家称之为史料价值不在徽州文书之下的"山林契约文书"的征集工作,历经40余年的不懈努力,终获硕果,期间的艰辛是常人难以想象的。即便是现在,档案馆工作人员下乡征集还要风尘仆仆坐长途车到乡镇,再步行几个小时到村民家。他们可以有许多个理由不这么执著,但是,几代档案人就这样传承着这种执著。这样的"文化行为"怎不让人感动。

著名社会学家费孝通先生晚年曾提出并反复倡导"文化自觉"的理念,他指出:"文化自觉是指生活在一定社会中的人对其文化有'自知之明',明白它的来历、形成过程、所具的特色和它发展的趋向"。从这些普通档案人的"文化行为"上,我们看到的就是这种"文化自觉"。他们矢志不渝地在寻找着久远的历史,竭尽全力地在抢救消逝的文化。而且,这种寻找和抢救并不停留在"文化回归"的层面上,而是一方面"回归"自身文化的源头,同时又以此作为文化"发现"的起点,在抢救保护文化遗产的同时,以档案人的"自知之明"想方设法开发着这些文化资源,"发现"在新的社会环境中,这些文化遗产存在和传承的意义。为此,他们又做了大量卓有成效的工作。

文化人的"档案行为"和档案人的"文化行为",都是一种"文化自觉"的体现。但是,不难理解,在当代文化语境中,档案人的"文化行为"则显得更为难能可贵。一个经济还不够发达的省份,一个连库房都装不起空调的档案馆,档案人对文化遗产的全力抢救,对文化历史的深刻反思,对文化品质的不懈追求,给予了我们一种心灵的震撼。

(2006 年)

析公共档案馆

近年来,公共档案馆开始成为我国档案界的一个热门话题。尽管这个话题的提出,离近代公共档案馆的滥觞相距有两个世纪之遥。但由于国情不同,现阶段提出这个命题,倒是有水到渠成、呼之而出之感。

这一命题的提出,是社会客观要求与国家档案馆内在需求合力推进使然。2002 年,国务院《政府工作报告》要求"加强图书馆、博物馆、文化馆、科技馆、档案馆等公共文化和体育设施建设。"国家首次明确将档案馆列入公共文化设施进行建设。2004 年,全国档案局长馆长会议提出,要把档案馆建成档案安全保管基地、爱国主义教育基地、已公开现行文件集中向社会提供利用的中心和档案信息服务中心。

在此背景下,档案界对公共档案馆建设从理论上作了及时而热烈的回应。但有点遗憾的是,对公共档案馆的有关基本理论问题尚无厘清脉络,比如我国公共档案馆的产生、发展,有关文章认为是由综合档案馆向公共档案馆转型。且不说这在逻辑上说不通,"综合"与"公共"适用的是两个不同的分类标准,"综合"相对的是"专门","公共"相对的是"非公共",互相之间并无对应关系,何来"转型"之说?更何况这一说法否定了国家档案馆原本就有的"公共"性质,这在法理上说不通。

《现代汉语词典》对"公共"的释义是"属于社会的;公有公用的"。由此而论,公共档案馆至少应该符合这样两个要素:档案馆是由国家和政府设立并管理;资源属于国家和社会全体公民并为全体公民所共享。以此来解析我国国家档案馆的性质,应该属于公共档案馆性质。其实,我国国家档案馆建设之初,就决定了建设公共档案馆的方向。1960 年 3 月国家档案局颁发的《县档案馆工作暂行通则》和《省档案馆工作暂行通则》,首次对国家档案馆的性质作了界定,规定其为文化事业机构的性质,明确了公共档案馆的方向。1987 年 9 月颁布的《档案法》则进一步从法律上明确了我国国家档案馆公共档案馆的性质。

但是法理上的公共档案馆并不等同于实际意义上的公共档案馆。由于当时国家档案馆还带有深刻的机关内设机构的"胎记",加之面对历史性的变革,各级国家档案馆在观念、理论、实践、馆藏、设施等诸方面都准备不足,因而《档案法》的颁布实施,并未意味着国家档案馆就此会摇身一变成为实际意义上的公共档案馆,而是为我国建设公共档案馆提供了法律依据。因此,建设公共档案馆,与其说是从综合档案馆向公共档案馆转型,不如说是从法理意义上的公共档案馆向实际意义上的公共档案馆转型更为准确。

对于国家档案馆转型的目标,档案界也提出了各种要求,比如资源建设、信息化管理、开放利用、拓展服务等等,这些都对,但总要根据公共档案馆的性质,设置几个"准入"指标吧,比如公共服务设施,即便档案馆资源再丰富、信息化程度再高,但档案馆依附在机关大院里,对外又无公共服务窗口,想"公共"也"公共"不起来;再比如档案资源,即便拥有了面向公众的现代服务设施,倘如没有公众所需的"社会记忆",无法向公众提供"根源感、身份感、地方感",那么档案馆拿什么去"公共"呢?

建设公共档案馆是适应社会转型、推进民主政治和传播先进文化的客观要求,也是实现国家档案馆的性质、拓展档案馆的服务功能的内在需求。"转型"的基本目标是使国家档案馆成为名副其实的公共档案馆。当然,公共档案馆建设是一个动态的进程,达到"准入"指标,完成"转型",仅是公共档案馆建设的第一步。因而,面对公共档案馆的热门话题,我们切忌浮躁和急躁,要从头做起,从实做好,首先在理论上要把有关公共档案馆 ABC 道理说清楚。

(2006 年)

建设面向社会的档案讲坛

2004 年 4 月 23 日,上海市档案馆外滩新馆落成开放,标志着上海市档案馆已成为重要的公共文化设施融入到城市的文化建设之中。以讲坛为载体传播先进文化,是公共文化服务的重要形式。正当酝酿启动档案讲坛时,上海市委宣传部和上海市社联推出了社会化共建、开放式共享,拥有 600 多个选题、上千名讲师资源的文化品牌——"东方讲坛"。这对档案讲坛活动的设计和运作,无疑具有重要的意义。经研究,决定以上海市档案馆为举办点,以外滩新馆报告厅为场所、以上海市档案学会为承办者加盟东方讲坛。这将有利于将档案讲坛活动融入到全市公益性社会文化品牌项目中;有利于提升上海市档案馆外滩新馆的社会知名度和市民的认同度;有利于开展档案学术活动和干部继续教育工作。经过一年来的运作,讲坛工作取得了较好的成果,形成了一定的特色。

作为加盟点,既要充分利用东方讲坛的各种资源,又要创设自己特点,形成自身特色。根据档案馆的特点和优势,讲座内容设计了"城市、档案、历史、文化"主线,力图以档案为元素、历史为背景、文化为视角,讲述城市的昨天、今天和明天,解读城市发展,传播先进文化,弘扬城市精神。

特点之一是围绕专题,形成系列。对讲座课程进行模块式的设计,组成有关专题性系列讲座。为纪念中国电影诞辰 100 周年,邀请中国电影家协会主席吴贻弓和著名电影导演谢晋、表演艺术家秦怡先后作《上海在中国电影百年中的若干个第一》、《我的艺术道路》、《表演艺术与生活体验》的主题演讲。由于视角独特、史料翔实,讲座引起很大的社会反响。

特点之二是结合专业,形成特色。档案讲坛除了依托丰富的档案资源解读历史、阐释发展外,还结合档案工作实际,应对档案工作发展中的热点、难点问题,以适应档案工作者需要,推进档案工作发展。为此,举办了《中国档案职业状况分析》、《现代电子文件管理标准化发展趋势》等讲座。为配合《上海市档案条例》的修改实施，专门举办了系列讲座，邀请法律和档案专家介绍这部地方性法规修改的背景及内容，探讨政府信息公开和档案开放的关系等问题，受到档案人员欢迎。

特点之三是深入社区，形成互动。应徐汇区档案局推进区社会事业示范项目——家庭档案建设的需要，档案讲坛首次进入社区，与区档案局等联办以家庭档案建设为主题的东方讲坛，邀请市档案馆研究馆员主讲。不仅徐汇区的居民，连家住其他区的市民也闻讯赶来听讲座。讲座结束后，许多市民仍围着主讲人和徐汇区档案局的同志咨询家庭档案知识。

讲座活动主要由上海市档案学会具体运作。上海市档案学会拥有团体会员404个、个人会员1400余名，是档案讲坛基本的听众群体。上海市档案学会把办好东方讲坛举办点，作为建设学习型、研究型群众学术团体的一个重要抓手；把档案讲坛作为会员了解形势、解惑释疑、学术交流的有效载体。上海市档案教育培训中心还把档案讲座作为开展档案干部继续教育的重要内容，丰富了继续教育的资源。讲坛还通过各种有效方式，努力培育社会听众。十几位市民还自发组织了听讲团，几乎每场必到，是档案讲坛的"铁杆"听众。

在讲坛讲师资源的运用上，设计了两条路线，一是档案系统的专家学者；二是理论界、文化部门的专家学者。讲坛为讲师资源、听众资源的"交互"提供了平台。在这个平台上，档案工作者有幸经常聆听到社会上的专家学者精彩的报告，获取各种最新的信息；而档案系统的专家学者也有机会走出档案圈子，向市民普及档案知识，传播档案文化。

档案讲坛，为档案馆走向社会搭建了广阔的平台。

（2006年）

从法邮大楼到档案新馆

　　有人形象地把外滩比作上海一个巨大华美的"客厅"。百年来,近悦远来的男女老少宾主过客,看着外滩万物皆流产生的无尽重复和变化,每个人都以自己的视角审视与理解着这个"客厅"。这些年来,这个"客厅"在精心保持完整性和经典性的同时,也在谨慎地追求创新性与丰富性。中山东二路9号大楼正在演绎的"蜕变",即是这个"客厅"嬗变中的一种体现。这幢落成于1939年的法邮大楼,2004年已改建成上海市档案馆外滩新馆。

　　享有"万国建筑博览会"之誉的外滩建筑群,北起外白渡桥,南抵金陵东路,几十幢风格迥异、轮廓协调的建筑,在黄浦江西岸画出了一道富有韵律和节奏的优美的天际线。而法邮大楼则是这条天际线南面的一个端点。主导着这道天际线的是新古典主义、哥特复兴式、折中主义风格的建筑,而法邮大楼则是欧美现代主义建筑风格的代表,为经典的外滩天际线平添了几分现代气息。

　　法邮大楼的历史,可上溯至19世纪中叶。1852年,法国国家邮船公司创办(后改称皇家邮船公司)。1861年,邮船公司的业务拓展至远东地区,在上海法租界近黄浦江边获得了34亩土地,其中一部分后来成为法邮大楼的所在地。1862年,邮船公司在上海设办事处。1871年,皇家邮船公司改为法国邮船公司,1926年把上海办事处扩充为远东分公司。1937年,法邮公司在毗邻法国驻沪总领事馆处拆毁原房,起建11层的法邮大楼,至1939年建成投入使用。法邮公司拥有大楼第一层的整层楼面,其他各层分别由中法工商银行等租户使用。1956年,上海房管部门接收管理大楼,先后有一机部第二设计院、中国船舶公司第九设计院、上海机电设计院、上海船舶工业公司、中星集团公司等机构入驻该大楼。

　　以法邮大楼来改建上海市档案馆新馆,可以说是"神来之笔"。一是这幢大楼位于外滩建筑群组成的天际线的端点。这样的建筑语境,与上海市档案馆新馆所要透示的历史人文气息，十分吻合。外滩是百年上海的一个缩影。站在这一"端点"来诉说外滩的变迁，来展现上海的发展，如同是在书写一部上海历史长卷的"序言"。二是这幢大楼邻近 2010 年世博园区。大楼以南的"新开河"，成片旧里已被推平，大片绿色已经泼洒；"十六铺"，作为联系历史与未来的"点睛之笔"，将使滨江景观与老城厢历史风貌保护区形成呼应，展开"对话"。处于这样的地理位置，使上海市档案馆新馆能够倾心融入世博会的人文环境中，精心为"城市，让生活更美好"这一主题，扩充文化的张力，展现迷人的魅力。三是这幢大楼简约流畅的外观设计，明快实用的现代气息，与上海市档案馆新馆所要体现的社会文化功能十分契合。根据市档案馆外滩新馆的功能定位，是要建成一座具有阅览利用、展览陈列、社会教育、智能信息、学术交流、文化休闲等社会功能的现代化新型档案馆。

档案新馆的改建，充分利用并挖掘了原大楼独特的地理环境和人文底蕴。经过一番悉心打造，一座以近代建筑语汇和现代装饰风格、信息技术、开放模式来解读申城百年记忆的公共文化设施，呈现在世人面前。各种政府公开信息、80 多万卷开放档案及数万张历史照片，可供读者查阅利用。馆中设有多个展览，主题展《城市记忆——上海近现代历史发展档案陈列》，以珍贵的档案史料和现代展示手段，引领人们穿越百年沧桑，触摸发展脉络，体验薪火传承的生命意识；《上海婚姻习俗展》等各种档案专题展以新的视点重构历史瞬间，还原生活图景，精致而鲜活地刻画了城市发展的某个侧面。档案新馆还经常举办档案和文化讲座，余秋雨、谢晋等文化名人曾走上讲坛，为市民讲述上海的历史事件和人物。档案新馆还利用档案资源为学生开设上海历史知识系列讲座，举办学生夏令营、演讲、征文比赛等活动。

历史往往会给人以重复之感。成立于 1959 年的上海市档案馆，原址就在外滩，四川中路 220 号，也是一幢近代优秀历史建筑，当时称为新汇丰大楼。在很长的一段时期内，很少有人知道，会有一座神秘的档案大楼藏身于流光溢彩的外滩中，车水马龙的四川路上。20 世纪 80 年代初期，为解决日益凸现的档案库房拥挤的问题，上海市档案馆开始四处觅址造新馆。当时正值百废待兴的年代，闹中取静的卢湾、徐汇不少黄金地块任由档案馆选择。但是几经论证,最后新址锁定在远离市中心的古北路。当时,那里还是一片旷野。保密,是当年选址的唯一要素。1991 年 9 月,在警车开道、军警押送下,百万卷档案史料在夜色中完成了大搬迁大转移,上海市档案馆由此告别外滩。尽管由于虹桥开发区的崛起,上海市档案馆无意间融入了新兴的发展区域,但是近年来上海市档案馆在打造文化品牌,树立公众形象,拓展社会服务方面所作的努力,还是因受制于馆址的地域位置而逊色不少。外滩新馆的建立,为档案馆融入社会搭建了平台,为市民构筑了一个新的公共文化空间。从 1991 年迁出外滩,到 2004 年重返外滩,其意义不仅仅是馆址的回归,而是完成了一次哲学意义上否定之否定的螺旋式上升的周期。

　　从法邮大楼到上海市档案馆外滩新馆,流过了 64 年的时光。从一幢大楼的历史变迁,也可折射出上海的沧桑与发展,透示出上海的生机与活力。

（2007 年）

可否修订《档案学词典》

写些小文,不时要查阅《档案学词典》,以求概念使用尽可能准确些。为此,《档案学词典》给予我不少帮助。这些年来档案工作领域不断拓宽,这样词典就感到不够用了。档案业务文件、档案报刊上频频出现的概念,比如电子文件、电子公文、电子档案、数字档案馆,比如社区档案、信用档案、家庭档案、农业农村档案,比如档案行政许可、中国档案文献遗产,等等,在词典中是找不到词目的。有的即便上了词目,其释义与现实的情况也不尽一致,比如"公共档案馆",词典中的释义是专指英国中央国家档案馆,且不说把一个普遍概念换成了一个单独概念,就说英国公共档案馆吧,据报道2003年与皇家历史手稿委员会合并后,已改名为英国国家档案馆了。由此,就萌生了一个想法:可否增补修订《档案学词典》?

20世纪80年代中期,由中国档案学会、中国人民大学档案学院和上海市档案局牵头,由新中国档案学教育的奠基者吴宝康先生和时任国家档案局局长冯子直领衔,组织全国档案界精兵强将数百人,其中有档案教学科研上的专家学者,也有各级档案部门的行政领导和业务骨干,另外,还有相关专业的科研人员和工程技术人员加盟,筚路蓝缕,历时8年,终于编撰完成了新中国第一部《档案学词典》,共收词目4000余条,对提高档案学的科学水平,推动档案术语的规范化、标准化和科学化,普及档案学的基本知识发挥了极为重要的作用。然而,我们正生活在一个快速发展的时代,一个社会急剧转型的历史时期,在此背景下,档案工作也发生了许多深刻的变化,这是起步编撰于20世纪80年代中期、正式出版于1994年的《档案学词典》无法涉及反映的。因此,有必要对《档案学词典》作些增补修订,以适应档案工作发展的需要。

修订《档案学词典》,一是可以吸纳档案工作的新成果。近年来,国家档案局从档案工作实际出发,制定了一系列档案工作的规章、标准。这些规章、标准是对档案工作经验的提炼深化,对有关档案概念进行了较为科学的界定,对有关业务流程进行了较为科学的规范。有关概念和业务流程吸纳进《档案学词典》后,就能使档案工作的新成果在词典中具有相对固定、规范的释义,从而推进档案业务发展。词典最显著的特点在于规范性。"典"者,规范也。一旦档案工作的新成果转化为词典中的词目后,其长远影响将超出"红头文件"。

修订《档案学词典》,二是可以建树科学严谨的档案学研究学风。词典的编撰是一项十分严谨的工作。释义,是词典编撰中最重要的部分。词典对释义的基本要求就是准确,释义的准确与否是衡量词典水平的根本标志。科学文化越发达,术语越丰富,术语的规范化问题也就越来越不容忽视。近年来,社会上出现了一种"泛档案"现象,特别是一些媒体别出心裁地以档案来包装自己的栏目和标题,以此来显示内容的真实性、权威性、内幕性,于是便有了明星档案、足球档案、阳光档案、绿色档案、爱心档案,等等。"泛档案"现象的出现,折射出了社会档案观念的嬗变,我们大可不必过分担忧。令人担忧的倒是档案圈内的"泛档案"现象。勿庸讳言,时下档案理论研究中滋生了一种急功近利的浮躁之风,其中表现之一就是"与时俱进"地推出许多档案新概念,但对概念的内涵外延却不花功夫去做科学的探究,比如和谐社会档案、民生档案,等等。这些新的档案概念如要列为词典的词目,则要经过几番深入的研究、严谨的考订。这样,可以减少点心浮气躁,增加些科学严谨,同时,也能使大家在统一的术语概念基础上进行学术交流和探讨。

修订《档案学词典》,还可以增进学术研讨,加强学术评论,建设学术队伍等等。总之,修订《档案学词典》对普及档案知识,推进档案工作,规范档案学术,繁荣档案科学都是大有裨益的。当然,修订《档案学词典》毕竟是一项很大的系统工程,需要认证、规划、调研、实施,不是一蹴而就能够完成的。

当年,吴宝康先生在《档案学词典》序文中,曾满腔热忱地对今后词典的修订工作寄予厚望,他在《序》中写道:"如果进入21世纪的时候,有可能增补修订再版的话,那么,我想新一代的编委们一定会参考和采纳大家的意见,编辑出版一部更高水平和质量的适应时代需要的《档案学词典》。"现在,应该说是修订《档案学词典》的很好时期,各种条件基本具备,可以从长计议了。

(2007 年)

"爬坡上坎"精神赞

　　每个城市都有代表自己城市特征的符号,有历史、地理的符号,也有经济、文化的符号。人们可以通过这些符号来解读城市的内涵、城市的精神。重庆是一个拥有丰富符号的城市,有雾都、"火炉"、陪都、山城、《红岩》、长江、嘉陵江、嘉陵摩托、南方集团、三峡移民、朝天门码头……在我去重庆前,这些符号我是从史书、报章、小说以及电影、电视中得来生成的印象,只能说是一种"雾里看花"的境界。

　　这次到重庆参加《中国档案》宣传工作会,使我有机会零距离接触了这座山城。虽说行程匆匆,走马观花,对重庆的城市符号只能作十分浅层的解读,但毕竟亲手触摸到了城市的脉动,特别是在《中国档案》宣传工作会上,重庆市档案局局长一番简短而坦诚的话,让我从深层感悟到了些许重庆的城市精神和重庆人的品格。

　　这番话简短得突破了一般发言经典的"三段式":成绩(主要的)、问题(简要的)、经验(重要的),而是直奔问题而言;这番话坦诚得让人动容:"从三个数据可以看到重庆市档案工作的差距,在全国省级档案馆中,重庆市档案馆馆藏资源列第七位,档案接待利用量列第十七位,设施投入列20多位,重庆市档案事业发展水平与整个城市一样,要爬坡上坎,负重前行。"

　　800年前,宋光宗先封恭王后继帝位,他自诩"双重喜庆",改恭州为重庆,重庆因此而得名。现在,正逢重庆直辖10周年、成为国家级综合配套改革试验田,在这"双重喜庆"之际,市档案局领导面对台上重庆市委、国家档案局领导和《中国档案》总编,台下省市档案局领导和通联组长,这番三个数据、一个结论,简短坦诚的表白让人难抑激动之情,忽如一阵清风吹进了心田。

　　"爬坡上坎,负重前行",是重庆城市精神的一种体现。平心而论,上苍对重庆不够公平。"一山(南山)起伏,两江(长江、嘉陵江)环抱"的地势,给重庆的交通带来诸多不便;山城、水雾、"火炉",使重庆人生存环境格外艰难。2006 年夏,重庆遭际了百年一遇的特大旱情,仅一年后,重庆又遭际了百年一遇特大暴雨的袭击。历史和时代给过重庆不少机遇,但也留下并提出了很多难题。在四个直辖市中,重庆面积最大、人口最多、城市化率最低,这种小城区大农村的格局在世界上也是独一无二的。但重负之下也造就了重庆人坦诚质朴、奋发向上的品格。这种品格我在重庆"走马观花"中感受到了,更从重庆档案人所说所为中感悟到了。

"爬坡上坎,负重前行",也是重庆档案人精神风貌的体现。近年来重庆档案工作取得了长足进步,档案服务机制创新,服务领域拓宽,档案馆舍建设有了突破性进展,可圈可点之处很多,特别是根据重庆城市的特点,加强了重点工程档案、三峡移民档案的建设和国有破产企业档案的管理,仅二期三峡移民档案就收集整理了 35 万多卷,为历史留下了一笔沉甸甸的财富。

"爬坡上坎,负重前行",也应该是广大档案人奉行的工作理念,我以为。诚然,我们的档案工作取得了前所未有的业绩,但我们没有理由可以因此而飘飘然。档案人都明白自己从事的工作是一项基础性、服务性的工作,需要求真务实、一步一个脚印去做,比如说档案数字化,对于馆藏浩瀚的档案馆无疑是一道无法轻易跨越的关,面对横亘的沟沟坎坎,不"爬坡上坎,负重前行"行吗? 早在 20 年前,江泽民同志在视察上海市档案馆工作时就指出:"档案工作有它的特点,就是平时不起眼,也不引人注目,但是,一旦当你需要时,如果平时工作没做好,临渴掘井,就悔之晚矣!"离开了扎实的基础工作,档案服务就成了无源之水、无本之木,更遑论出彩了。

(2007 年)

档案人员的社会角色及其责任

世界上可以出现两座馆藏相似的图书馆，但不可能出现两座馆藏相似的档案馆。读者要阅读一本书，可以从不同的图书馆满足需求；但要利用一份档案，在非网络化的环境里，大多只能在一个相应的档案馆里解决问题。从这个意义上说，档案馆对档案信息资源具有"垄断"性的特点。这对档案人员的社会责任和职业道德提出了更高的要求，要求档案人员依法开放档案；要求档案人员熟悉馆藏，运用各种手段消除信息鸿沟，方便和帮助利用者查阅档案；要求档案人员不得利用"信息不对称"的有利条件，为了自身的研究利用等需要，而进行档案信息的人为封锁。

当代中国，档案人员担负的社会角色正发挥着越来越重要的作用。首先，满足人们对档案信息资源的需求，从本质上来说，是通过档案信息的有效传播和利用，保障公众获取信息权利的实现。这也是民主政治、亲民政府的具体体现。从这个意义上来说，档案人员扮演着政府"阳光使者"的角色。其二，档案信息的传播是有条件的，因为档案具有一定的封闭期。档案信息开放和限制利用的决定权，最终由档案部门来依法行使。从这个意义上来说，档案人员扮演着档案信息传播"把关人"的角色。其三，档案人员承担着档案信息整合、优化、传播工作，在网络化环境中、在海量信息中这种工作尤为重要。从这个意义上来说，档案人员又扮演着档案信息资源"导航员"的角色。虽说各级各类档案室不具有向公众开放档案的职责，但传播档案信息、服务社会同样是重要的责任。国家档案馆的开放服务，是依托在广大档案室工作的基础上实现的，从这个意义上说，档案室是间接地参与了档案开放利用工作。同时，档案室承担着为本单位、本系统工作服务的重任，在各自的服务中还有各自的特点和情况，档案人员在本单位、本系统档案信息的传播服务中，也不同程度扮演着"阳光使者"、"把关人"和"导航员"的角色。

国家和社会之所以对各级档案馆给予较大的财力、物力和人力的投入，根本目的在于保障对国家和社会有重要价值的档案史料得以妥善保存,保障公众档案文献信息的获得权,进而保障历史文明绵延传承,保障社会健康、文明、高效、和谐地运行。《档案法》的颁布,从法律上赋予了公民不但有为国家积累和保管档案的义务,同时也有享受利用档案信息的权利。但由于档案信息与其他信息不同,有开放与限制使用的两种情况,因而公民利用档案信息权利的实现,虽然,一方面受制于档案自身内容由限制到开放的转化过程;另一方面受制于社会经济、政治发展的程度,但最终还是要通过档案部门、档案人员对法律、法规和政策的理解和执行来完成的。因而,从这个意义上说,档案人员实际上在一定范围内、一定程度上,把握着档案信息开放利用的权利。如何把好这个关,远不是档案部门的一项业务问题,而是既事关国家和社会的安全,又事关社会民主化程度和公民权利实现的大局。档案人员必须站在这样的高度来认识自己的职责,正确把握保密和开放的关系,向社会提供更多的档案信息。不该开放的档案开放了,是违法行为,但依法应当向社会开放的档案不开放,也是违法的行为。国家档案馆及档案人员应当以高度的责任感,积极推进档案开放利用的进程。

同时,档案人员应当珍视国家和社会给予的特殊信任,恪尽职守管理好档案,对档案内容中尚未解密的部分严守秘密,确保党和国家秘密安全,确保个人的隐私权受到尊重。作为职业道德规范,档案人员保密的要求,不仅是体现在对党和国家的机密上,同时也体现在对档案内容中的个人隐私上,体现在对企事业单位的企业秘密、商业秘密上,比如档案人员掌握着企事业单位的产品配方、工艺流程、设计图纸等涉及知识产权、商业秘密的核心档案,档案人员要严格按照保密规定管理档案,维护企事业单位的合法权益。另外,我们不能忽视对档案利用者信息的保密。在档案馆服务中如何确保利用者的相对自由,为利用者保守利用信息秘密应引起关注,因为其中往往隐含着利用者个人的思想倾向和隐私。在图书馆阅读图书,是不需要填写阅读目的的,而在档案馆查阅档案,则要填写利用目的,这种利用目的往往涉及个人隐私,比如离婚、财产纠纷等。在编写档案利用效益实例,开展宣传时,必要时要隐去利用者的姓名、住址、利用目的等信息。

（2007 年）

对"城市记忆"的解读

进入新世纪,随着城市现代化进程的快速推进、城市面貌的巨变,"城市记忆"的概念不时出现在各种媒体上。对"城市记忆"的界定,必然要涉及"城市"与"记忆"这两个概念。无论是从词源学、逻辑学,还是从心理学意义上进行分析,"城市"和"记忆"似乎并无明确的关联。城市与乡村相对,记忆则是个人意识世界的纯粹自然生理基础。但是从人类学、历史学、社会学等多学科意义上进行考察,从城市发展史意义上进行研究,两者的关联是甚为密切的,是一种互为依存、互为推动的关系。

从城市社会学等视角进行考察,城市是一个有机体,它是生态、经济和文化三种基本过程的综合产物,是文明人类的自然生息地。城市的基本功能体现了人的本性和人的需要。城市大体有六项基本功能,即养育功能、教育功能、生产功能、娱乐功能、记忆功能、管理功能。美国著名学者刘易斯·芒福德在他的巨著《城市发展史:起源、演变和前景》中论及了城市的记忆功能,他指出,城市通过它的纪念性建筑、文字记载、有秩序的风俗和交往联系,城市扩大了所有人类活动的范围,并使这些活动承上启下、继往开来;城市通过它的许多储存设施(建筑物、保管库、档案、纪念性建筑、石碑、书籍),能够把它复杂的文化一代一代地往下传。因为它不但集中了传递和扩大这一遗产所需的物质手段,而且也集中了人的智慧和力量。这一点一直是城市给我们的最大的贡献。尽管刘易斯并没有使用"记忆"这一概念,但却颇为精到地阐明了"城市"与"记忆"之间的关系。城市的文化,或者说城市的物质文明和精神文明的成果,通过"许多储存设施"得以传承,城市由此得以发展;而这种传承离不开城市的人和物质环境。城市自身不可能"记忆","城市记忆"是城市中的人们"对(城市)过去经验的保持和提取过程"。而城市过去的"经验现象",有"纪念性建筑、文字记载、有秩序的风俗和交往联系",等等。

　　由上所述,是不是可以把"城市记忆"的概念界定为:"城市记忆"是城市形成、变迁和发展中具有保存价值的历史记录,是人们对这些历史记录以信息的方式加以编码、储存和提取过程的总称。

　　这里的历史记录应该是广义上的记录,而不是狭义上的,仅指用文字和图像等记录工具直接将人类社会活动的信息记录在特定的载体(如纸张、胶片、磁盘、光盘等)上的记录。广义的历史记录并不局限在对语言、图像符号的应用上,而是扩大到体现城市"经验现象"的各种符号的应用上。由此而言,"城市记忆"的"历史记录"的种类是繁多的,应该包括自然界物质形成的历史记录,比如年轮;包括城市中的物质文化形成的历史记录,比如建筑,建筑群是在以水泥、砖石和沥青的形式代表着物质化的历史时代。同时,还应该包括非物质文化形成的历史记录。与物质文化的传承方式和形态不同,非物质文化并非记录在物质材料上,并通过物质材料来表现、传播和传承,而是通过口传心授和文化表现形式等动态的方式,来表现和传承技能、技术和知识,这种口传心授和文化表现形式也可以说是活态的历史记录。

　　只有对城市形成、变迁和发展中具有保存价值的历史记录才能进入"城市记忆",并非所有的历史记录都能进入"城市记忆"。城市建设、城市中人的活动都会留下印记和痕迹,留下历史记录,但对城市发展而言,并非都具有保存价值,有的要记忆,有的会遗忘。只有成为城市集体记忆的历史记录,才是具有保存价值的,才能成为"城市记忆"。不同的社会群体可能会有完全不同的集体记忆,因为集体记忆本身就需要有着共同时间与空间界限的一群人的支撑。如果不能形成集体记忆,人们就不能共享过去的经验,城市就难以发展。那么,这种对城市发展具有保存价值的历史记录,城市的集体记忆表现在哪些方面呢? 集中体现在城市的各种遗产上,有自然遗产,有物质的和非物质的文化遗产。能列入联合国教科文组织界定的世界自然遗产、文化遗产的历史记录毕竟是极其少的,但每个城市都会产生对城市管理、建设和发展具有重要意义的自然遗产、物质的和非物质的文化遗产以及文献遗产,这是城市具有保存价值的历史记录,是城市记忆的重要构成。

　　"城市记忆"体现了人对城市历史记录进行编码、储存和提取的过程。

人是城市活动的主体,城市一切物质财富和精神成果都是人的主体能力外在的、物化的表现。城市自身不会"记忆","城市记忆"的塑造、维持和开发需要城市活动的主体人的力量。"城市记忆"的建构等过程,体现了城市市民集体的力量、集体的智慧。"城市记忆"表现为社会性建构的过程和结果,而不是机械地对"城市记忆"历史记录信息进行编码、储存和提取。城市的各种"历史记录",要依靠城市活动的主体去建立;城市的各种"历史记录",只有通过城市活动的主体的"解码",才能对城市的发展产生相应的作用。

"城市记忆"在时间的流程中始终处于动态过程中。城市始终处于变动中,城市人们活动始终处于进行中,"城市记忆"历史记录信息的编码、储存和提取过程也始终处于动态过程中。一方面可以由过去保存和激发,另一方面在现实中经历着自觉或不自觉的转化过程。每个时代都有权利和义务将反映当代社会生活与时代精神的信息有机结合进历史的物质遗存中去。如果把"城市记忆"中的"城市"一词作为形容词,"记忆"作为名词,"城市"作为"记忆"的定语,那么,"城市记忆"就是"城市的记忆",在时态上是一种"过去完成时",显示过去的、已经完成的"城市记忆";如果把"城市记忆"中的"城市"作为名词,"记忆"作为动词、作为"城市"的谓语,那么,"城市记忆"在时态上就是一种"现在进行时",显示"城市"正在进行"记忆"。过去的"记忆"为当下的活动提供参考,当下的活动不断成为过去的"记忆"。人们对城市建设和改造的活动,使"城市记忆"的形成既不能脱离以往的历史记录和认识,又不断加进新的内容。如果这些新的内容脱离了以往形成的历史记录和人们的认识,不能与以往的历史记录和人们的认识保持血脉联系,失却了原有的记忆元素,就会使"城市记忆"发生记忆的"错位"甚至"失忆"。

(2007 年)

挽留"老字号"

　　小时候,喜欢喝点酒的父亲有兴致时,会差我到小店去拷点酒。那时过日子都紧巴巴的,买得起整瓶酒的一定是大户人家了,家境不富裕的大多是零拷酒。印象中零拷酒有五加皮、果子酒,还有"绿豆烧"。"绿豆烧"度数很高,杯子里就那么一点点酒,气味却直冲鼻子,特别呛人。原以为"绿豆烧"是绿豆做的,后来才知道这里面还有个有趣的故事。20 世纪初,一个福建籍姓庄的人,因风湿病从水手变成经商者,他以大麦烧酒为酒基添加中草药浸泡,配制出一种祛风驱寒的药酒,开了"庄源大酱园"。由于隔壁一家粮店经常在空地晒绿豆,市民误认为烧酒是绿豆做的,因而称之为"绿豆烧",店主也就以"绿豆烧"为酒名了。当年,"绿豆烧"的名气甚至可与"茅台"比肩。随着生活的改善,"绿豆烧"早已从家庭餐桌上消失了,但它却是那个年代记忆的一部分。

　　前些年,坐落在旅顺路马厂路南侧的,发明"绿豆烧"制作工艺,有着百年历史的"庄源大酱园"随这片刻印着老上海市井生活形态的街区,轰然消失在推土机下,让人一声长叹。原来,这里是"绿豆烧"的"源",儿时拷的酒,就是从这里"流"出的。正当人们在为"老字号"消逝惋惜之际,让人痛惜的事又接踵而来。有媒体报道,在企业转制中,"绿豆烧"的原料配方、制作工艺、市场营销等档案资料不知去向,一部百年老厂的原始史料可能由此湮灭,一段富有特色的城市记忆会由此断裂。

　　前些天,从电视新闻中又读到了一个悲情故事:曾经拥有过许多辉煌的上海手表二厂总厂,如今只留下门房间位置上的小摊属于当年一表难求的名牌手表"宝石花",当年的销售科长一个人坚守着这个窄小的"营业部"和剩余的"宝石花",苦等着买表人,孤独又悲情地在把"宝石花"的故事续完。他给记者翻阅的一卷荣誉档案特别令我关注,它收集着五六十张的证书奖状,记录着宝石花牌手表曾经的荣誉。这卷档案也许是这位销售科长推销

"宝石花"的依据,但更是为了珍藏"宝石花"辉煌的过去。我未免还有些担心,反映"宝石花"历史的各种档案是否也安然无恙?会不会像"绿豆烧"史料一样地湮灭?据报道,百年笔庄"老周虎臣"、名牌服装"朋街"在企业转制或停产后,原料选用、制作工艺、历史沿革等档案资料也不知去向,让人扼腕痛惜。

当然,具有文化自觉、历史责任感的企业经营者也是有的。曾经在全国百货行业百强中名列第一的上海百货总公司,在"淡出"历史之际,党委书记、总经理带领全体留守人员完成了艰难的清理任务,建立了3450户应收款单位档案,整理了68户下属企业档案。最近,上海市档案局和上海中华老字号企业协会等携手启动了收集、开发本市中华老字号企业档案资源项目,包括资源调查、收集建库、形象拍摄、出版宣传、立法调研等。

或许,历史难以挽留每个"老字号"企业,但我们有责任挽留它们的档案史料。每一个"老字号"档案里,都活着一段富有传奇的经历、一种富有特色的生产经营方式和几代人为之奋斗的精神,是留给城市的一笔难得的文化遗产。

(2008 年)

档案与你同行

"档案与你同行",这是今年上海"档案馆日"活动的主题,市和区县档案馆举行档案捐赠仪式,开展档案利用咨询,推出"档案与民生"展览等活动,让市民走进档案馆,"零距离"接触档案。

如今,档案已"飞入寻常百姓家"了。倘若在二十多年前,这样的活动你能想象吗?光"档案与你同行"这句话,就会让不少人心惊胆战。那年头,人们对档案的理解就是那个与自己同行一生却难以相见、性命攸关的牛皮纸袋,里面装着你的"海外关系"、装着你的"运动"表现,装着别人对你的"揭发批判",甚至装着你儿时"偷"了同桌一块橡皮写的"检查"。就这个牛皮纸袋,会主宰你一生的沉浮,留给不少人挥之不去的"黑色记忆"。

26年前,我怀揣大学毕业工作分配单,来到四川中路220号那幢壁垒森严、没有挂牌的大楼前,心中除了神秘还是神秘,这档案局、档案馆是干什么的呢?那一刻,眼前闪回了电影《保密局的枪声》中的镜头。老馆长罗文为我们上了第一课,引领我们叩开了这扇神秘之门。这是位十分慈祥的长者,是1931年入党的老革命,有着不少传奇的经历。解放初,他曾负责将党的档案工作者在白色恐怖中奋力保护下的中共中央地下档案库的15000件核心文件,从上海安全护送至北京。他曾慧眼识宝,从废品回收站中淘到《共产党宣言》中文首译本,如今成为上海市档案馆的镇馆之宝。从老馆长的启蒙教育中,我知道了档案根本的含义是各种活动直接形成的具有保存价值的历史记录,有文字、照片,还有录音、录像带。档案馆保存的并不是那牛皮纸袋的人事档案,而主要是各个时期政府机构、文化机构、社会团体和工商企业形成的历史档案。但那时档案馆还没有蜕去神秘的外衣,亲朋好友总会悄悄地问我:"我的档案在你们档案馆吗?"到商店买东西,发票上给你填写的单位是"党案局"。这种状况一直延续到1987年《档案法》颁布后才有根本改观。1987年12月30日,上海市档案馆终于亮出了牌子,宣布开放首批 10 万卷档案,尘封已久的档案终于撩开了神秘的面纱。12 月 31 日,迎来了第一位凭身份证走进档案馆的查档者。

时下,档案观念实现了嬗变,档案"出镜率"节节攀升。一些媒体还引人眼球地以档案来包装自己栏目的名称,以此来显示内容的真实性、权威性和内幕性。寻常百姓以一种文化自觉、历史责任参与抢救"城市记忆"的活动,为城市的"最后一个"退出历史视野记录建档。记载了半个世纪家庭收支的"豆腐账"等"百姓档案"入藏档案馆。档案已不再是"生命不能承受之重",变得亲近、亲和了。档案馆正在成为人们的"精神家园",人们在这里找到了城市的"根",找到了个人的文化归属感。

但是,档案观念颠覆后出现的另一种现象却令人担忧:"政治运动"档案流落到旧书摊上,"老字号"企业档案不知下落,大学生人事档案遭到遗弃。因此,杜绝"弃档",也应该是"档案与你同行"活动的题中之义。

(2008 年)

抢救"灾难记录"

在这悲情的时刻,读到了几份记录灾难的档案残片,禁不住潸然泪下。这些档案残片散落在我们心中的最痛——北川中学的废墟里。

这是一页无墨的遗言。白纸上看不出字迹,只有极其细心地将它朝着阳光,转向一个角度,才能发现上面的刻痕。那不是用笔写出的字迹,而是用细木棍之类的东西划在纸上的。纸上划着:"姜栋怀,高中一年级一班。爸爸妈妈对不起,愿你们一定走好。"

这是一本"死亡日记"。"现在才明白生命是多么可贵!而我们却再也不能了……"歪歪斜斜的笔迹,短短200余字,处处流露出求生的渴望。封面上,日记主人留下了自己的名字:姜欢芩,高一三班。姜欢芩是极其幸运的,她虽然留下了"死亡日记",我却在《南方周末》刊登的北川中学1342名幸存学生名单中,找到了她的名字,而她所在的高一(3)班,幸存者名单上仅仅只有五位,她是其中唯一的一位女生。

这是一份语文试卷。这份《二〇〇八年春九年级诊断检测语文试卷》是初三学生陈继亚的。从试卷上看,这是个爱好语文的学生,每一个标题下,孩子都写着总结出来的要点提示,一丝不苟。试卷上的分数已经看不清了,它的一角浸染了血迹。

这样的档案残片和实物,救援人员在北川中学的废墟中可以找到许多,计算器、眼镜、课本、词典,还有孩子们绷着年轻的脸蛋故作严肃的标准照,还有一串串家门钥匙……

悲情之中,我被年轻美丽的生命,在仓促离去前留下的悲情档案所揪心、所震撼、所感动。我想我们有责任把这些悲情档案的残片收集保存下来,因为它是这场巨大灾难真实直接的"历史记录"。这份血色记忆不仅属于北川中学、属于汶川、属于四川,也属于我们整个民族。

悲情之中,我想到了大洋彼岸抢救"灾难记录"的行动。2007年8月1

日,美国明尼苏达州一座横跨密西西比河段的桥梁发生崩塌。灾难现场除
了救援人员外,还有明尼苏达州历史学会的工作者。他们第一时间搜集现
场实物,记录当事人口述。资料搜集部负责人琼斯说:"我们当然不想以任
何方式冒犯在这起事故中遭受痛苦的人,但这起事故无论在明尼苏达州历
史上还是在美国历史上都太重要了,我们必须把它尽可能及时、完整地记录
下来。"

悲情之中,我读到了两则非常欣慰的消息。从中国档案报网站上获悉,
成都市档案馆加强地震灾难和抗震救灾各种记录的收集。5 月 23 日,成都
市档案馆将《成都晚报》记者在都江堰一小学教室废墟中找到的遇难学生
的作业本、语文试卷、阅读卡、迎奥运图画、大头贴相册、日记、创作的诗歌、
奖状、跆拳道等级证书、学生胸牌等 37 件档案和实物收集进馆。该班 48 名
学生已有 28 人在地震中遇难,班主任也一同遇难。成都档案人这种强烈的
历史责任感让人感佩不已。从中国新闻网上获悉,5 月 19 日,第二炮兵某
工程团官兵从北川县委办公楼地震废墟中,抢挖出北川县档案馆等保存的
自 1937 年以来的 8 万卷(件)档案资料,并移交给当地政府。救援官兵的
一句"北川被埋,北川的历史决不能被埋"的话语让我震撼不已。但我还想
加上一句:北川被埋,北川的"灾难记录"不能被埋,汶川大地震中的"灾难
记录"不能被埋。

（2008 年）

人 生 留 档

蓝色的伞流

在我美好的记忆里,有一条蓝色的伞流。

那是20世纪70年代末的一个夏日,北方滨海小城。我顺着喧哗的人流涌到了商场门口,却被密集的雨帘挡住了去路。离开船还有一个多小时,好在这里离码头并不远,我放下了鼓囊囊的旅行袋。

像变魔术似的,人们撑开了一把把蓝色的塑料伞,宛如在我眼前跳开了一朵朵蓝色的浪花。不一会,街上就汇聚成两条蓝色的伞流,它蓝得那么纯澈,流得这般从容……

"同志,您是不是需要伞?""有伞吗?"仿佛雾航中看到了航标。我一看,是个健壮的小伙子正拿着一把蓝色的塑料伞站在我身旁。他穿着蓝白条的海魂衫,里面那鼓起的肌肉如同大海的波涛一样有力。"商店里面有租。"他热情地告诉我。原来,这里面就是伞流的一个源头。我兴冲冲地提起了旅行袋,却又沉重地放下了。这伞,怎么还呢?"您是去轮船码头的?"小伙子收起刚撑开的伞机灵地问。"是呀!""乘工农兵3号52航次回上海?""对呀!""14点02分开,还有半个多小时,我送您一趟。"不等我犹豫,小伙子已把旅行袋塞到了我手里,"刷"地撑开了伞,傍着我走进了蓝色的伞流里。

"你怎么都知道?"我不胜惊讶地问。小伙子调皮地用眼光朝自己左胸前一扫:只见那海魂衫上别着一枚搏击风浪的海鸥徽章。哦,是个海员。"您是第一次来俺们城吧?"小伙子饶有兴味地和我攀谈了起来。"第一次。""印象怎么样?""还不错。"话刚出口,我就意识到太概念化了。"您能说说俺们城的风格吗?"小伙子向我投来了热切的目光。"风格?"我一听奇了。"我喜欢旅游,您一定也去过不少地方,在我看来,不少城市有自己的风格,你看,苏州的典雅、桂林的秀丽、杭州的妩媚,北京的雄伟。同是海滨城市,青岛以旖旎迷人,大连以气势动人。我以为,城市的风格是由它的历史、地理、建筑、风土、人情等因素熔铸而成的。"小伙子侃侃而谈,我已被折服了。可是这滨海小城的风格是什么呢？渔船、海滩、新村、商场……我急于想从这仅有的一些印象中提炼出那种属于风格的东西来,可是我失败了。这是一个人们旅途中的中转站,它实在是太平常了。"别认真了,俺们这小城哪能和人家大城市相比。"小伙子自嘲地对我笑着说。不一会,船码头到了。小伙子收起湿漉漉的伞,不无歉意地说:"不送您上船了,俺怕她在商场门口等急了。""是吗？这……"一种抱憾的感情顿时占满了我的心头。"欢迎您下次再来俺们城。"小伙子匆匆融进了蓝色的伞流里。

目送着他的身影,我心中陡然一亮:蓝白条的海魂衫、蓝色的伞流,海一样的热情、海一样的质朴,这不就是滨海小城的风格吗？

离别小城已有四年了,那蓝色的伞流会时常出现在我眼前,牵出我缕缕情思。

（1983 年）

赵祖康先生与档案

赵祖康先生早年毕业于唐山交通大学,后来留学美国康奈尔大学专攻道路工程。回国后先后担任交通部公路总局副局长等职。抗战胜利后,任上海市工务局局长。上海解放前夕,赵祖康先生当了几天的代理市长,圆满完成了配合地下党、解放军做好维持治安、办理移交的工作。解放后,赵祖康先生受陈毅市长之邀,担任了人民政府的工务局长。1959 年始,他被选为上海市副市长。党的十一届三中全会后,他先后担任了上海市副市长和上海市人大常委会副主任。赵老为上海的市政建设作出了卓越的贡献,这是上海人民有口皆碑的。然而,人们或许还不曾了解,在赵老走过的 90 年的人生生涯中,还曾有过两段与档案有着特殊关系的经历⋯⋯

(一)

1949 年 5 月,我人民解放军第三野战军的精锐部队冒着绵绵细雨,以摧枯拉朽之势,长驱直入,挺进大上海。5 月 23 日深夜,第三野战军完成了钳击吴淞要塞、封锁吴淞口、切断敌军退路的计划。隆隆炮声愈益逼近市区,上海即将"天亮"了。残留在上海的国民党军政要员如惊弓之鸟,仓皇逃跑。市长吴国桢早已于 4 月 14 日"辞职",溜之大吉了。5 月 24 日凌晨 1 时,代市长陈良张皇失措地找到了赵祖康先生,要他代理市长职务。赵祖康先生由于事先已与中共地下党的同志进行了接触,得到过有关的指示,因此他最后表示同意。

赵祖康先生代理市长职务后,就精心筹划维持社会治安,确保档案财产安全,迎接接管工作。他深知保存好旧上海市政府和各机构档案的重要意义。在他代理市长前,国民党市政府曾对所属机构发过一个所谓的"应变"文件,指示要破坏、毁灭各种档案卷宗和财产,并规定要建立执行这项工作的专门机构。当时,他只在工务局局务会议上把这份文件草草提了一下,敷衍了事。在国民党市府的一次行政会议上,警察局长毛森对各部门迟迟不执行"应变"计划大发雷霆,力主要各单位自行销毁各种档案,但因赵祖康先生等人的反对而未达成决议。为了保护好工务局的档案,赵祖康先生嘱咐一位机要秘书通知各部门,把过去借调出去的档案一律收回,并规定以后不再外借。对于"自行销毁"档案的压力,他通知有关秘书,以无行文为词,尽量拖下去,不予执行,竭尽全力,把档案安全移交给人民政府。

为了配合中共上海地下党和人民解放军的接管,5月25日下午1时,赵祖康先生在汉口路国民党市政府里,以代市长的身份对市府工作作了三项决定:一、各局处员工必须固守工作岗位,紧急公务继续维持;二、各单位必须确保档案和一切财产的安全;三、移交工作必须整个地办理,并应事先联系。当时的工务局专员侯砚圃、秘书陆槐清立即分别打电话给国民党市府八个局、七个处室,传达了赵祖康先生的三项决定。当天下午,赵祖康先生外出会见了中共代表,同中共代表商妥了迎接解放等准备接管的八个问题。其中有一条即为:"各局、处人员应安心工作,各守岗位,并确保档案财产。"5月26日下午,解放军先遣部队部长晨钟来到国民党市政府。他受军管会之命,派驻市府负责警卫和监督。晨钟首先就要求查看市府档案室。在赵祖康先生的陪同下,晨钟来到了档案室。当他看到妥善保存着的国民党市府机关的各种档案后,露出了满意的神色。

5月27日上海解放。赵祖康先生在市府秘书长室向各局档案、财务负责人再三关照,要严格执行军管会的要求,确保档案财产的安全。当晚,赵祖康先生又去辣斐德路(今复兴中路)辣斐新村21号参加一个茶会,到会的有国民党市政府有关局长和一些知名人士。赵祖康先生在会上要求各位保管好各方的档案、物资、财产,办好移交。

5月28日下午2时,在汉口路国民党市政府的市长办公室,上海市人民政府陈毅市长坐在市长办公的座位上,周围坐着曾山、潘汉年、韦悫副市长,淞沪警备司令员宋时轮,市政府副秘书长周林以及刘晓等同志。军管会总务处处长熊中节引进了国民党上海市政府代市长赵祖康先生。陈毅市长微笑着同赵祖康先生握手,谦和地招呼他坐在办公桌的对面。陈毅市长爽朗而庄重地宣布了举行接管旧市政府这一具有历史意义的仪式。由赵祖康先生将旧市政府的印信上交给陈毅市长。然后,陈毅市长简短而兴奋地致词说:"赵祖康先生率领旧市府人员悬挂白旗,向人民解放军交出了旧市府关防印信,保存了文书档案,这种行动深堪嘉许。期望今后努力配合做好市政府的接管工作,并请赵先生在工务局担任领导。"陈毅市长对赵祖康先生保护好档案的行动,给予了很高的褒奖。8月3日,陈毅市长在上海市各界代表会议上发表的演说中,再一次赞扬了赵祖康先生。他说:"由代市长赵祖康先生率领市府人员高悬白旗,向人民解放军举行光荣的投诚,此种方式是很好的。其贡献在于使文件档案、公用器材,从上海旧租界工部局时代起,经过日寇,直至国民党时代,完整地转交于人民之手。"

上海市人民政府成立后,上海市军管会军事、政务、财经、文教四个方面的接管委员会,对国民党的军政警宪特机关,官僚资本的经济机构、企业,国民党政府的文教事业,进行了全面的接管。全上海共接收旧市府和各局、各区、各系统的文书档案材料224万卷,包括汪伪市政府、国民党市政府、租界工部局、公董局以及官僚资本主义企业等方面的档案材料。

如今,这些档案已妥善地珍藏在上海市档案馆和21个区县档案馆以及有关的专业档案馆里。

(二)

1982年2月16日,时任上海副市长的赵祖康先生检查城建档案工作。他特地找来了市城建档案馆筹备组的有关同志,了解城建档案管理情况和城建档案馆的筹建进程。面对老市长对城建档案的殷殷关切之心,筹备组的同志深深动情了,毫无顾忌地倒出了一肚皮话,有困惑、苦衷和焦虑,更有热情、希冀和执著……

上海在漫长的建设、发展过程中,形成和留下了数量巨大、弥足珍贵的城市建设档案。为了更好地保存和利用上海城建档案,早在1965年,上海市档案局就曾打算筹建上海市基本建设技术档案馆。但不久,十年浩劫开始了,宏伟的规划随之夭折。十一届三中全会后,档案事业得到了全面的恢复、整顿和发展。筹建上海城建档案馆又开始摆上了市政府的议事日程。1981年4月,市政府同意建立上海市城市基本建设档案馆(后改为上海市城市建设档案馆），统一管理全市规划和建筑、构筑、市政、管线、人防、车站、码头、机场、地铁、隧道等十一大类城市建设档案。市规划局抽调干部组成了城建档案馆筹备组。经过一系列紧张的调研、论证，9月，筹备组向有关部门报送了《上海市城市基本建设档案馆设计任务书》。但是五个多月过去了，设计任务书如泥牛入海无消息。筹备组的同志心焦如焚，坐立不安。当时，上海的城建档案保管在市规划局建筑技术档案室，保管条件极其差。绵延80多年的10万多件建筑技术档案和市政档案，堆塞在仅240平方米的房间内。档案箱层层叠叠，从地上堆到了天花板，压得底下的箱子都变了形。窗户、走廊被堵，通道狭窄，进出不便。而每年又有3000件建筑技术档案要接收。档案发黄、变脆、褪色、破损情况日趋严重……

"看来城建档案馆非建不可了。"赵祖康先生检查了上海城建档案管理工作，听了筹备组同志的一番诉说后，坚定地下了决心。他语重心长地指出，城建档案工作关系到城市建设和子孙后代的大事，一定要抓紧抓好。他要求筹备组同志抓紧时间，提出尽快解决城建档案馆库房的书面报告报市政府。

1982年2月22日，市规划局、市档案局联合拟写的《关于请求解决城建档案馆库房的报告》送到了汪道涵市长和陈锦华、赵祖康副市长的办公桌上。25日，赵祖康先生在报告上批了以下一段话：

"档案加强城市基本建设档案工作，积极创造条件解决档案库房，使本市规划建筑管理局和档案局所属有关部门做好城建档案保管处理工作，能够力争比较完整、准确、系统、安全和有效地提供有关方面的利用，确是把本市城市规划好、建设好、管理好不可缺少的极为重要的条件。"

赵祖康副市长的这个批语，使城建档案馆加快筹建有了十分可喜的转机。4月5日，市计委基建处召开会议。专门研究城建档案馆的建设。5月11日，市计委对城建档案馆计划任务书作出了批复。终于，城建档案馆的筹建工作，可以迈开大步了……

1986年岁末，一座造型别致的绛红色建筑耸起在清幽的上海西郊虹桥路、陵园路口。这就是几经磨难，终于落成的上海市城市建设档案馆，占地面积8.27亩，当时总建筑面积6091平方米，其中库房建筑面积4000平方米，收藏着1855年迄今上海发展过程中形成的建筑、道路、桥梁、码头、车站、海塘、地下管线、防洪墙、城市规划等各方面的档案资料,是上海城市建设发展的一个缩影。外滩"世界建筑博览会"中的著名建筑,都可以在城建档案馆找到它的"根"。

赵祖康先生欣然为城建档案馆题写了馆名,谆谆嘱托档案馆的同志,一定要把城建档案管理好,提供利用好。

（1989 年）

访 巴 金

秋,已是深秋了。秋和夕阳把上海淮海路上层层叠叠的梧桐叶,涂抹得一片金黄斑斓。

我们的小车从繁华的淮海路折进了清幽的湖南路,继而拐入了武康路,在一座幽美静谧的花园洋房前,缓缓停住了。这里,就是当代中国文坛巨匠巴金先生的寓所。门开了,巴金的女儿、在大型文学期刊《收获》任副主编的李小林,热情地把我们迎进了庭院。

一位满头银发、戴着眼镜的老人已在客厅里静静地坐等着。这就是巴金。我的心怦然而动:这就是63年前在巴黎的春夜,听着圣母院悲哀的钟声,沉浸在痛苦的回忆中,从而开始了漫长的创作生涯的巴金;这就是在风雨如晦的旧中国,以著名的《家》、《春》、《秋》等作品,攻击了"一切旧的传统观念,一切阻碍社会的进步和人性的发展的人为制度,一切摧残爱的努力"的巴金;这就是劫后余生,以"力透纸背、情透纸背、热透纸背"的"讲真话的大书"五集《随想录》来作为自己"一生的收支总账"的巴金……

上海市档案馆领导深情地向巴金致意,亲切地告诉巴金,市档案馆正筹备建立名人档案,准备将反映著名人物经历和成果的手稿、作品、信函、照片、录音录像带收藏进馆,以更好地保护和弘扬我们珍贵的文化财富。巴金先生是具有世界影响的文学大师,又长期生活在我们这个城市,为巴金先生建立档案,是我们美好的心愿。"你们需要什么东西,我一定会注意的。"巴金欣然应允道。我们深深了解,巴金是极为重视中国文化财富的积累和保护的。10年前,巴金满怀紧迫的历史使命感,竭尽全力地倡导创办中国现代文学馆。在耄耋之年,以自己一颗燃烧的心和真诚的行为,来鼎力扶助这项新的事业。他为中国现代文学馆赠款20多万元,捐书近万册。1990年春,在中国现代文学馆建馆5周年之际,巴金亲笔写去了祝贺信。他在信中写道:"这是我最后一件工作,我应当把全部力量贡献给它。"巴金把人生的夕辉映照在这片未开垦的土地上。他在 1981 年 4 月 4 日《随想录》第六十四篇中,激情难抑地写道:"点着火柴烧毁历史资料的人今天还是有的;以为买进了最新的机器就买进了一切的人也是有的。但是更多的人相信我们需要加强我们的民族自豪感,提高对我们民族精神的认识。认识自己,认识我们的文学,认识中国人民的心灵美。我们有一个丰富的矿藏,为什么不建设起来好好地开采呢?"真知灼见,掷地有声。

60 年来,巴金的创作和思考始终与祖国、民族、人民的前途命运息息相关。他那"江海一般丰富的著作与译文",为中华民族的文化宝库增添了瑰丽的光彩;他那坎坷曲折的人生历程,为我们展示了一代知识分子热爱祖国、探寻真理的典范。1989 年 11 月 25 日,"巴金文学创作生涯 60 年展览"在上海美术馆揭幕,展出了巴金各个时期珍贵的手稿、照片和各种版本的著作 850 多件,以档案文献的形式,真实而形象地展现了巴金漫长的创作道路和丰硕的创作成果,从中折射出 60 年来风云变幻的时代光环。

巴金向我们介绍了他的手稿和照片的捐赠情况。他的《春》、《秋》和《寒夜》等早已于 1952 年捐赠给了北京图书馆。令人扼腕的是,巴金作品中最具影响的《家》的完整手稿,由于当时出版社没有退还给巴金,至今尚无下落。以后,巴金又陆续将短篇集《李大海》、中篇小说《第四病室》和散文《回忆从文》等手稿捐赠给了上海图书馆。《随想录》的有关手稿,已分别捐给中国现代文学馆、北京图书馆和上海图书馆。"至于照片么",巴金说到这里略为笑了一下,"我年轻时不大愿意照相,解放后照得多一些。"巴金告诉我们,前不久,他已将一百多幅照片赠送给了成都市档案馆。巴金的家乡成都市正在建设一座设施优良的新型档案馆,家乡人民希望在新馆落成之后,能有一批反映巴金社会生活和文学生涯的历史照片在这里珍藏展览。对家乡充满厚爱的巴金当即答应了这一请求。在他的侄儿、四川省政协秘书长李致的协助下,整理了 104 幅反映他人生足迹的珍贵照片。病中的巴金一张一张地亲自验看,并亲手为一些照片补写了内容说明。"关于信函,"说到这里,巴金陷入了沉思,"抗战时期散失了不少,十年动乱中又有损失,现在编全集,正在收集。你们需要什么,我一定会注意的。"巴金再次表达了对我们工作的支持。

时间在悄然流逝,为了不过多打扰巴金,我们准备告辞了。临别之际,档案馆领导向巴金赠送了上海市档案馆编辑出版的上海档案史料丛书和一本新年挂历,衷心祝福巴金先生健康长寿。巴金和我们一起合影留念后,起身向我们一一握手告别,并执意要把我们送到客厅门口。

夕阳洒满了恬静温煦的庭院,空气里飘溢着秋菊的馨香。巴金依着手杖,静静地伫立着,用他那深邃沉思的目光,久久地送着我们。这氛围,这意境,令我激动不已。我想起了巴金《家》"后记"里的最后两行字:"我始终记住:青春是美丽的东西,而且这一直是鼓舞我的泉源"。我明白了,为什么巴金的作品中流溢着纯洁的青春气息。我更理解了,巴金把保护珍贵的文化财富,作为他"最后一件工作"的拳拳之心。因为蓄积着中华文化精粹的档案史料,将长久地留住那"美丽的东西",无论是祖国的、民族的,抑或是人生的。

（1990 年）

三峡——一个悠悠的梦

三峡是什么？三峡是首长长的诗，儿时背"两岸猿声啼不住"，少时读"无边落木萧萧下"。三峡是什么？三峡是幅绵绵的画，时而水道蜿蜒，层峦叠嶂；时而急流险滩，云蒸霞蔚。三峡还是什么呢？我在"告别"三峡的旅程中找到了答案。

当我来到当年陆游《入蜀记》中赞叹的"县在峡中，亦壮观也"的巫山镇，伫立在镇口，久久凝视着高耸着的一块巫山镇移民时间表的巨大标牌时，历史的追思和未来的憧憬瞬间汇合在一起，如潮似涛地在我心中涌动着。我仿佛站到了一个历史和未来的交汇处：巫山，春秋时代属夔子国，战国时设巫郡，秦代为巫县，三国时蜀在此设建平郡，隋代文帝时又改设县治，定名"巫山"；三峡工程，20 世纪 50 年代选定中堡岛为大坝坝址，1994 年 12 月正式开工，1997 年 11 月大江截流，2009 年工程将全部建成。滔滔长江，绵亘古今，以其无与伦比的丰泽和神奇养育了两岸的人民，滋育了灿烂的文化，而今，她将以更博大的胸怀，更雄奇的气势来包容现代人的梦想。

不仅在巫山镇，在白帝城，在夔州城，在"告别"三峡的整个旅程中，我的心头都被一种浓浓的、沉沉的历史沧桑感占据着。据了解，三峡工程仅四川库区淹没就涉及万县市、涪陵市、重庆市、黔江地区的 18 个县、市、区，静态受淹人口 71.49 万人，到 2009 年工程建成时，四川省总计需安置移民 107 万人；据告知，长江南岸闻名于世的中堡岛已消失，全长 2335 米的拦河大坝已从这里开始混凝土浇筑……

回到上海，读到一篇古城泗州钩沉的文章，其中关于泗州太守在泗州行将被淮河洪水覆灭之际，赶修一部《泗州志》的一段，令我心中一阵悸动。泗州，淮河边上的一座千年古城。从后周到清初 700 余年的中国政治文化史上，泗州出现的频率相当高，特别是在南宋和金帝国隔淮对峙的百余年间，泗州常常和兵连祸结的征伐以及由此引起的政治大事件维系在一起。

然而泗州城遭没顶之灾的却是水。清康熙十九年（1680年）夏天的某个夜里，泗州城第一次被冲决淮河大堤的洪波所吞没，自此，洪水灌城的悲剧被一再重复。在最后一次的填城运动失败后，泗州终于沦为一片汪洋，从此深埋于地下，至今已三百余年。泗州最后一任太守为莫之翰，洪水恣肆之时，他将州府衙门搬到了淮河大堤上，在临时办公棚内组织治水赈灾的同时，主持编撰了一部厚厚的《泗州志》，时为康熙二十七年（1688年）。这位太守虽无力为历史留下泗州的楼台城阙、市井街衢，但给后人留下了一部沉甸甸的古城盛衰兴亡史。

斗转星移，今日的三峡库区和昔日的古城沉沦是不能类比的。然而古城太守危难之际留住历史、留住文化的悲怆之举却似有一股历史的穿透力，令人震撼不已。以当今的社会制度、经济实力、技术设施，以及现代人的意识，要想留住三峡库区的历史和文化，那是当年古城泗州无法比拟的。然而古城太守那种紧迫的历史使命感、强烈的文化意识，并不是所有现代人都具备的，不论你是三峡库区的组织者、建设者，抑或是档案工作者。

三峡是什么？是首长长的诗，是幅绵绵的画，还是一个悠悠的梦。三峡工程论证40载，工期17年，半个多世纪圆一个梦。但愿"高峡出平湖"梦想成真时，还能把历史留住，把文化留住。

（1997年）

叩 访 档 案

我们面前,走来了一个又一个初次叩访档案的年轻人——报考国家公务员的面试者。这 20 多位参加面试的学生,是 200 多位应届大中专毕业生报考市档案局公务员中的佼佼者。经过第一轮笔试,其他同学已无缘叩访档案了。

面对我们大到国家行政机关人事制度改革的意义,小到如何结交朋友,自行车被盗后的应变处理等多角度、跳跃式的提问,他们将各自对工作的认识,生活的理解,择业的取向,价值的评判,甚而对档案的点滴了解,都一一坦陈在我们面前。或许他们中的不少人曾经为此番叩访有过精心的包装,但在我们很生活的提问前,渐渐褪去了外衣,还原了本色。有位女同学在回答一个对她来说有点难度的问题时,竟一时哽咽无语。但他们中的大多数颇有自信,且不乏机警。那些毕业于与档案专业相距甚远的专业的学生,在回答能否胜任档案工作时,自信心绝不亚于正宗的档案专业学生。他们巧妙地将此看来是劣势的因素转化为优势,曰:现代社会更需要复合型人才,将自己所学的专业知识与工作后学到的档案知识相融后,更有利于对档案工作的投入。他们的思辨和认知,朝气和坦诚,不时叩击着我这个考官的心扉,轮到我们这代人感叹"后生可畏"了。

叩访者走马灯似的在我们面前闪亮登场,而很有希望叩关成功的他,却迟迟未来。在众多的推荐表中,他是很出挑的:本科学历,男生(请理解我把性别也列上),多次获得过奖学金,爱好音乐、体育、电脑,照片上的他英俊中不乏坚毅。直觉告诉我,这很可能是一位富有潜能的学生。

对于他的缺席,我能谅解。在风云际会的择业大潮中,脚踏两只船,多一次机遇,多一份成功的把握。后来听说,他在接到面试通知时,刚在一家合资公司谋到了一份工作。对于他的选择,我也能理解。七尺男儿,血气方刚,在激流中闯荡一番,也无愧于这多彩的世界,青春的年华。走出花季的他们,生命之旅将有泥泞和荆棘,多一份骚动,多一份自信,对生存能力和质量的提高,想来不是坏事。

生存竞争终究有点残忍。从 200 多位考生中脱颖而出的这 20 多位有幸叩访档案的年轻人,他们中的大多数还将由此整装待发,去叩访又一扇命运之门。作为一名考官,我常处于感情与理智碰撞的两难之中。但愿这次出师不利,不至于让他们背负更多的沮丧和胆怯,而是由此夯实成功的底蕴。

我为每个初次叩访档案的年轻人感动。不管他们的叩访是成功还是失败,不管他们叩访的动机是高尚还是平庸,我都为他们的叩访举动而感动。他们裹挟着青春的活力和朝气,勇敢地来到了已不那么神秘却依然有点寂寞的档案门前。从这个角度而言,他们之中没有失败者。

走出考场,我感悟到面对我们这些考官的学生,给我们也留下了一道并不深奥,却又难解的考题:对我们现有机关的用人机制该作如何改革和完善呢? 不然,机关人事制度的改革最多走完了一半路。全新的择人机制已鲜活地呈现在我们面前,我们兴奋地为之鼓和呼。但我们的用人机制却依旧承载着传统的惰力,沿袭着旧有的轨道惯性地滑落着。诚然我们个人无力改变这一状况,但我们这些被人用而又用人的人,能否尽我们所能做点什么呢? 我想,这是可能的,也是应该的。

（1997）

拼缀异国文化碎品的人

一个偶然的机会,我在一张小报上读到了一篇题为《黑河的堂吉诃德》的文章,它讲述了一位普通青年历尽艰辛收藏俄罗斯民间艺术的故事。我立即被他的执著所折服,更想把他一波三折的人生经历留在我们刊物的"人生档案"里。然而,黑河太远了,如同一个缥缈的梦。

人世间心想事成的境界毕竟还是有的。一个月后,我收到了《中国档案》杂志社在黑河召开通联会的通知。于是,黑河变得很近了。令人扼腕的是,在黑河行程匆匆,竟未能与他联系上。离开黑河之际,我把名片留给了为我们会议服务的摄影师,他在当地也是小有名气的。我想,他一定能帮我联系上。

返沪后没几天,我的传呼机上出现了来自黑河的问候,是他,黑河的堂吉诃德——刘明秀。于是,我们开始了第一次通话,并感受到了他那颗炽热的心的跳跃。几天后,我又收到了来自黑河的特快专递。是一封长长的信,一叠厚厚的文稿,这是他约请黑河日报记者为他采写的,还有几幅以他的根雕艺术作品和俄罗斯民间收藏品为背景的照片。于是,他的富有独特经历的"人生档案"在我眼前徐徐展开……

家里人说他是一个很有主张的人。由于家境贫困,中学毕业后的第三天,就来到了水电站做工。艰辛的劳作,枯燥的生活使许多同来的人纷纷另谋生路,而他却默默地留下了。

朋友们说他是一个善于发现的人。在劳作中他发现了树根的美,由此爱上了根雕艺术而一发不可收,作品频频获奖,还远涉重洋到加拿大参展,捧回了一个国际大奖。于是,他人生的轨迹有了大的转折。

他自嘲是一个不合时宜的人。历时5年,耗资20万,创办了中国最大的一家私人收藏馆——"俄罗斯民间艺术馆",展品反映了前苏联各时期绚丽多彩、绵延博大的民俗文化,令对岸布拉戈维申斯克博物馆馆长感慨万端。面对办馆几经沉浮和境外商人百万巨资收购的诱惑,他心平似水地念起了莎士比亚的诗:"人人都希求财富,财富常招致灾星/终于毁灭了一切,一切都丧失干净。"

在我看来,他是一个矢志不移的人。为了这个展馆,他付出了许多许多。对于自己的作为,他是如此对前来采访的俄罗斯记者说的:"中国和俄罗斯是两个有着不同文化背景的邻国,两国人民相互了解,增进友谊,对世界和平与进步十分重要。办这样一个展馆,一是出于对俄罗斯传统文化艺术的热爱;二是得助于中国的改革开放和两国着眼于未来的新的睦邻友好关系。"他以一个很高的层面和很深的立意,为他的"人生档案"作了自我结论,从中也折射出他的收藏观。

如今收藏也已成了时尚,但收藏观却并不趋同。有人注重的是藏品的财富价值,把藏品仅仅当作是保值乃至升值的财富。而有人却把目光移注到了藏品的文化价值上,一件文化藏品,宛如历史遗落的某一细节,耐人细读。于是,一个个专门性的民间文化收藏馆应运而生了。然而,这类收藏馆的发展大都不那么顺利。探究个中的原因,资金的匮乏,文化意识的浅薄算是两条,但收藏者的历史意识、文化品位看来是更重要的。有位著名作家说过,收藏者的快乐,除了发现和享受外,还有一份责任,就是把前人的创造留给后人。倘若没有这份责任,刘明秀的展馆怕是早就一蹶不起了。

刘明秀确实是个"不守安分"的人。现在,他又把目光投注到了千里之外的上海,希冀在上海这方具有深厚文化底蕴的沃土上,留下自己奋斗的足迹。我想,有这份眼光,有这份责任,他是可以心想事成的。

(1998 年)

我的老照片

如今老照片成了时髦的东西：山东有家出版社已编辑出版了《老照片》专集 4 辑，每辑发行达 20 多万册；上海电视台"综艺大世界"以老照片为题，组织了一期节目，我们档案局的同志还应邀组队作为嘉宾助兴；前些日子有朋自远方来，到虹桥开发区一家上海餐厅小酌，只见四周墙上挂的都是 20 世纪二三十年代旧上海的老照片。

我也有几册老照片，那里隐藏着我没有"曝光"过的人生故事。偶有闲暇，独自窝进软软的沙发里，沐着暖暖的阳光，轻轻抚摸着岁月的履痕，那不啻是一种浪漫的享受。以现代人的眼光来审视逝去的日子，又会给人平添几分深沉。

我的第一张报名照是 1961 年夏天拍的。那时我刚念完小学四年级。一天，父亲突然对我说，要我去学京戏。那年，中国戏曲学校要在上海招几十名小学四年级的学生。父亲是个京剧迷，常带我出入天蟾舞台、共舞台和中国大戏院看京戏。我既喜欢《七侠五义》、《西游记》这类惊险火爆的机关布景、连台本戏，也爱听《玉堂春》、《失空斩》等字正腔圆、回肠荡气的文戏。那年月京剧红红火火的，上海戏曲学校毕业公演曾轰动沪上，杨春霞、李炳淑、齐淑芳等名角就是在当年崭露头角的。对他们的演出，我是每场必看，最好玩的是跟在大人们后面突然间大声发出喝彩叫好声。但我从没想到自己将来去演戏。对未来还是懵懵懂懂的我，就跟着父亲到照相馆拍下了人生第一张报名照。报考那天，和文化广场连在一起的上海戏曲学校考场内，人山人海，等了好久才叫到我。进去先自报家门，然后随老师的琴声从低音符唱到高音符，最后跟一位武生老师翻翻跳跳，初试就算结束了。经过夏天的等待，也未拿到复试通知书。于是，这张报名照就给我留下了漫漫人生的一段小插曲。成人以后，我一直猜不透也没去问，父亲当年要我报考戏曲学校的缘由。也许，人生并不是处处都要有答案。

那张"动乱"岁月拍的集体照常让我忍俊不禁。大家站位疏疏密密,神色阴阴沉沉。1966年夏天,正值"文化大革命"如火如荼之际,全班50名学生"指点江山,激扬文字"分裂成好几个"战斗组"。这时,班里有位同学经过漫长而严格的政审、体检后,从上千人中脱颖而出,被光荣批准入伍,当上了一名令众人仰望的飞行员。于是,为了欢送同学入伍这样一个共同的目标,大家勉强走到一起来了。二十多年后,当我们在母校百年诞辰的庆典会上又走到一起来时,提起往事都大度地"相逢一笑泯恩仇"。只是那个"定格"在特殊年代里的"印记"却已无法抹去了。

这张被我题为"最后的晚餐"的照片是1982年夏,我迟来的大学生活的最后一个晚上摄下的。我们同寝室七位室友正高高举起各式各样的茶杯和碗,要把4年辛苦、欢乐、希冀和缺憾酿就的酒一口闷了。下午,我们终于得到了期盼已久的"宣判"。明天一早大家就东西南北,各奔前程了。尽管分配方案不可能皆大欢喜,但大家还是决定临别前聚一聚,向四年多来的大学生活,向同学间浓浓的友情作一告别。每个人都拆除了用蚊帐围成的"经营"了四年的一方小天地,把旧报纸、破鞋子等杂物装了一"黄鱼车",浩浩荡荡开赴镇上,换回了几个酒钱。每人又凑一份数,买回了一大堆熟菜卤肉,告别室宴就这样在欢乐而不乏悲壮的氛围中开始了。十多年过去了,我们都在忙啊,忙啊,忙着各自的一份事,互相间少有来往,其中有人已远涉重洋在澳洲定居了。而这张"最后的晚餐",常会牵起我对大学生活的缕缕深情。

三张老照片,记录的都是学生时代夏天的故事。也许学生时代是最值得留恋的,也许夏天对学生来说,是最容易蔓生故事的季节。

老照片,留住了岁月的原汁原味;老照片,是人们怀旧的载体。人们从怀旧中丰富着自己。

有位作家说得好:"我们为明天而活。明天是我们的地平线,地平线是太阳升起或者落下的地方。我们是应地平线的召唤而生的。我们走向它,一天又一天,直到世界的尽头,我们不再有明天,不再有地平线。"

（1998年）

走进电台直播室

这几年,带着档案话题走进电台直播室已有三次了。尽管是同一话题,但每次的感觉却不尽一样。

第一次是应上海人民广播电台"市民与社会"节目部之邀来到电台的。那时电台还在北京东路外滩,那座冰冷坚硬的钢骨水泥建筑里。看着那一块块冷冰冰、硬实实钢骨水泥铸成的外墙,我的眼前蓦地会跳出电影《战上海》中的镜头。当年人民解放军为了完美地保留外滩这些近代建筑物,奉命不准用炮轰,为此付出了生命的代价。

"市民与社会"这档节目安排在中午进行,想来是为了让更多市民有机会参与。主持人左安龙先生是全国"十佳广播主持人"得主。我们应邀在节目开始前一个小时到达电台,与主持人、编辑共进午餐,乘此聊一下即将直播的话题。午餐是在电台办公室里用的,每人一份盒饭。看着左安龙过早谢顶的脑袋,我不禁平添了几分敬意。一年 365 天,就需有 365 个话题。对于左安龙来说,每个中午都是鲜活的。

当我带着耳机,对着话筒,第一次端坐在静谧的直播室里,我想我的神情一定很严肃,甚至很神圣。"市民与社会"节目的主要特点在于听众的参与性。因而在我们简短地作了有关档案的介绍后,就把大部分时间留给了与听众的交流。正当我担心冷场时,只见红灯闪烁,几条线路已"爆满"。听众提问的内容十分广泛,既有知识性的,也有专业性的,诸如档案与文物的区别,企业档案馆能否开放,如何到档案馆查找资料,老上海的住房、发式、衣着、街景照片是否能复制等等,可见,社会档案意识已大有改观。为这次直播增色不少的是上海专业作家蒋丽萍打来的电话。她首先向市档案馆表示感谢,她说最近几年她千方百计在收集新民晚报创办人的传记材料,走进市档案馆,她真的如获至宝,欣喜若狂,同时,她对档案馆的收集工作提出了建议。主持人左安龙又紧追不舍地反问了她几个问题:你是怎么会想到去档案馆查资料的？档案对你的写作有何帮助？这倒使我们轻松了不少。时间悄悄流逝着，正当我开始进入角色时，却不得不与听众告别了。

第二次到电台做节目，电台已乔迁到虹桥开发区。与原来那座很古典的近代建筑相比，新落成的广播大厦很现代，走进宽敞亮丽的大厅，宛如来到了星级宾馆的大堂。这次是作为上海东方电台"今日新话题"节目的嘉宾应邀而来的，主持人是高天。这档节目与上海台的"市民与社会"大致相似，只是更追求话题的深度。这次讨论的话题是：馆藏档案百万卷，为何利用者寥寥无几？对我们来说，这是一个难堪的话题。几天前，《解放日报》一位记者踏访了市档案馆后提出了这个问题，引起了沪上传媒的关注。东方电台组织这次讨论，也为我们宣传解释提供了良好的机会。但这确实又是一个很现实的问题，档案圈里对此也是见仁见智，莫衷一是。

坐在直播室里，我们试图从社会档案意识、档案利用的专指性、档案馆拓宽利用渠道等多方面来回答这一问题，但是我感到我们谈得很费劲，即使你出再多的史料集，办再多的档案展览，也无法替代市民直接进档案馆利用档案，而这正是档案馆的主要功能所在。我不得不以为我们传统的档案管理模式是造成档案利用率低的一个重要内因。但我无法和听众们在电波里探讨这些业务问题。结束了这次很累人的谈话，我忽然想到"叶公好龙"的典故，我们一直孜孜不倦地宣传档案的作用，而市民真的想来利用档案时，我们却有点手足无措了。

第三次走进电台直播室很轻松。这次直播没有听众参与，是和主持人对聊，节目名称很休闲："小茗时间"，从下午 2 时到 4 时，我们的话题安排在其中的"小茗茶坊"里。档案作为喝茶品茗的话题，可以谈得很轻松，很悠闲。以这样的方式来谈档案，似乎更能使档案"飞入寻常百姓家"。因为是聊天，我们就谈得很跳跃，从档案的起源，到纸质档案的消失；从伟人史料的新发现，到呱呱落地婴儿档案的诞生……

无论社会如何发展，档案的产生是绝对的。因而档案的话题是永恒的。但愿能从这个永恒的话题中不断聊出点新东西来。

（1998 年）

《星期五档案》及其他

上海东方电视台一位编辑打电话找到我，要我们档案馆为他们新辟的一个栏目提供一些档案史料，这一期记述的是结婚证书的演变，希望能提供一些不同时期的结婚证书。问及新辟的栏目名称，不由得让人心跳："《星期五档案》。"

档案一词进入媒体专栏的名称，时下已不鲜见。打开各类报刊，《检察档案》、《球星档案》、《求职档案》、《股票档案》……各类"档案"让人眼花缭乱。且不论这样设置是否符合严格意义上的档案定义的界定，但至少可见社会档案意识大大前进了一步。倒退20年，会有这样的事吗？再说，人们也不至于会拿着报刊上《××档案》中刊出的内容送至档案室归档吧。因而档案人对此大可不必学究气十足地品头论足，倒是应该感谢媒体对档案的"利用"。其实，档案一词堂而皇之地进入媒体的栏目名称，其社会原因倒值得档案人玩味一番呢。

《星期五档案》可能是"档案"一词首次进入电视栏目，因而也就格外引起我这个档案人的注目。几集看下来，对这个栏目的内容和样式、风格大致有所了解。诚如该栏目策划者、编辑对我表白的，这是一个"寻根溯源"的栏目。它将社会众生相凸现在广大观众面前，无论是震惊中外的历史事件，抑或是平凡琐碎的身边事，以泛黄的照片，隽永的语言，深沉的语调，执著地追寻着历史的踪迹，娓娓道来一个个或悲壮或凄婉，或激动或淡泊的故事。

1998年年底，《星期五档案》摄制组来上海市档案馆拍摄了馆藏中关于"江亚轮"事件的历史照片和资料。同时，他们还通过各种线索，千方百计寻找"江亚轮"事件中的幸存者，并准备采访他们，请他们讲述当年身临其境的种种。1948年12月3日，招商局"江亚轮"在上海开往宁波途中失事沉没，船上除900多人获救外，3400余人葬身鱼腹，上演了一幕近代中外航海史上空前的大悲剧。其实较之人们熟知的"泰坦尼克号"沉船事件，"江亚轮"的沉没更为惨烈。只是后者没有像前者被演绎成《冰海沉船》、《泰坦尼克号》这样撼人心魄、经久不衰的故事。以这样几幅历史照片，这样几段历史资料，再加上幸存者心有余悸的追述，固然不能解开尘封了50年之久的"江亚轮"沉没之谜，但也算对半个世纪前这一极其悲惨的历史事件的一种祭奠吧。

1999年新春，《星期五档案》为市民制作了一道佳肴："海派上海菜"。在广大观众家人团聚、觥筹交错之际，追溯海派上海菜的渊源，讲述德兴菜馆、上海老饭店的百年兴衰。与时下蜂拥而出的《老照片》、《老新闻》、《老漫画》、《老房子》之类的"老字号"不同的是，《星期五档案》在"还原"历史时，不仅向观众提供了早已"定格"了的历史照片和文字资料，而且还糅合进了当事人亲身经历的追述，以及历史场景的演变。这种追述，其实是一种不可多得的口述档案，是对历史资料的一种补充和映衬，形成了今天与昨天，甚或明天之间的"对话"，当然不是那种蹩脚的说教型的"回忆对比"，而是一种深沉而流畅的沟通。

都说世纪末流行着一种怀旧的情结。尽管步履匆匆，尽管目不暇接，但在即将告别整整一个世纪，乃至整整一千年之际，人们还是奢侈地停下脚步，频频回首逝去的岁月，自己经历的或未经历的，伟大的或平淡的日子，细细解读着往昔，感受着历史，从记忆的筛子里留住了值得珍藏的，以弥补今天的失落和匮乏。拾起一份亲切的回忆，追寻一种新的希冀，人们在怀旧中丰富着自己，为趋新做好准备。

档案留住了历史，于是成了怀旧的珍品。可是在这怀旧的氛围里，我们的档案人却显得那么冷漠，那么理智，很少主动参与"老字号"的制作，似乎少了一份浪漫和热情。这一次，倒是北京人让人开了眼界，搞了个"老票证展"，在市档案馆大厅展出了上千枚各时期商品票证实物样本，轰动了京城，参观者络绎不绝，许多市民还纷纷捐出了自己的珍藏。倒不是期冀档案人一窝蜂地都去参与"老字号"的制作，只是期待我们的档案人能不能多一点文化味，多一份市民意识。

（1999年）

上海老街

今年端午节,毗邻豫园商城的"上海老街"正式开张迎客了。黛瓦粉墙,飞檐翘角,仿古老街透出了浓浓的古意。福泰行的旧钟表、黔宝苑的蜡染、老同盛的南北货,丁娘子的土布庄、沈永和的酒坊、昆山墺灶面馆,让人追寻旧时上海的市井风情,平添了几分历史沧桑感。

走进设在二楼的"老上海茶馆",顿觉眼前一亮。沿街临窗的一边,排着一长列茶桌,茶客们正在有滋有味地品茗聊谈;另一边,陈列着老上海的照片、地图、书刊和实物。有 20 世纪 20 年代的上海外滩老照片,30 年代的上海老地图;有老上海"市中心住宅分期付款购买章程",英文版的《上海指南》手册,老电话号码簿;还有杏花楼、永安公司印制精美的礼券,跑马厅的"香宾票",百星中西菜社的菜单,等等。让人颇感意外的是,茶馆里还陈列着久已消逝的老上海生活用品,产于 20 世纪 20 年代的人体秤,放了半个多世纪、至今未开封的参茸酒,雀巢公司的大号牛奶瓶,旧上海的汽车牌照,铜制的灭火器……让你悠闲地感受已逝的时光。

得知我是来自档案馆的客人,茶馆老板张剑明先生忙迎了出来。张先生看起来不过三十多岁,开出这么一个富有文化内涵的茶馆,不由得让人击节赞叹。落座后,茶馆为我沏上一壶清香四溢的龙井茶,喝上一口,真有荡气回肠之感。张先生对我说,他是搞收藏的,喜爱古董文物,花上几十万开这样一个茶馆,并不奢望能赚多少茶水钱,而是想有机会展示自己的藏品,让人寻觅老上海的踪迹,感受老上海的风情。这里展出的仅是他藏品中很小的一部分。他的各类有关老上海的藏品已有上万件。同时,还可以利用茶馆,以茶会友,交流收藏信息,探讨收藏艺术。他告诉我,他的茶馆已成为上海老街的一个亮点,报社、电视台都纷纷前来采访、摄像。但问及经历一番热闹之后,有何打算时,他似乎准备不足。我建议他,以后是否能搞些专题展示,比如,搞一个外滩历史照片展示,从不同时期、不同角度展现外滩的风情，也可和我们档案馆合作搞，以弥补他个人藏品之缺。但他再三对我强调，茶馆里展示的藏品必须是原件，不能有一件复制品，唯有这样原汁原味才能更好地体现茶馆的文化品位。也许他的话不无道理，他追求的是一种氛围，一种境界。这样，我一下子跳出的许多提议不得不搁浅了。但我还是希望能与他有所合作，并邀请他有机会来档案馆看看。对于档案馆，他是很神往的，他说他早就想来探秘了。

　　走出老上海茶馆，再看看老街上鳞次栉比的商铺酒肆，总感到缺少点什么。也许缺少的就是张先生的那种创意。当然，并非说每家店铺贴张老照片，摆点老物品，就算是有创意了。而是要有自己店铺的特色，这种特色不仅仅是体现在物品上的，还应有文化上的。说实在的，老街上真正有特色、有品位的商铺并不多，至于老街上那些打折倾售的服装、包袋、皮鞋、羊毛衫、小百货等店铺更是与老街要凸现的老上海风情格格不入。

　　有位学者说过这样的话："怀旧本来就是属于个人的情绪。当它以集体性形态出现的时候，固然会给文化各门类提供创作的新天地，但假如人为地制造'怀旧'，把怀旧生硬地与商业、与政治联系起来，那无疑会破坏怀旧行为文化意义上的浪漫。"但愿多一点张先生那样的创意，多一点老上海茶馆那样的风情，这或许是上海老街的"根"。

（1999 年）

走近"香格里拉"

第一次见到"香格里拉",是在柳荫深深、浅草萋萋的西子湖畔。那宫殿式的建筑深藏在一片浓浓的绿荫中,那是杭州香格里拉饭店。我不知道这家饭店为何取名为"香格里拉",但我总感到这名称很动听。以后,每次到杭州,在波光潋滟的西子湖畔漫步时,总要向"香格里拉"投去深深的一瞥。我想,"香格里拉"一定很美丽,很深沉。

后来,在报章上陆陆续续读到了有关"香格里拉"的文字,这才明白,"香格里拉"是源于60年前英国作家詹姆斯·希尔顿的长篇小说《失去的地平线》中描绘的一个"世外桃源":地处雪山环抱中的神秘峡谷,有金字塔般的雪峰,宽阔的草甸,金碧辉煌的寺庙,铃声悠远的马帮……在那里,人与大自然和谐相处。他明言"香格里拉"在中国藏区。1937年,好莱坞据此拍成的电影风靡一时,于是,半个世纪来,"香格里拉"成了人们苦苦寻觅的一个宁静的乐园。20世纪70年代初,香港出现了一个以"香格里拉"为名的五星级酒店。由此,"香格里拉"第一次成为大地上可知可感的现实景物。这是香港超级富豪郭鹤年先生颇为得意的神来之笔。为了给自己创建的酒店命名,郭先生绞尽了脑汁,他想起了少时读过的《失去的地平线》,渐渐,雪山拥簇中的"香格里拉王国"在他眼前浮现,于是酒店冠上了如此充满意境的名字。

从这以后,"香格里拉"时常会撩拨我一颗浮躁的心,真想有一天能身临其境,走进这神秘的王国。

有时,美丽会在不经意中悄悄降临。1999年7月下旬,《中国档案》杂志社在昆明举办宣传工作会议,我应邀前往。会后,兴冲冲登上了考察刚被联合国教科文组织命名为世界文化遗产的丽江古城之路。

路上,我在一家店铺里买到一本俄国人顾彼得写的《被遗忘的王国》,半个多世纪前,丽江古城的马帮、集市、酒店、寺院、雪山、古乐、祭天、婚礼等风情在他笔下一一记录了下来。让人读了怦然心动。难道,丽江就是"香格里拉"? 但没人这么告诉我。

读着《被遗忘的王国》走进了丽江。我的心还是被丽江深厚的历史积淀、丰富的人文景观和神奇的自然风光深深撼动了。在建于宋末的大研镇古城,我几乎看到了与300多年前,徐霞客徒步抵达这个古城时看到的同一种景观:"居庐骈集,萦坡带谷,民房群落,瓦屋栉比";感受到了与50多年前,俄国人顾彼得感受到的同一种氛围;"家家房背后有淙淙溪流淌过,加上座座石桥,使人产生小威尼斯的幻觉。"古城的房屋全是土木结构,全部用手工建造。我简直不敢想象,这种土木结构的建筑,曾经历过何等久远而艰辛的岁月磨难,光5级以上的大地震,自1474年以来,就发生了53次,最近的一次是在1996年。而古城却奇迹般地几乎完好地保存了下来。同时,也把古城独特的完整生命文化形态保留了下来。这地上每一块磨光发亮的青石板,都曾蕴涵过一些悠远的故事,小街上每个旧式门洞里,都曾隐藏着一段古老的传说。城中心的四方街上,排满了药材、铜器、丽江粑粑、鸡豆凉粉和各种工艺品的铺子。一位"洋小伙子"在一家店铺里按动着电脑上的鼠标,一个金发妙龄女郎悠闲地坐在一家酒吧外的凉篷下看着书,丽江古城早已不是"被遗忘的王国"了。

在丽江古城北面,山脚下的黑龙潭公园,我找到了古城历史和文化的底蕴。这里,我在东巴文化研究所看到了用古老的象形文字记录下来,被岁月的烟火熏得发黄的典籍;在庭院里听到了濒临失传的纳西古乐。尽管我无法解读,但已多少感悟到了其中的神韵。

在玉龙雪山锦秀谷——云杉坪,我发现了古城历史和文化的博大之渊。近处,地域开阔,水草丰美,古树参天,浓荫盖地;远方,晴空一碧,苍穹若洗,高原雪山,金光熠熠,引发人们雄奇的想象和缥缈的情思。

在即将告别丽江古城之际,有人告诉我,"香格里拉"经资料查证和现场踏勘,就位于离丽江城不远的云南迪庆藏族自治州,藏语中的"迪庆"与"香格里拉"、"世外桃源"的含义竟不谋而合。我大为震惊,又深深扼腕,因为行程已定,无法前去探访这神奇的王国了。好在又有人告诉我,真正的"香格里拉"永远是个谜,一百个人,会找到一百个不同的"香格里拉"。我蓦地感悟到,"香格里拉"是一种美丽而悠远的境界。这种境界,我在丽江多少已触摸到了,那么,我不也已走近了"香格里拉"吗?

　　回到上海后,一次乘轮渡从浦西到浦东,船驶在江心时,我看到了耸立在黄浦江东岸的浦东香格里拉大酒店,它是那么直露、那么冷漠,与我心中的"香格里拉"相去甚远。悲乎,没有宁静,没有美丽,没有想象,能叫"香格里拉"吗?

　　　　　　　　　　　　　　　　　　　　　　　(1999 年)

岁月的驿道

（一）

今年国庆节,我们档案馆和上海东方电台联手在新落成的上海国际会议中心,举办《和新中国一起成长》图片展。

图片展从新中国同龄人寄来的一千多幅照片中,遴选出 50 幅参展。这 50 幅照片是 50 位同龄人不同年龄段留下的生活印记,由此连接成一代人 50 年的成长轨迹,从中折射出共和国半个世纪的兴衰悲欢。我也是共和国的同龄人,沾主办单位之光,我的一幅照片,一段经历,也融为 50 年历史链中的一环。

在图片展开幕酒会上,同龄人聚在一起,用得最多的一个词是"如果"。如果没有"三年自然灾害",如果没有"文化大革命"……然而,历史不是"如果链",而是一条因果相涌的长河。我们每个人只是汇入其中的一颗水珠。和共和国同龄,也许就要承担更多的责任,承受更多的磨难。今天,当我们循着岁月的驿道去拾掇人生的碎片时,依然不乏诗情和哲思。正如图片展的前言写道的:

这五十年,虽然有些日子压入了照相册的最底层

但一翻动,它们仍然飘荡起青春的回声

这五十年,一缕缕阳光即使在阴晦的雨季

也主动与我在不同场合亲密无间地留影

（二）

机关用餐也"社会化"了。关了食堂,去附近一所大学搭伙。于是,有机会与男男女女大学生们共进午餐。看着他们旁若无人的谈笑风生、指手

画脚,我好生羡慕,竟奇怪地想起了一篇奇怪的小说《减去十岁》。当年评小说奖,我是投它一票的。说实在的,十年"动乱",使我们这一代失却了十年寒窗的磨砺和快活,难道不应减去吗?可是我们的小字辈是不会同意的。我们已欠他们不少了。那一年,高考制度一恢复,我们这些老三届之流呼啦啦地涌进了刚开启的大学之门。一个班级"四世同堂",可怜应届高中毕业生没几个。四年后又同去闯荡社会,他们在资历、经历上又吃了不少亏。好在风水轮流转,现在该轮到他们这一辈显山露水了。我们的那十岁是万万减不得的。

(三)

现代人忙忙碌碌、浮浮躁躁,看小说成了一种奢侈。我不由得甜甜地回忆起那几段难得的,享受小说的美好岁月。

1967年下半年和1968年上半年,"红卫兵运动"的硝烟已散去,我们这些中学生正面临着何去何从的境况。这个等待没想到如此漫长,无所事事的我们萌生了"窃书"的念头。我们偷偷启封了被我们自己查封的"封、资、修"图书室,一本本巴尔扎克、莫泊桑、狄更斯、高尔基的名著从那里悄悄流了出来,在我们之间快速地传阅着。于是尘封已久的历史记忆拂去了时间的尘埃,在我眼前鲜活起来,凸现出来。至今还记得那情景,一口气读完罗曼·罗兰著、傅雷译的四卷本《约翰·克利斯朵夫》,掩卷沉思,竟热泪涟涟,不能自已。20世纪70年代末80年代初,在大学念中文系时,也曾狠狠读过不少小说,但功利性太强,一是满足"反思",二是应付考试。

其实,文学和档案有相通之处,都是历史的再现,只是记录的形式不一样。文学形象地记录了人类漫长的存活经历,成为当代人心路历程起锚的港湾。真想再回到那静静的港湾,是现在,而不是再过十年。

(四)

不久前,在苏州大学遇见一位档案学界的知名学者。他见到我劈头就说:"啊,你原来年纪这么大!"我心里掠过一阵悲凉,我真的老了吗?"噢,我是说你比我想象中的年龄要大。"他补充道。我顿时释然了。我们从未谋过面,或许他是从我的文章、我们办的刊物中,来揣摩我的年龄的。我倒真有点感谢这位学者了,或许我在那里还留住了一份率真,一份朝气。

（五）

有一支歌这么唱着,马儿啊,你慢些走,慢些走……这支歌和我现在的心境很相仿。

（1999 年）

2000 年的祝福

（一）

公元 2000 年的第一个早晨，我和朋友们，年长的，年轻的，还有孩子们，一起在祖国的第三大岛——崇明岛的长江入海处，虔诚而激奋地迎来了新千年的第一轮太阳，幸福地接受新千年第一个早晨的问候。此刻，我想起了作家刘白羽，想起了他对日出的种种宏伟而精到的描述，其中有一句话最适合现在的情景："这是晨光与黑夜交替的时刻，这是即将过去的世界与即将到来的世界交替的时刻。"日出日落，太阳一千回升起，一千回落下，但今天的太阳升腾起了人类对新千年的祝福、希冀和梦想。

昨天，也就是 1999 年 12 月 31 日，在送走了 2000 年到来前的最后一个落日后，读到了作家陈村在《新民晚报》上的文章《话别 1999》。短短的几行字，却引发了我强烈的共鸣："我总是 20 世纪的人了，不管再活多少年。我的好，我的心，我的百感交集，都留给 20 世纪了。我没料到新世纪来得那么快，它急不可耐地不由分说地来了，无人能挡。"是的，我也是"20 世纪的人"，与陈村一样，对即将逝去的那一百年怀恋情深。但我却无法像陈村那样，面对千载等一回的历史时刻，那么心平如水："和妻子孩子道过晚安，一个人，抽支烟，翻一下当日的报纸，关灯。就让我在睡梦中走出这个世纪。"虽然，不可能到亘古不变的金字塔前欣赏盛大的新千年音乐会，不可能到流金溢彩的埃菲尔铁塔前参加世纪狂欢节，但我还是以自己的方式度过了一个不眠之夜。面对浩浩宇宙，个人实在渺小得不能再渺小了；面对漫漫千年，人生实在短暂得不能再短暂了。尽管是匆匆过客，也想给自己、给历史留下点印痕。

（二）

　　新千年、新世纪的脚步诚如陈村先生描述的那样："急不可耐地不由分说地来了。"作为档案人，出于职业的责任，总想在这万众翘首的时刻，为我们的档案馆，为上海的历史留住些什么。上海解放 50 周年的那个红五月，《解放日报》摄影美术部张安朴主任向我谈起了他们的策划，举办"千年瞬间"的摄影比赛，以新闻照片来记录千年之交的上海。我听后立即亢奋起来："我们档案馆能不能参与？"急切地向张先生建议，将其中部分具有文献价值的照片由档案馆收藏。张先生当即拍板同意，认为这是为摄影比赛的佳作找到了最好的归宿，也使这次摄影活动更增添了历史凝重感。1999 年12 月 27 日，《解放日报》刊出了摄影比赛征稿启事，上海市档案馆作为协办单位加盟。征稿启事中特意点出："作为本届协办单位的上海市档案馆，将精选收藏其中具有文献价值的照片，并颁发上海市档案馆的收藏证书。"第二天，我应邀到解放日报社，为参加比赛的摄影记者、通讯员宣传一下档案馆，宣传一下文献价值的照片。走进会议室，摄影记者和通讯员已处于紧张的临战状态，他们分成"零点行动"和"阳光行动"两个组，分别抓拍千年之交和新千年第一缕阳光升起后上海社会活动的瞬间。一种神圣的历史责任感在我和报社的领导、摄影记者、通讯员之间涌动着。应该感谢《解放日报》，感谢摄影记者、通讯员们，是他们将历史的瞬间"定格"，将美丽和激情铸成永恒，为我们档案馆留下永久的珍藏。

（三）

　　儿时曾读过一本当时很热门的书《科学家谈 21 世纪》。那时离 21 世纪的到来还有整整 40 年。现在回过头来看，当时似乎荒诞的东西，现在都成了习以为常的事实，真可谓梦想成真。历史的发展和变化给了我们一个又一个始料未及的惊喜。是否可以这么说，历史的发展就是不断从现实的历史奔向假设的未来的历史过程。叩开新千年的彩门，走向新世纪之际，人们对新世纪又作出了种种预测和预言，从餐桌上的人造青菜、精美能吃的书,到人类人住太空,进入海、陆、空、天,广袤无垠的四度领域,真是无奇不有。自然而然我想到了档案、档案工作的未来。似乎档案人这方面又"滞后"了。做惯了有板有眼的档案工作,似乎离想象、离激情就远了。或许,以后的档案工作不再会"有板有眼"了,这对档案工作不啻是一个福音呢!那样,不仅档案工作更有活力,档案人也将拥有更多的想象和激情了。愿新世纪档案人有更多的新思维、新梦想。

（2000 年）

生命当头的一片绿荫

人生中有些事是难以忘记的。

当暂离了纷攘和重荷,听着孤独的美国乡村歌曲,沏上一壶酽酽的茶,展开一封泛黄的信,让心静静地停栖在记忆深处,一个尘封已久的故事又鲜活起来……

这是一位 30 多年前一同进厂的同事,1979 年春飞赴大洋彼岸前给我留下的匆匆道别笺:"红解友:明晨我将启程赴美了。在离别祖国之际,回想我与你友谊甚湛。与你一起相处,真是趣味无穷,其乐亦无穷。由于赴美事宜忙碌不堪,恕我未前来向你辞行。俟我回国之日,定前来拜访。望原谅,再见!"

记得在那纷乱的年代,我和他一起带着别人羡慕的眼光,走进了工厂的大门,在一家大型食品厂的流水线上,奉献了整整 10 个青春年华。他在同龄的工友中,似乎有点孤僻,但与我却相处得不错。因为我们有一个共同爱好:喜欢读中外名著。劳作之余,从曹雪芹一直聊到莎士比亚,从莫泊桑的《项链》谈到欧·亨利的《麦琪的礼物》。我发现他对外国名著中小人物的命运特别关注。他的英语很好,能看英文版的《红楼梦》,这在当时的工友中简直是凤毛麟角。后来得知他外公是早年一本英汉词典的主编,他父亲是一位市重点中学的英语教师。他还悄悄告诉我,他的档案中有海外关系,他的伯伯在美国。

那一年,恢复高考的消息打破了我们按部就班的生活。我和他都有跃跃欲试的躁动。那一天,我们走进了四川中路南京路口的德大西菜社。要了两份 1 元 1 角钱一份的乙种套餐:色拉、乡下浓汤、面包、炸牛排、咖啡。我们为生命中即将出现的亮色悸动不已。相约,我考复旦中文系,他考上外英语系。

接下来是炼狱般的复习迎考。说是复习,实是自学。我们只念过两三年初中,高中的门都没进过。好在是考文科,历史、地理好自修,艰难的是数学,我们只有因式分解、一元二次方程的水平。流行一时的数理化自学丛书成了我们最佳的敲门砖。一个星期攻克立体几何,两个星期解决三角函数,三个星期读完解析几何,而且白天还要在流水线上劳作。真是神速至极。这种冲刺状态,可能就是心理学上讲的"应激状态":通过神经系统和内分泌系统调节并动员身体内各器官、各系统,加强生理、生化过程,促进有机能量最大限度的发放。这种发放,终于带来了结果,我们双双跨过了录取最低线,当然,由于数学拖累(我考了 50 分,他考了 45 分,那时每门课总分 100分),我复旦是进不去了,但他的外语学院还是很有希望的,他外语笔试成绩获得了高分,口试成绩也是 A。

有一天,我被人带着满口的祝贺,从流水线上换下,到办公室拿到了师院的录取通知书,心中顿有一种"解放了"的感觉。我忙打听他的情况,却是一阵沉默。那时,还是冰雪初融的早春时节,他的档案,他的"海外关系"还是阻断了他的前程。

我要离开了,他执意上我家来为我送行。我想起了"德大",用鸡蛋黄加精炼油,自拌了色拉,炸了猪排,煮了罗宋汤,在我水汽腾腾的居室内,我们用起了我刚买的刀叉。可是已没了先前在"德大"的情调,他显得有点黯然。他说,这个结局他是意料得到的。他去考是因为禁不住这份诱惑。临别时,他赠给我一支英雄金笔,花了 6 元钱,相当于我们当时工资的六分之一。这支笔一直伴我度过了四年大学生涯。

半年后有一天,他突然告诉我,他也要走了,远渡重洋到美国去上学。一个月前,他的"海外关系"的伯伯在海外漂泊了 30 多年后,终于回到了祖国,来到了他的家。当他的伯伯无意中得知因为他这"海外关系"影响了侄子的求学之路时,心中甚感不安,当即决定为他承担赴美读书的所有费用。当时,出国留学风还未开始,对于他的选择,我充满了迷茫。我回赠了他一套不锈钢的西餐餐具,是想让他留住我们在"德大"共同度过的美好时光。

再后来,我收到了他的告别短笺。以后,又收到了他寄自美国的信。从信中得知他在美国学习刻苦,成绩出众,常在当地报上报道。再后来,互相间能聊的东西越来越少,信也渐渐中断了。以后,又听说他的父母、妹妹都移居到美国了。

　　20年过去了,我们都已到了知天命的岁数了,但却一直没有能和他再到"德大"去叙叙旧,每每想及此,总有说不出的伤感。

　　心中生长过的友情之树,无论怎样的时空间隔总是你生命当头的一片绿荫。在这片绿荫下,你能得到长久的和煦与温馨,我想。

(2000 年)

真 心 英 雄

　　孙长亭从天津寄来了《真心英雄》录像带,这是天津电视台摄制的一部专题片,记录了长亭独特的人生经历:

　　7 岁起就奔跑在绿茵场上,十几岁就加盟南京部队足球队。17 岁奔赴前线参加自卫反击战,一场激烈的战斗中被炸去了左腿,咬碎三粒纽扣,忍着剧痛,拖着流血的残肢爬到部队营地,荣立二等战功。硝烟散去后,拖着做了七次手术的残肢回到了故乡天津。掌声息了,却走进了一片孤独和冷漠。后来终于找到了一个再塑生命辉煌的最佳立足点——残疾与运动相结合。1992 年,他到达了残运生涯的巅峰,摘取了巴塞罗那残奥会男子标枪金牌。也许是太年轻的缘故,他承受得起战争的残酷,却无力托起太多的赞扬,他迷茫了,将十多万元奖金挥霍殆尽。一场意外的车祸使他完成了一次人生的蜕变,高高树起了人生的横杆,以全球最著名的德国奥托博克假肢公司为目标,创办了长亭假肢公司,全身心地投入了残疾人服务事业……

　　片子拍得真诚感人,袒露了长亭的迷失,却淡出了他曾拥有过的光环:全国劳模、五一劳动奖章获得者、全国十佳青年……2000 年 5 月,全国残运会在沪召开期间,我曾看过这部片子,那时,我与长亭相识不久。在与长亭相处中,我感到生活中的他与《真心英雄》的底色是那么趋同,这就是自强不息与真诚平和。

　　初见长亭是在上海龙华迎宾馆,天津残运会代表团的驻地。那天下午,我们约好去龙华烈士陵园看望他长眠地下的战友。走进长亭的房间,他刚从赛场上下来,光着上身。床沿上、靠椅上已毫无顾忌地坐满了男男女女的记者。我怕这种前呼后拥、闪光灯、话筒会影响他凭吊战友的心境,刚想劝阻,"一起走吧!"长亭已挥手招呼了,他随即向我笑了一下,我读出了其中的无奈,也读出了他的平和。走出陵园,他说他终于了却了一个多年的心愿,他又说,他一下子感到自己年长了许多,他的陵园里的战友永远只有十七八岁,而他已 34 岁,该做的事情太多了。

　　我邀请他到机关来,为年轻的朋友们谈谈自己的人生经历和感悟,他爽快地答应了。我没想到他谈得这么好,他向年轻人更多的是展示自己的磨难甚至迷失,他以自己一段人生弯路来警示青年朋友,不要犯他同样的错。他的真诚深深打动了青年朋友,也打动了我,我后悔没请更多的人来听,比如说,已不是青年的大朋友们。

　　在浦东国际机场握别时,他热情邀请我去天津他的长亭假肢公司看看。我答应有机会一定去拜访。

　　看着长亭的《真心英雄》,我一直不明白为什么要取这个名。后来听到了周华健唱的《真心英雄》,我才感悟到了其中的道理,歌中唱道:"灿烂星空,谁是真的英雄,平凡的人们给我最多感动。""把握生命里的每一分钟,全力以赴我们心中的梦。"是的,长亭还很年轻,他的梦还很长。

(2000 年)

五月的激情

　　今年"五一"好休闲,假期长,天气好,《北京青年报》预测,有178万首都市民(约占总人口的15%)外出旅游。上海《文汇报》报道,5月1日至3日,全市136家零售商业企业共实现销售额4.53亿元,同比增加27.6%。

　　追根溯源,如今好休闲的"五一",还"发祥"于1886年5月1日芝加哥工人的大罢工,罢工的目的是要求实行8小时工作制。百年沧桑,"五一"节的内涵也起了变化。据俄通社——塔斯社报道:"有很长一个时期,'五一'国际劳动节一直是革命和你死我活的阶级斗争的象征。现在,几乎所有国家都是把这一天当作和平的劳动的节日来庆祝。俄罗斯从1992年起把国际劳动节更名为春天和劳动节。"看来,休闲的"五一"是与国际"接轨"的。而且,我们已具备了这种休闲的实力。报载,如今我国用12天时间创造的国民生产总值就相当于1952年全年的总和。

　　也许几十年来的"五一"已听惯了那铿锵激昂的,红五月特有的旋律的缘故,真的休闲了,似乎还少了些什么东西。但"五一"晚上读完《新民晚报》的一则长篇报道《商海无情波,解难无悔人》,我感悟到少了的东西又来了,这就是五月的激情,尽管这激情似乎沉重了些。

　　报道的"引子"很有激情,我不忍割舍,全文抄录于下:

　　"有这样一个企业,它的盛衰史充满了悲壮的色彩。作为一家大型国有商业批发企业,它曾在全国百货行业一百强中名列第一,41年上交国家利润50亿元;然而,随着经济体制改革深化,昔日'朝南坐'的风光已不复存在,十多亿'三角债'压垮了它,企业除了停业,别无他择。这个企业就是上海百货总公司。

　　"有这样一位党委书记、总经理,他任职的最后阶段也充满了悲壮的色彩。他无法带领员工恢复往日的兴盛,却要向倾注了自己二十多年心血的企业告别。但是,要关闭这样一个有50年历史、5000多名职工、68个下属单位的大型企业，又谈何容易？凭着过人的勇气、毅力和智慧，他用思想政治工作构筑了一个'人心工程'，终于带领全体留守人员完成了艰难的清理任务。他的名字叫徐庆海。"

报道写得很感人，细节丝丝入扣。但最令我为之一振的是徐庆海的档案意识。徐庆海他们在留守期间建立了 3450 户应收款单位档案；整理了68 户下属企业档案；清理了几十年的财会档案，5 位留守人员在档案室工作了整整 8 个月，光公司本部应销毁的会计档案就装了 400 个麻袋，经清理后，15 年的会计档案整整齐齐放进 390 个大橱里。这使我从档案这个层面上又加深了对徐庆海的理解。

报道的记者形象地把百货总公司比作一条在市场经济大潮中正在下沉的大船，把党委书记、总经理徐庆海比作船长。在船即将沉没的那段时间里，徐庆海竭尽全力把船上的每一个人安全送上岸，把船上的资产（包括档案）分离运走，而自己留守到最后一刻。读到此，你不由得会想起电影《冰海沉船》（不是《泰坦尼克号》）中颇有风度、坚毅沉着的老船长……

曾经读到过一位经济学家一段振聋发聩的话语："我们在原有体制下有企业吗？实际上没有。只有工厂，而且是兼负部分政府职能和社会职能的工厂。"上海百货总公司也许就是这样一种不是企业的大工厂。现在，这样的许许多多曾经雄风威震的不是企业的工厂正跟随原有的体制，在向即将到来的新世纪纷纷谢幕。即便是在"淡出"历史之际，徐庆海他们还是把那部分兼负的政府职能、社会职能发挥得尽善尽美。我不愿在这休闲的节日里，细细探究这一问题。因为探究这一问题不仅需要理论，还需要有勇气，需要有对历史无情这类命题的精神抗衡。

近年来，文坛对以国有企业为主要题材的"新现实主义小说"作出了截然相反的评价。贬者认为这些小说的严重不足之处是对转型期的现实生活中丑恶现象采取认同的态度。比如，为了维护工厂的经济利益，就必须以牺牲良知与道德为代价，"分享艰难"。褒者认为这些小说相当深刻地反映了这个特定历史时期的独特内容。在批判他们违背道德原则的同时，更要深入地批判迫使他们不得不如此的社会环境，将人们从道德批判引向历史批判。我无意加入这一争论，只是想呼唤我们的文学家给予徐庆海这样的"悲剧人物"更多的人文关怀，呼唤改革攻关阶段的《乔厂长上任记》。

这个休闲的"五一"，由于读了徐庆海，变得不那么休闲了。

（2000 年）

初 叩 津 门

也算是走南闯北的人了,到过北边的黑河,去过南国的三亚,偏偏离北京百来公里的天津未曾踏访过。

记得有人说过,城市也有自己的"名片"。那么,天津的"名片"是什么呢? 我想,415公尺高的天津电视塔可以算,在上海东方明珠电视塔未矗立起来时,她一直傲居着世界第三的高度。"桂发祥"的大麻花和"狗不理"包子也可以算,一个世纪前,那个叫高贵的男孩的小名"狗不理"至今还被人们亲热地呼叫着。或许,泰达足球队也可算上,可惜这个赛季有点烦,走到过保级的边缘,好在近期状态大有回升,把几个历届的甲A冠军都挑下了马,做客上海,又逼平了夺冠气盛的申花队……

在我心目中,天津市档案馆也是天津的一张"名片"。600年前,燕王朱棣登基做了大明新皇帝,得意之余,车驾经过渡河之处,便御赐其名为"天津"。600年后的今天,天津已成为世界第十五大城市。其间风云际会,有过多少兴衰事? 档案无言,可以佐证。好多年前,天津市档案局宋国梁副局长就把这张"名片"递给了我,可惜一直没有机会去拜访。1999年孙志廉局长到上海开会,2000年4月在深圳开会遇到张庆一主任,他们都给了我这张"名片",使我很动心。

2000年我和天津特别有缘分。5月,全国第五届残运会在沪举行期间,结识了一位地道的天津人孙长亭。这是一个有着独特经历的年轻人:7岁奔跑在绿茵场上,十几岁加盟南京部队足球队,17岁奔赴前线参加自卫反击战,战斗中失去了一条腿,荣立二等战功。硝烟散去后,回到故乡天津从事残疾人运动,摘取了巴塞罗那特奥会男子标枪金牌。以后,又创办了长亭假肢公司,全身心地投入到残疾人服务事业,荣获过全国劳模、全国十佳青年称号。说孙长亭是天津的一张"名片",我想一点也不为过。在上海浦东国际机场握别时,孙长亭把这张"名片"递给了我。

　　有了天津市档案局和孙长亭这两张"名片"，我叩访津门的底气增添了不少。

　　终于，2000年7月的一个星期天，我来到了天津西站。我是去北京参加《中国档案报》通联会特意顺道到天津的。孙长亭驾着车来接我，把我送到了南开区华苑小区的长亭假肢公司。

　　长亭假肢公司刚刚度过10周岁的生日，乔迁到新址没多久，天津市政府、团市委、市残联巨幅的祝贺标语还悬挂着。这里是长亭假肢公司的总部，在市内和大连市还有几个分部。公司一楼是客户接待室、假肢制作工场、功能恢复厅、办公室、仓库等，二楼是招待所、餐厅。也许是档案人的关系，那十来本客户照片档案让我击节赞叹。每个来装假肢的客户留下了三张照片：残肢的情况，装假肢时的情形，恢复功能后的样子，并配有文字说明。当新客户从照片上看到双肢残缺的姑娘能含笑站立起来时，一定会增添走向生活的勇气。长亭感触颇深地说，档案是一种企业文化，在国外企业考察时，发现都建有企业发展史陈列室。他很想建立自己公司的陈列室。

　　在电脑操作台前，我见到了一位少女，她一脸灿烂的笑容，使我难以想象她曾经历过的一段悲惨遭遇，那是她父亲，一位普通的上饶人，残运会期间特地到上海看望长亭时告诉我的。三年前的一天，她代母亲在临街的小店看铺，突然间一辆大卡车失控地撞向小店，她倒在了血泊中，永远失去了一条腿。她曾自杀过三次，对生活没半点眷恋。后来父亲带着她慕名到长亭假肢公司求助，得到了长亭热情的接待。不仅为她装上了假肢，使她恢复了行走功能，还留她在公司工作一段时间，帮助她度过人生的转折期。少女在我面前轻松自如地行走着，我对长亭和他的公司有了一种别样的理解。长亭说，他公司的员工大都是肢残人，这样可以为一部分残疾人提供就业的机会，也可以缩短与客户之间心理上、感情上的距离。

　　当晚，我们在欧式洋楼的长亭酒家用餐。厨师是刚从上海新亚集团请来的，长亭笑着说，过了我们这一关，厨师的位置就稳当了。他还特意要我把天津市档案局的孙局长和张主任请来。地域和档案的缘分使我们共聚一堂。孙局长他们早就有为长亭建立名人档案的想法，长亭也希望得到档案局的指导。席间谈及十多年前的往事，时任市委办公厅副主任的孙局长，还为长亭家办过一件大好事，时至今日长亭才解谜，当即代表全家举杯致谢。

晚餐后,我们一起在公司招待所的凉台上聊天。他穿着短裤,毫无顾忌地裸露着光光的残肢。他说,难得有这样的清静,为了接待我,他把许多业务活动都朝后推了。我们聊到很晚才散,我感受到,表面上嘻嘻哈哈的他,心底里藏着很多难言的痛苦,一个肢残群体组成的民营公司,要向世界一流的大公司走近,他要走的路有多长。

第二天上午,我要去天津市档案局学习拜访,孙长亭也想乘这机会向档案局求教公司的档案管理,特地带上了档案资料员小房一同前去。

我们受到了孙局长和有关处室负责人的热情接待。在张主任陪同下,参观了档案库房、档案珍藏陈列、档案库房自动控制室等。看到一张张反映天津各个历史时期的珍贵照片时,孙长亭特别专注,他感触颇深地说,档案是一种文化,对企业来说是一种企业文化。在国外考察时,发现都建有企业发展史陈列室。自己也很想建立长亭假肢公司陈列室,反映公司十年创业发展的历史,可惜有些材料当初没注意收集,特别是创办初期的材料缺失较多,如果这一段历史缺了,那公司的发展史就"残缺"了。一定要想办法弥补,"找回"历史。

征集接待部专家向我们展示了该馆收藏的著名相声演员马三立等名人档案全宗,同时希望为孙长亭建立个人档案全宗,由市档案馆收藏。从一名部队足球运动员到战斗英雄,从特奥会冠军到劳动模范,孙长亭短短的33年人生经历,谱写了许多光彩夺目的人生篇章,留下了大量珍贵的文字、声像材料。孙长亭认为能把个人的成长材料交档案馆收藏是自己的荣幸。他说,他的这些荣誉不仅属于他个人,更应属于天津市。

业务指导处等部门的同志为孙长亭等提供了有关企业档案管理的规章制度,讲解了有关要求。孙长亭表示要按市档案局的要求加强档案规范化管理,添置先进的设备,并送档案资料员参加业务培训。

他说,在这方面投入再多也值得。

当天下午,孙长亭执意和夫人尚老师一起,把我一直送到北京怀柔,雁栖湖畔的开会处。在那里,我见到了天津市档案局宋国梁副局长和《天津档案》副主编马振平一行。同行见面,自然聊起了档案期刊。我得知,《天津档案》即将迎来百期华诞。近年来《天津档案》办得生动起来,好看起来了,一扫先前那种简报式的古板面孔。倘若要我说点意见建议之类的话,作为同行,期待《天津档案》再文化些,孙长亭把企业档案看成是一种企业文化,我们为什么不把档案期刊办得更文化些呢?况且,天津是一个很文化的大都市。如若那样的话,说不准《天津档案》还能成为天津的一张"名片"呢!

初叩津门,来去匆匆,虽然未能登上世界第四高度的电视塔,未能融入和平路的人流中,但支撑这份崇高和华丽的历史底蕴和人格力量,却已深深触摸到了。有了这份感受,我想我对天津已经有了了解。

(2000 年)

心安是福地

新世纪平和地到来了。这种平和，是较之上年千年交替之际而言的。或许，对新世纪到来的那种疯狂在那时就已提前宣泄了，或更早些时就已透支了。

还是平和些好，太阳还是这个太阳，月亮还是那个月亮。这种情境，对于养病中的我更为适合。一觉之后，新世纪对于我来说是悄然而至了。

世纪交替之际，人们免不了要瞻前顾后地作出一番交代。手头有本张贤亮的新作《青春期》。张贤亮自己对这部新作评价甚高："作为一名作家，我想我应该写出一部小说表达我的世纪末情怀。我个人认为这部新的小说比《男人的一半是女人》有所提高，至少绝对不比它逊色。"该书的出版社评价则更高，在内容简介中称之为"是世纪末的一剂强烈的精神振奋剂。"也许我的浅陋，无法从更深层面去理解小说所要表达的"世纪末的情怀"。

我读张贤亮，始于 20 世纪 80 年代中期。1984 年春，我在《十月》上读到了他的《绿化树》，读毕掩卷沉思，有一种震撼心魄的感觉。当《新民晚报》约请我写一篇推介《绿化树》的文章时，我当即答应，一口气写完了。以至于 2000 年春天，我到银川西郊张贤亮的西部影视城参观时，寻访起了与《绿化树》中的女主人公马缨花同名的一种植物。在《辞海》的条目中，"马缨花"是一种绿化树："喜光，耐干旱瘠薄……"因而，在我读过的张贤亮的几部小说中，这部名为《青春期》的小说并不像内容简介中提示的那样"它的故事更引人入胜，发人深省。"

倒是这本书中收集的几篇散文随笔，给我印象颇深，尤其是压卷之作《心安即福地》。这题目和我现在的心境也特别亲近。文中讲述了作者与宁夏，特别是银川 43 年的不离之情："我和这块土地一起经历了一系列历史过程……我个人的历史不可剥离地附着有它一部分历史。""现在，一般我离开银川不会超过 45 天，……离开这里时间一长心就不安。安心，是很重要的。"

"安心，是很重要的。"这是一句再普通不过的话了，可我却感受到了其中深蕴着的哲理意味,尤其对于中年人,对于养病中的我。"安心",并非是消极,并非是"人到中年万事休"。就说张贤亮吧,已至花甲之年竟兴冲冲地"下海",创建了在海内外已有一定知名度的宁夏华夏西部影视城,与堂皇的"唐城"、"三国城"、"水浒城"反差极大的是,这个影视城是用两座突兀地耸立在荒漠中间的废墟改建而成的,保留了一种悲壮、雄浑而苍凉的意境。几代著名的电影艺术家谢晋、张艺谋、陈凯歌、腾文骥、黄建新、冯小宁等对这两座废墟情有独钟,有近40部电影电视剧在这里取景拍摄。张贤亮的这种"躁动",这种"发现",无疑是十分积极向上的,这也是对他提出的"安心"的一种别样的诠释。正如他在《出卖"荒凉"》中所说的:"我并没有感觉老的来临,我觉得我现在还很年轻。"

诚然,张贤亮毕竟是张贤亮,能达到他这种"安心"境界的中年人也许并不多。吾辈之流,中年以后最大的心愿莫过于"找回自己",干些自己想干的事了。多少年来,为了读书,为了工作,为了家庭,为了谋生疲于奔命,不得不强迫自己扮演一些非自愿的角色。如今已到了可以回首往年咀嚼往事的年龄段,又经历了一场"病灾",难道不该好好地审视自己、校正自己,从而留一份喜欢的东西给自己吗? 有篇《论中年》的文章说得好:"你曾把一颗心磨出厚茧,以此来承担无限的沉重;而现在你的心路历程该放松点,不必去'张扬',也无须去'英雄',心平气和时只要那么一点勇气足够了。"我想,这也是一种"安心"吧。

或许,这种"安心"有点消极,古人范仲淹登上岳阳楼尚能发出"居庙堂之高,则忧其民;处江湖之远,则忧其君;是进亦忧,退亦忧,然则何时而乐耶? 其必曰:'先天下之忧而忧,后天下之乐而乐'乎!"的千古绝唱,何况已步入21世纪的今人呢? 看来,这份"安心"又很难安心了。然而,《岳阳楼记》中的另两句:"不以物喜,不以己悲"的境界却是我始终想追求的,如今更应尽力而为了。

世纪之交,读张贤亮感悟了很多东西,《心安即福地》是个好题目,尤其对于我,但终究不必冒犯张先生,于是改了一个字,作为新世纪第一篇"地平线"的题目。

(2001年)

《上海档案》百期感怀

（一）

在《上海档案》百期华诞的纪念会上，老领导、老主编张泽滔同志提及了我当年创办《上海档案》的往事。于是，一段尘封已久，多年不曾翻阅过的记忆徐徐掀动了起来……

1983 年春，我大学中文系毕业分配到市档案局工作的第二个年头，不得不在档案局的小天地里寻找自己的"位置"。20 世纪 70 年代末，刘心武有篇小说叫《爱情的位置》，讲的是新时期青年人在生活中大胆寻找爱情位置的故事。如今听来有点恍如隔世，而那时却是"生活的真实"。我的那种自己寻找工作位置的举动，在那时既是无奈，也是一种创新吧。在局业务指导处工作了半年多，深感扬短避长，力不从心。以其昏昏何以使人昭昭。然而在计划经济的体制下，调离单位的躁动刚萌发即熄灭了。只能在既定的天地里寻找自己的"位置"：既能扬己之长，学以致用，又是工作所需，事业有成的。由于业务指导工作的需要，我结识了几本档案期刊。那时，省市出版的档案期刊还寥如晨星，能看到的只有《黑龙江档案》、《甘肃档案》等几种。这些多少还留有简报"胎记"的档案刊物，在当时却给了我一种强烈的冲动欲，我终于发现了自己的"位置"：创办一份上海的档案期刊。经过长达一年的讨论、论证，局领导终于同意了我的创办《上海档案》的报告。尽管等待是漫长的（我理解，那时一项全新的决策最需要的是时间），但结果却是让人意外的，任命我为副主编，具体负责创办工作。就这样，一纸任命改变了我的人生航向。以后的日子虽然艰辛，却也灿烂。每天晚上加班赶写赶封只有半分钱劳务费的刊物征订信封，但当近万份订阅单雪片一样飞来时，快乐之意写满了每个劳作者的脸上。后来才明白，走上了办刊这条路，就难得潇洒了。冥冥之中总有一股力量在推着你，拽着你，使你掂量出了身不由己这个词的分量,好像身上真扛着什么了不得的使命似的。

(二)

办刊百期,最难忘的是组织采访江泽民同志的重要活动。江泽民同志在上海工作期间,对档案工作非常重视,非常关心。1987 年 3 月 23 日上午,市政府第十一次常务会议听取了市档案局局长姜文焜同志关于全市档案工作情况的汇报,并原则同意市档案局加强档案工作的几点意见。最后,江泽民同志作了重要讲话,他特别强调档案工作是一切工作的重要基础,要狠抓这项工作,如果现在不重视这个问题,我们将要负历史责任。江泽民同志高屋建瓴的讲话,使我们备受鼓舞。应该让广大档案工作者和社会各界人士都了解市领导对档案工作的重视、关心和要求,这是当时我们一个强烈的愿望。于是,当编辑部姜龙飞提议采访江泽民同志后,大家一致赞同。局领导高度重视这一提议,并要我们争取和《解放日报》记者联合采访,这样社会影响更广。《解放日报》记者谈小薇,可以说是新时期第一个叩开"档案之门"的记者,在此之前,她已多次重点报道了档案工作。我们的提议当即得到了她的响应,《解放日报》领导还专门做了研究。于是,采访的前期工作在局领导的主持下紧张而有序地进行着。当市政府办公厅告知江泽民同志同意接受采访,并专程到市档案局检查工作的喜讯后,不啻是我们,局馆上下都兴高采烈、喜气洋洋。由于江泽民同志公务繁忙,采访的日期几经变动,但江泽民同志的秘书贾廷安同志同我们始终保持着热线联系。终于,这一对上海档案事业乃至对中国档案事业发展具有重要意义的日子定下来了:1987 年 8 月 27 日。这一天,对于我们的刊物对于我,都有一种特殊的意义。

(三)

办刊百期,最遗憾的是刊发了两篇学术文章,引来了一场轩然大波。1988 年春,我在江西宜春《中国档案》通联会上初识安徽的毕长春,他的一番针对档案理论研究现状的直抒胸臆、针砭时弊的发言,给我留下了很深印象。会议期间我向他约了稿,于是就有了《上海档案》1988 年第五期上署名江村夫的《黄土地·高围墙》的文章。也是这一年的春天,上海大学文学院周东涛老师转给我一篇对我国档案学发展的历史进行反思的文章《回顾与展望》,作者是苏州大学两位年轻的教师王李苏和周毅,文章发表在同年第六期《上海档案》上。两篇论文发表后,犹如在平静的湖面上投下两块石头,泛起了阵阵涟漪,褒者贬者、见仁见智都有,这正是我们刊发论文的初衷所在。但以后发生的事,却是我们难以预料也不愿看到的:形成了从政治上批判两文的局面,作者为此受到不公正的对待,我局领导承受重大的压力,《上海档案》一度陷入了困境……

15 年来,不大再有人提及这段历史,依稀记得只有中国第二历史档案馆老馆长施宣岑先生曾经出来说过一些话。15 年来,我时常责怪由于自己审时度势的不力,产生了有悖初衷的后果。两年前,编辑部到苏州召开通联会,我们特地到苏州大学拜访了张照余老师和周毅老师。这是我和周毅的首次谋面。早就听说王李苏老师由于那篇文章的牵连,离开教学岗位"下海"了。我向周毅致上了迟到的歉意,他反而说致歉的该是他,真有点"相逢一笑泯恩仇"的味道,只不过"恩仇"不在我们之间。

(四)

百期纪念会落幕后,涌上心头的竟是一种失落感。上小学时,我的语文老师兼班主任是一位六年"一贯制"的老师,从一年级接手,一直跟到六年级毕业。然后再去接新的一年级。我们唱毕业歌时,她哭了。我想她一定也有一种失落感。人生的过程也许就是由获取到失落的过程。得到的同时也就意味着失去。失落同时也意味着富有,因为拥有过才会失落。重要的是,忘记品味失落,不断去寻找新的拥有。

(2001 年)

留住城市文脉

残墙断瓦已成了我们这个大都市现代化进程中的一道街景。它以一种流动的画面展示了城市的变化,迸发出城市的活力。

20世纪60年代上中学时,最熟悉不过的一条路是金陵东路。每天早晨,从它的东头外滩我的居所出发,到它的西端西藏路口的一所中学上学;傍晚,又从它的西端折返回东头的家。一路上要穿过多少条宽宽窄窄的马路,要走过多少个形形色色的店铺、机关、学校、仓库,都了然于胸,能脱口数落出。80年代,我搬到了浦东新居,当再次走在这条先前熟悉的路上时,却有了一种浓浓的陌生感。这里已改建成小南京路,"培罗蒙"、"吴良材"、"老介福"等南京路上的名店已在此落户,沿街独特的骑墙楼虽还在,但许多建筑已穿上了"新衣"。90年代后,这条路又"改换门庭",名店纷纷撤离,代之而起的是"新黄浦"、"美丽华"等建材装饰大卖场。于是,许多建筑又换上了另一种"服饰",有的旧建筑已荡然无存。西端西藏路口的那个"大众剧场",曾是我当年上学路上向西挺进的一个"坐标"。随着轰然一声巨响,一座富有特色的建筑成为一堆残墙断瓦,以后又矗起了一座颇具现代气息的兰生大厦。而我的母校,那幢庄重典雅的法式建筑还幸运地保留着,却已蜷缩在丛林般的高楼和繁华的商厦的包围之中了。

每每走在这条路上,心中总会升腾起一种复杂的心情。是激动,是新奇,抑或是忧伤?也许都有点。甚至还有点担忧:先前那情景是否都"立此存照",留在了历史的档案里?

阳春三月,老厂的工友找到了我,约我去上海市郊南翔镇,向20多年前,我曾在那里工作、生活过的老厂告别,因为不久后,我的母厂(也许这样称呼很别扭)将轰然一声倒地,代之而起的是一个大超市、大卖场,尽管还在休养中,这个告别仪式是一定要去的。

那是我人生的一个重要的驿站,储存了我的青春和活力。33年前的一个冬日,我们四十几个十八九岁、二十来岁的"老三届",幸运地走进了江南名园古漪园对面的一家上海最大的食品厂的一个车间,分配到罐头生产流水线上劳作。平静的生活延续了10年,先是我被调到总厂,后考进了大学;以后是有几个工友靠沾亲带故拿到了护照远涉重洋。再后来,大部分工友了却了"十年一梦":到市区总厂上班的愿望。只留下几个"死心塌地分子",在南翔立了门户。

来到南翔,已全然认不出它先前的模样,寻觅不到江南小镇特有的古朴、恬静的氛围。镇政府的大厦庄严气派,镇守着镇大门,虽说建筑有点不伦不类,但不管怎么说,是在显示着一种权威。车间周围原先环抱的农田村落已成了酒家商城。如果我是商家,也会相中这个市口:热闹的商业街,游人如织的古漪园。

因为是参加告别活动,所以来的工友很多,连先前那些一直拒绝聚会的工友也露面了。我的那些老三届的工友们,就刚进厂那段时间风光过一阵,以后的日子就难以灿烂了。在生活的重压下,他们没心情回味宣扬过去,过去的,可以成为甜蜜的回忆,那过不去的呢? 我很理解他们的心。今天,他们终于来了,也许别离之情是最难割舍的。

当年留下的"死心塌地分子"如今已成了车间主任、支部书记,在他们的带领下,我们怀着一种稠稠的怅惘,依次向我们曾经工作生活过10年、15年、20年的车间里的每一处告别,并在车间门口合影留念,"立此存照"。

城市的除旧布新充满了蓬勃的生机,却也难抑怅然若失之感。也许档案和文物能够弥补这种缺憾。如果没有了档案和文物,那真是"缺憾"的缺憾了。

（2001 年）

相逢在"寒舍"

那个冬日的午后,我在衡山路上。沐浴着温煦的阳光,踏着飘落的枯叶,不经意间走进了"寒舍"咖啡馆。这是一家日式咖啡馆,与那些刻意雕琢,善于弄情的欧式咖啡馆相比,"寒舍"显得明快、简洁、流畅,甚而有点孤寂。店堂楼层很高,宽敞亮堂,座位摆放很重间距,临街的落地大玻璃窗,可让玻璃窗这边的你变成了一个"看风景的人",而那边的路人又使你变成了"风景中的人"。

推开咖啡馆的门,你的心境就融进了缱绻缭绕的咖啡香味和优雅闲适的背景音乐里。落座后,服务生奉上了一杯白开水,想来是让你润润嘴,纯纯舌,以便更好地品尝一杯上好的咖啡。其实"醉翁之意不在酒",享受咖啡有时也如此,并不一定刻意在乎咖啡的等位,而是追求一种氛围,一份心境。观看街景,听着音乐,啜饮着一杯酽酽的咖啡,你可以游走思维,沉溺在冗长的玄想里,也可以什么都不想,细细品味"结庐在人境,而无车马喧"的境界,或许,这就是人们喜欢到这里来享受咖啡的一个缘由。

店堂靠墙的一边倚着一排杂志架,插满了五彩缤纷的时尚杂志,那是美女们的天下,或千娇百媚,或搔首弄姿,不经意间,竟在万红丛中发现了一点"绿",一份以消防兵形象做封面的《上海消防》杂志。那刚毅的神情,雄健而富有张力的步姿,经电脑处理后,整个画面越发充满着动感,迸发出阳刚之美。不知为何这份很阳刚、很专业的杂志会不合时宜地插在这里,但对于我来说却是得到一份意外的惊喜,就像遇到了一位久别重逢的老朋友。

这份《上海消防》可以说是我创办《上海档案》的"引路人"之一。1984年,我受命创办《上海档案》时除了汲取几家先于问世的档案期刊的精华外,还把两份上海公安系统的专业刊物《上海消防》和《人民警察》作为参照对象。我曾去这两家杂志社登门求教过,从组稿、编辑、划样、设计,直到印刷、发行等,学到了不少东西,那时这两份杂志都很专业,很学术。自以为

《上海档案》要比它们多了一份兼容性,创办伊始,就不知天高地厚地宣布,要熔专业性、学术性、社会性、知识性、可读性等等于一炉。真正做起来,才感到这仅是一种可望而不可即的境界。没想才过了几年,《人民警察》就"洗心革面",以讲述着一个又一个扑朔迷离、跌宕起伏的破案故事而走进了寻常百姓家。《上海消防》却一直未能再谋面,这一别,就是17年。今日有缘在"寒舍"相逢,自然喜不自禁。

伴着咖啡的醇香,细细翻阅着这份《上海消防》却感到有点陌生。而这种陌生,又给了我另一份惊喜:一本专业杂志原来可以办得这样"时尚"!那种熔于一炉的境界原来是可以企及的。无论从内容编排,还是从装帧设计上,都足见编者的匠心独运。依然注重专业性,但已赋予了新的理念,注入了新的活力。我禁不住有一种冲动,想要让这份惊奇与同仁们分享,于是在"寒舍"里拿出了纸和笔。编者把整份杂志分为 A、B、C 三个板块,A 版"红色档案",主要报道消防工作重要活动和事件,设有独家报道、专题直击、时政要闻、火海博采、工作交流、社区时空等栏目,手中的今年第十二期上刊有《留给世界的辉煌——上海 APEC 会议消防保卫全景备忘》、《上海市消防总队加强警务公开工作纪实》、《京福高速公路抢险写真》等文;B 版"绿色空间",主要介绍消防工作经验和知识,设有老诚茶馆、执法苑、装备库、科技馆、案牍林、环球科技、网站快递、史海新编等栏目,这一期刊有《北京带"安"字儿的街巷何其多》、《加强烟花爆竹安全管理的几点想法》、《危险品基本常识》、《德国柏林消防队》等文;C 版"蓝色广场",是副刊,但却围绕消防"作秀",设有视听界面、海上风情、麟麟文库、时尚先锋、燃情岁月、红门放歌、美丽人生等栏目,这一期刊有《沈阳消防为"十强赛"搭建安全平台》、《"天下第一方"力纂泰山之责》、《玩的就是心跳——点评香港电影〈宝贝炸弹〉》、《爆炸在瞬间(长篇连载)》等文,大十六开本,140 个页码,装帧设计十分精美,连上封面的消防兵形象,都有专人设计创意、造型化妆、摄影制作。我多少有点明白,这份杂志能出现在咖啡馆里的缘由,即使再行政的报刊,如果不时尚点,能陈列在店堂里吗?近日又闻几家档案期刊要"变脸",有的表白要"突出专业特色,弘扬档案文化,面向社会各界",有的宣称要"摄取社情世态,品味精彩人生;洞悉历史真相,拓展知识视野",等等,我想把我在"寒舍"里的这些所见所思提供给正在"变脸"或还不准备"变脸"

的档刊的编辑朋友们。

咖啡快喝完了，我又体验到了咖啡的别一种附加值。在像雾像雨又像风的氛围里，你不仅能静静挽留一些美好的东西，还能慢慢滋生些许新鲜的想法。没准，还能有缘相逢一位多年未见的老朋友。

（2002 年）

那一片"新天地"

那一片"新天地"坐落在上海市中心,淮海中路南侧,黄陂南路和马当路之间3万多平方米的区域,与曾上演过中国近代史上"开天辟地"壮伟一幕的中共一大会址紧紧相邻。"新天地"的神来之笔是,将一片上海独特的石库门建筑旧区,打造成一个融餐饮、商业、娱乐和文化为一体的休闲区。外表依然是青砖小道、灰墙黛瓦、乌漆大门和雕刻着巴洛克风格的卷涡状山花的门楣,但跨进里面,却是"别有洞天":酒吧、茶座、画廊、精品店、咖啡馆、影视中心。一步之距,两重天地。

石库门曾是近代上海市区最普遍的里弄住宅,最早出现于19世纪中期,现在留下的成片的石库门街区,大都形成于20世纪的30年代。当年上海租界地区建造的这些连片的里弄住宅,采用欧式连排布局,单体上又具有中国传统的宅院特色。典型的新式石库门住宅的布局是:进大门即一天井,天井后为客堂,两侧为东、西厢房;客堂后为后天井和灶间,两侧为后东、西厢房;客堂楼上为楼客堂,两侧为东、西楼厢房;灶间的楼上分别为"亭子间"和晒台。石库门住宅原先设计为一户(或一族)居住,后来由于住宅紧张,逐渐衍生了"七十二家房客"。"亭子间"由于冬冷夏热,租金低廉,当年很多文人都在这里栖身过。巴金把他在"亭子间"生活的细节写进了小说《灭亡》里;叶灵凤是这样结束他的小说的:"写于听得见电车声的书房",以此表明他的"亭子间"离电车道很近。

石库门在留给现代上海一笔文化财富的同时,也给当代上海城市面貌的改观压上了一个巨大的经济包袱。随着时光的流逝和社会的发展,石库门建筑在上海的版图上正在成块成块地消失。然而,在中外企业家、设计家的精心创意"剪裁"下,一片"新天地"诞生了。不仅用现代科技完好地保护了历史建筑,还用足挖透了历史留赠的一笔文化遗产,使城市的文脉得以继承。即使20世纪60年代中期,用朱红油漆书写的革命对联都依稀可辨,让游客不由得惊鸿一瞥,不经意间走进了一段特殊年代的历史。有着档案工作背景的上海瑞安咨询有限公司公关推广部主任赵列颖小姐告诉我,为了"原汁原味"地重现当年石库门弄堂的景象,开发商几经寻觅,终于在档案馆找到了当年由法国建筑师签名的图纸,然后依此修建,追求"整旧如旧"的境界。

每次来到"新天地",都会有一份新的感受。第一次走进"新天地",我被她新颖的理念、激情的创造力所折服。有人告诉我,"新天地"的聪明在于,用外在传统的文化包装现代的生活;用建筑表达这个城市对传统的留恋;用生活方式表述人们对现代文明的追求。我们这个城市每天都在除旧布新,我们总喜欢用"认不出了"来形容城市面貌的日新月异,其实,这不也流露了我们对历史文化遗产流失的一份无奈吗?因而,"新天地"的成功不仅仅是破解了旧城改造的一道难题。

再次走进"新天地",是参观了"一大"会址纪念馆的一个展览后。一样的清水砖墙外表,但推开乌漆厚门,里面却演绎着跨越80年时间,反差巨大的两页历史。当你对历史作一番"长考"后,一定会被上海敢为人先的胆识和海纳百川的气度所折服。

第三次是陪同北京客人走进"新天地"的。在此之前,我们刚刚参观了离此不远的上海市卢湾区档案馆新馆。拥有18万卷档案史料的卢湾区档案馆新馆,终于在去年落户于区政府新大楼中,建筑面积2700多平方米,颇具现代气派。从档案馆走进"新天地",我想到了档案馆与"公共空间"之间关系的话题。现代社会则愈益重视广场、剧院、喷泉、绿地、博物馆、咖啡厅等"公共空间"的构建。"新天地"的主要投资商香港瑞安集团董事长罗康瑞先生,就把"新天地"构想为一个中外人士"聚会的场所"。我们的档案馆,尽管正在尽力拓宽社会功能,但由于并未真正融入"公共领域",因而总有一种在自身圈子里打打闹闹的感觉。让人欣喜的是,在以"万国建筑博览会"著称的外滩,一座近代建筑将改建为上海市档案馆的新馆。几年以后,在外表"整旧如旧"的欧式建筑里面,将呈现一片充溢现代理念,流溢文化气息的"新天地"。

(2002 年)

消逝的风景

长期从事上海建筑设计档案管理和研究的娄承浩先生,近日将他编著出版的新作《消逝的上海老建筑》寄给了我。这本装帧精致,图文互动的图册意在告诉人们:"这些建筑的过去和消逝的原因。"读罢图册,我的一些尘封的记忆又鲜活起来,稔熟的亲情又弥漫开来,散落的旧梦又重新拾起⋯⋯

儿时在金陵东路外滩的一幢大楼里长大,少时又在金陵东路西藏路口的一所中学就学,因而对这一带的路特别熟悉,感觉这一带的房子特别亲切。

那时,在金陵东路向东的尽头,靠近外滩的地方,有一幢两层楼的洋房,拱圈柱廊,典雅优美。紧邻洋房的是一所中学:金陵中学。记忆中两者之间并没有围墙阻隔,但原先学校的人是不能进入洋房的,而进洋房的人则是经外滩的另一扇铁门而入的。那时,我们常在这一带玩,有时忍不住会从门缝里偷偷窥看里面的洋房,寻找洋房里的人,我有一个李姓同学的家就深藏在洋房里。我们这一拨和共和国同龄的人特别多,一个教室要两个班级用,实行"两部制":一个班级上午上课,另一个班级下午上课,不上课的半天就组织课外小组做作业。课外小组一般有四五个同学组成,轮流设在一个同学家里。我与李姓同学一组,他对自己的家从来秘不宣人,每每轮到他"坐庄",他总想方设法"跳"过去,最后迫于众怒难犯,只答应我们去一次,事先还关照了好多规矩,总之不能吵闹,不能张扬。那天下午,我们一个个像做贼似的从外滩的铁门鱼贯而入,蹑手蹑脚,屏住声息在洋房里这边走走,那边遛遛。生活在局促狭窄弄堂、大楼里的我们,望着高高的房顶、宽敞的露台,真想大喊大叫一番,但终于还是抿住了嘴。第二天,老师就关照我们,以后别再去李姓同学家办课外小组了。后来听说这幢洋房解放前是法国领事馆,李姓同学的爸爸以前在领事馆工作。好多年后,这幢洋房在我心目中一直是一个神秘的符号。

二十多年后，我才从史料中发现了这幢洋房的"档案"。原来，这幢洋房的"身世"颇多曲折，从 1853 年 8 月法国驻沪领事爱棠向法外交部提出建造驻沪领事馆的建议，到 1895 年 6 月新领事馆落成，其间经历了漫长的 42 年时间。20 世纪 80 年代初，我告别了金陵东路老房子，迁进了浦东新居。但我时常要到这里来看看，这老房子像是我的"故乡"，故乡之情是难以割舍的。我也总要踱到东头去看看那幢神秘的洋房。后来，它与紧邻的中学"融为一体"了，再后来，洋房和中学"同归于尽"，夷为一片残墙瓦砾。几年后，这里先后竖起了气派的金陵中学新校舍和高耸的光明大厦。洋房消失了，可那段记忆我却始终储存着。前年，我陪同外地客人一起登上了光明大厦的顶层，这里设有全市灯光控制中心，从这里，可以看到上海流光溢彩、迷人夜景的各个切面。当客人们赞叹不已时，我的心头却有点伤感。

在我熟悉的街上、熟悉的老房子里，不只是法国领事馆的洋房消失了，有着 70 多年历史的大上海电影院消失了，有着巨型和平鸽标志的和平电影院消失了，百年名校格致中学的老校舍消失了，还有大众剧场、嵩山电影院都一一消失了。这些老建筑，在我们这一代人心中早已留下了历史的印痕，因为它们承载过我们那个物质贫乏年代里的许多欢愉。

以前常说这么一句话：历史的车轮滚滚向前。社会的发展必然要除旧布新，城市建设也如此。人们不能用记忆来规划城市建设。我国台湾艺术家林怀民曾说过这样一段经历，他们一个团来上海，为所到之处找不到石库门而抱怨。出租司机甚至停下车来与他们争论，说总不能为了你们的游览，让上海人再过过去那种生活吧。林怀民他们都不说话了：因为民生第一。但是在城市的新旧转换中，给予那些优秀的老建筑更多的人文关怀，使我们的城市既充满生机和活力，又富有历史和个性，这也应该是上海市民的心愿吧。

哈佛大学教授、《上海摩登》的作者李欧梵先生最近在上海华东师大作题为《重绘上海文化地图》的讲演，其中有一段话很有警策意义："在上海，历史到处都是，问题是将来的地产商是不是还愿意拉历史一把。"历史要靠地产商来"拉一把"，历史变得何等苍凉与脆弱。

好在为历史摇旗呐喊的还大有人在。作为档案工作者的娄承浩先生编著出版《消逝的老房子》等图册，想来不仅是为了兑现人们失落的记忆，满足人们怀旧的需求,更是为了呼唤一种历史的责任感。

（2002 年）

聚 散 之 间

那个秋日的上午,我在烟台机场候机大厅。两天前,我来威海参加《中国档案报》通联会。曲终人散,朋友们都各奔东西了。烟台空港进出航班不多,候机的旅客寥寥无几。与刚才握别时的热闹场景相比,此刻更显得清寂落寞。在我从档 20 年的经历中,这样匆匆地聚散已体验过几十回了,唯独这次有点多愁善感。也许,我的从档之旅已到了可以收获的季节。20 年间,在我心中储满了朋友们的真诚和友情。

二十年间,觥筹交错的场面经历过不少,可留给我印象最深的,却是 17年前哈尔滨太阳岛上的一次野餐。东道主是《黑龙江档案》的同行。那是新时期全国档案期刊编辑同行的第一次聚会。20 世纪 80 年代中期,我国省级档案期刊创办之初,不少办刊同行都渴望有一个互相交流的机会,在黑龙江省档案局的支持下,在《黑龙江档案》同行老王、小王的奔走下,我们,黑龙江、吉林、北京、湖南、甘肃、江苏、浙江和上海的同行终于在 1985 年的夏天,会聚在哈尔滨,举行属于我们的会议,这就是全国部分省市档案期刊首次研讨会(后来圈内人戏称为档案期刊界的"一大")。会议期间,东道主热情邀我们到正被歌星郑绪岚唱红的太阳岛上游览。虽说没有想象中那么迷离、浪漫,但北国夏日风光、还是让我着迷,特别是我们在岛上开怀享用的那顿野餐,更是让我深深地醉了。中午时分,黑龙江同行在树荫下铺开了大大的塑料纸,摆上了烧鸡、香肠、午餐肉、松花蛋、粉皮拌黄瓜、水果罐头,还有我们从未见过的大列巴(俄式大面包)。我们围坐在一起,频频举杯,大块吃肉,连呼痛快。我们都有些醉了,我知道,这不为酒醉,而是为同行之间初次相聚,浓浓的友情所醉。这次哈尔滨之旅,我有幸结识了黑龙江的老王和小王,吉林的王大姐,北京的老张、小姜,湖南的小熊,甘肃的老曹,江苏的小卜和浙江的小许。如今,有的退休了,有的升任了,有的下海了,有的调离了。当然,也有至今还执著守望着这方天地的。岁月悠悠,我想朋友们一定不会忘怀太阳岛上的激情碰撞。

　　自那以后，我在兰州的"宁卧庄"，太原的迎泽宾馆，深圳的"锦绣中华"，杭州的西子湖畔，长江三峡的游轮上，黑河边城的老街上，与新朋老友一次又一次会聚，虽说来也匆匆，去也匆匆，但留下的友情却能长久地滋润着心田。

　　在我们这个档案宣传、期刊编辑圈子里，有几位性情中人给人印象尤深。安徽的老毕，不仅在圈子里，在档案界也是有知名度的。每次相聚，他都有一番直抒胸臆、针砭时弊的宏论。初识老毕，是1988年春，在江西宜春《中国档案》通联会上。那次会上，他对当时档案学理论故步自封、落后实践的状况大发了一通，犹如一石激起千层浪，引起了强烈的反应。会后我即向他约了稿。于是他的《黄土地·高围墙》在当年第五期的《上海档案》上发表了。殊难料到的是，一年后这篇文章竟成了档案界"大批判"的一个重点"靶子"。好在历史无言，却是公正的判官。老毕依然逢会口若悬河，锋芒毕露。退休后，老毕回家摆弄花草，并在新四军研究会发挥"新热"。浙江的小许，是档刊"一大"成员。在圈子里以年轻气盛、敢于挑战而小有名气。当年由他领衔的《浙江档案》，是第一家在全国省级档刊中办成了月刊的，在出版周期上最早与《中国档案》"叫板"。后来他的行踪有点飘忽，先是去宁波竞聘当了市委研究室副主任，再是又返回省城在省委办公厅任职。一个轮回，不知得失多少。好在比起我们来，他还年轻，还有机会选择自己最想干的事。湖南的老田，圈内人给了他一个雅号"大侠"，或许是缘于他曾深入湘西采访过当年的土匪，写过不少有关剿匪的文章和书。每次聚会，他的发言都令人或忍俊不禁，或捧腹大笑，而他却一副无奈甚或痛苦的样子，让人隐约感受到了其中的机智和狡猾。他可以风尘仆仆赶到广州，在会上疾呼"救救《湖南档案》"！而第二年，《湖南档案》又宣称是省级档刊中发行量最大的。他可以"卧薪尝胆"，掷重金学"三步"、"四步"。到下一次聚会时，不仅脱去"舞盲"帽子，而且成为舞池中最耀眼的人，大有"舞不惊人死不休"的气概。这就是"大侠"。这些年来，我俩虽然未再谋面，但电话联系经常有。每当听到他那带着浓重湖南口音的"老郭，帮帮《湖南档案》，搞点好稿子来"时，我总有一种忍俊不禁的感觉，我的眼前又出现了他那张无奈甚或痛苦的脸。也许，这一年他真有那么点痛苦：为着《湖南档案》"闯荡江湖"。

　　在我们这个圈子里,还有好多人、好多事可说。曾经看到过有篇文章的题目为《最耐读的是人》。是的,每个人的生命都是"绝版本",尽管不是每个人都会成为"名著",绝大多数只能是本"通俗读物"。从档 20 年,我读了不少"人"这本书,最爱读的是真性真心真情的人。这是我在烟台机场候机大厅里感悟到的。

　　　　　　　　　　　　　　　　　　　　　　　　　　　(2003 年)

直面"非典"

在这遭际"非典"的日子里,心情一直被"非典"缠绕着。写些其他东西,讨论些其他问题,都会有苍白矫饰、无病呻吟之感。直面"非典",不是时髦趋新,而是真情告白。

2003 年的 2 月,当"非典"这个新词刚从南方传来时,我们的心还波澜不惊。不就是肺炎吗,况且离我们还那么远。当听到南方一些城市抢购板蓝根、抢购酸醋时,还一笑了之,不那么经意。十多年前,我们这个城市由于毛蚶暴发"甲肝"时,不也这样吗?都经历过了。那时,我们断然不会想到,两个月后"非典"的肆虐竟会给人类带来如此惨重的损失。据世界卫生组织 2003 年 4 月 25 日公布的全球疫情,已有 28 个国家和地区的"非典"病人和疑似病人 4649 例,其中 274 人死亡。"非典"已造成全球经济损失近 300 亿美元。

3 月,"非典"开始悄悄蔓延到了一些省份。但伊拉克战争吸引了我们的眼球。萨达姆、萨哈夫、巴格达、巴士拉、战斧巡航导弹成了我们追踪的热点。每天晚上,围坐在电视机前,盯着伊战连续剧,听着军事专家的演绎。

4 月初,我们真正感受到了"非典"的威胁。4 月的头一天,是西方的"愚人节"。但香港一代歌星的陨落,却不是真实的谎言。在盛大的出殡仪式上,当我们看到由各种款式、各种色彩的口罩组成的一道独特的景象时,对"非典"的危情有了身临其境般的感受。4 月 2 日,我们这个城市第一例输入型"非典"病人被确诊。几天后,患者的父亲也被感染。疫情公布后,我们真正警觉到"非典"就在你我身边的危险。虽说没有"谈非色变",但已焦虑不安了,先知先觉的人已开始购买维生素 C 泡腾片了。

4 月中旬,"非典"已成为新闻媒体出镜率最高的词。没想到,一场重感冒正向我突袭而来。先是喉痛流涕,再是发冷有热度。虽说对照"非典"的症状不像,也不疑似,但这个时候感冒,实在有点"顶风作案"。只得去医院挂急诊。每个急诊病人都严格按程序走,询病情,测体温,验血常规,拍胸片。没去过疫情地区,体温38度,白血球偏高,胸片无阴影,这样,我才得到了"解放证书",走进了急诊输液室。静静躺在靠椅上,看着先锋6号一点一滴进入自己的静脉,然后流入全身,也是一种别样的享受。邻座的是位公司的经理,发着39度的高烧,还在不停地用手机指挥着下属。对面是位女中学生,无神的眼睛却还在看着外语课本。护士长来巡察了,一位病友竟出其不意地问:"您还认识我吗?""您是……哦,是电影制片厂的,您老了。""一晃20年了。""当年电影厂在我们医院取景时,我还客串过主治医生呢!"护士长想起了激情的一幕。尽管是在"非典"时期,但"非典"并未成为输液室的主题。像往常一样,输液室每天都演绎着相同或不同的凡人琐事,有时还会撞击出些许激情的火花。

4月下旬,"非典"迫使我们进入了"非典型生活":五一长假取消了,旅游线路叫停了,喜庆婚宴推迟了,高考咨询停办了,股票市值缩水了,甲A联赛"停摆"了,周杰伦不来了,街上流行戴口罩……市政府特别忠告广大市民:守望相助! 这是极有人文关怀和感召力的忠告。守望相助,就要求市民要有高度的社会责任感,暂时抑制个人的一些权利和自由,心心相系,众志成城去战胜灾难。

在直面"非典"的日子里,我们这个城市是幸运的。虽说生活变得不那么"典型",但依然从容有序。到4月下旬,确诊"非典"的依然只有2例,疑似病人也只有几例。世界卫生组织专家组在结束考察时说,我们这个拥有1600万人口的国际性大都市,"非典"病例这么少,很可能是幸运的城市之一。幸运的原因可能有很多方面,但富有成效的防范体系和完善的监察报告系统是重要的因素,这是专家组得出的基本结论。市长向专家介绍说,在发现首例"非典"病例之前,城市的监测网络就启动运作了。专家在新闻发布会上举了这样一个例子:前几天,我们这个城市报告了一起疑似病例,相应的疾病控制中心马上追查出与病人相关的168人,并对他们进行跟踪观察。由此,我以为幸运的因素中也有档案的作用。倘若没有完善的档案记录,这168人何以能够立马发现。我特别注意到了,专家在新闻发布会上称,他们在考察时查阅了大量档案,"核实了政府与各级疾病控制中心所有可以找到的文字材料。"专家组的基本结论,是有大量确凿可信的档案为佐证的。市政府在防治"非典"

通告的第一条,就要求对进入本市的乘客实行测定体温和填写健康申报表制度。在人们进入本市各个口岸和道口的第一时间,就为每个乘客建立一份健康档案,这对切断传染源无疑是十分重要的。

　　诚如世界卫生组织专家指出的,"非典"并不是一个城市的问题,也不仅是中国的问题,而是全球性的问题,我们这个城市要做好长期应对的准备。也许,2 例病人的幸运不可能长久延续,但我深信,战胜"非典"的幸运之神将始终伴随我们这个城市。那时,我们城市的档案上不仅记录了一场突如其来的灾难,也留下了可歌可泣的守望相助、众志成城的城市精神。

(2003 年)

老厂的记忆

在我们这个城市中,能让老老少少都接受的品牌或许不多。"光明"可以算上一个,它给几代人带来过甜蜜的记忆。

儿时夏的记忆,离不开棒冰。那时每到夏天,食品店临街的一角,就会显露出一个大冰柜,冰柜前有一个我们熟悉的图案:熊熊燃烧的火炬,四周围着熠熠生辉的光芒。烈日下,街头巷尾小贩使劲地用木块敲打着小木箱,抑扬顿挫地喊着:"光明牌,老牌棒冰……"从父母那里讨到了四分钱,就欢蹦乱跳地趴在大冰柜前:"断棒冰有吗?"反正一样吃,可以省下一分钱。橙色的是橘子,白色的是酒酿,最爱的是褐色的赤豆棒冰了。刚剥开打着结的包装纸,冷不防会有伙伴把嘴凑上来:"让我哈(咬)一口!"虽说不那么愿意,但以前也曾受过友情赞助,只能眼巴巴地瞅着少了一大块。用舌慢慢舔着长长的棒冰,一股清甜从嘴淌到了心田,真是爽极了。

没想到,我后来会成为"光明"企业的一员。1968年冬,正值动乱岁月,学业停止了。一纸分配单,使我和"光明"企业结了缘。真是有缘分,我就读的中学也以"光明"冠名,我是从"光明"走向了"光明"。进厂后才知道,"光明"是全国最大的食品厂之一,不仅生产冷饮,还生产罐头、糖果、巧克力。我被分配到罐头流水线上操作。午餐肉、番茄酱、青豆、蘑菇,当各个品种、各种规格的罐头在我手中一个个轻巧地滑过时,我感受到了"光明"的温暖。因为这是我的新生活,我已成为工人阶级的一员。后来我"以工代干"到厂部办公室工作后,星期四还常到冷饮车间劳动,亲眼看到儿时最爱吃的棒冰是如何神奇地制作出来的。那些年每逢夏天,厂冷库门口就会长长地排着冷藏车,等待着刚"出炉"的冷饮。而街上食品店的冷柜上,早已放上了"冷饮售完"的"免战牌"。那时,作为"光明"的一员,人人意气风发,个个斗志昂扬。从厂史和老工人那里,我知道了"光明"创造的历史。"光明"诞生于共和国创建之初的1950年,开创了中国冷饮民族品牌的先河。当年,为了使"光明"深入人心,厂领导带领职工走上街头扭秧歌,宣传"光明"品牌。工余时间,工人们还肩背棒冰箱走街串巷叫卖。很快,"光明"品牌得到了喜获新生的上海市民的喜爱。

本以为要与"光明"同行41年,直到胸戴大红花,脚踩锣鼓声告老还乡。没想到,1978年我还能参加高考走进大学。在与"光明"别离的岁月里,我时常惦念着她的兴衰。乘着改革开放的东风,"光明"一路高歌猛进,到20世纪90年代初,"光明"冷饮到了鼎盛时期,全国市场占有率高达80%。没想到由此却盛极而衰。面对外地的,境外的各式冷饮纷纷抢滩沪上,当惯老大的"光明"企业显得有些慌不择路了。那时,国有企业合资风盛行。1993年,"光明"企业与境外一家企业合资,"光明"就此被"雪藏",代之而起的是"蔓登琳",一种市民陌生的品牌。而我许多已不再年轻的工友们,与"光明"同行了25年后,被合资后的公司"剥离"了。直到1999年,当年的"兄弟","梅林正广和"公司拉了一把,收购了境外公司股权,"光明"才重放光芒。

这两年,沪上冷饮市场座鏖战急,各路诸侯都使出了浑身解数,"和路雪"在变,"伊利"在变,"蒙牛"也更是随变。而遭际"雪藏"硬伤的"光明"已雄风不再。终于,从网上看到了"光明"的"变数":"梅林正广和"将卖出所持有的"光明"股份;一家也叫"光明"的乳业公司将参股"光明牌"冰淇淋30%的股权。儿时被称为"牛奶棚"的这家乳业公司,已成为中国规模最大的乳制品企业之一。

别离"光明"25年,一直想回老厂去看看,可是一直未能成行。这次得赶紧去了。老厂坐落在虹口四平路,时时翻阅的记忆已走了样,原先四周的棚户已不见了,代之而起的是丛林般的商务楼和住宅楼,老厂成了"都市里的村庄"。原先的老厂房大多还在,只是厂部科室的那幢红瓦陡顶的西班牙建筑,已被冷冰冰的兵营式建筑替代了,使我对老厂的记忆残缺了一大块。当年未被"剥离"幸运留下的工友在更衣室接待了我。依然吊着蒙着厚尘的日光灯,依然堆着高高矮矮的更衣箱,与25年前的景象未曾有变,只是长条木凳上的一份新闻晨报在表明着现在的年代。工友说,再过几个月,也许你就见不到老厂了,厂区已卖给了房产开发公司,在远郊奉贤新建了厂。我曾经工作过的南翔车间先前已推倒了,现在又轮到总厂。面对即将而至的"变"，工友们在一番义愤后倒也显得坦然了。远"嫁"奉贤新家会带来许多困难，但生活还要继续，儿子上学、结婚、置房一大堆费用都在等着他们。"当初真该和你一起去考大学！"一位毕业于重点中学的工友喟然长叹。临别时，工友告诉我，这里将建一个陈列室，保存"光明"的历史。我这才感到些许欣慰，"光明"是共和国国企发展的一个"缩影"，这份"档案"应该留给后人。

（2003 年）

"光明"情结

母校光明中学迎来了 120 周年华诞,有关"光明"的记忆徐徐翻动了起来。

1963 年初夏,我们这些十三四岁的孩子面临人生第一次重要选择:考初中。沸沸扬扬了六年的教室这才安静了下来。在我记忆中,六年小学生涯几乎每堂课都有几个调皮的同学"立壁角",屈指可数的只有四年级时一位代课老师的几堂课是安静的。代课老师略施小计,每堂课留 10 分钟讲故事,前提是前 35 分钟必须保持安静。当下课铃声响起时他的故事便戛然而止,看着我们意犹未尽的神情,丢下一句"且听下回分解"潇洒地走了。那时,招生信息十分匮乏,老师的话是最有权威的:成绩好的同学可报考重点中学,语文好的考光明中学,算术好的考格致中学,体育好的考洋泾中学(因区体校设在该校)。我喜欢作文,还会跃跃欲试贴上一分半邮票,剪去信封右上角,投稿到延安西路一家儿时向往的编辑部。于是,我报考了光明中学。人生"第一考"的有些细节至今依然清晰。那时语文就考作文。铃声响起,一位年过半百戴眼镜的男老师威严地走上讲台,郑重地举起一包考卷说:"是密封的。"然后拆封取出考题,在黑板上工整地写下了作文题目:"雷锋精神鼓舞了我"。那时正值学雷锋活动掀起之际,这类题材已操练过多次,于是驾轻就熟地写开了。一个月后,从邮递员手中接过了翘首盼望的录取通知书。

没想到,那位威严的监考老师,竟成为我们初一时的数学老师。三年初中生涯,光明中学以她严谨而不失创新的学风,为我们的人生打下了丰厚的底色。至今我还记得初三的一堂语文课,陈钟梁老师在课堂上对当时被打为"毒草"的外校学生的习作《茉莉花》辩解,认为文章细腻描写了一个女孩子冒着风雨抢救心爱的茉莉花(虽然不是国家财产)的情景,从写作角度而言,还是很有特色的。

正当我填好高中志愿,想续"光明"梦时,史无前例的运动来临了。两年后,没唱一首《毕业歌》,没拍一张毕业照,同学们就到边疆、下农场、进工矿了。

别离"光明"的岁月里,时常牵挂着母校,报章上一则有关"光明"的小消息,都会让我激动不已。特别难以忘怀的是,1982年的初夏,我又走进了"光明",不仅是以校友,更是以一个师范学院实习老师的身份,在宽敞明亮的语文教研室里,与当年仰慕的老师一起备课;在曾经熟稔的教室里,向学弟学妹们讲解鲁迅的《祝福》、峻青的《秋色赋》,真有一种"回家"的感觉。

大学毕业进了档案部门工作,当我在尘封已久的档案残片里追寻到母校从法文书馆到光明中学的历史踪迹,那份惊喜真是难以形容。前不久,在纪念光明中学建校120周年之际,母校和档案馆给了我一个难得的机会:以校友和档案工作者的双重身份,向同学们讲述母校的历史。在结束时,我寄语母校:永远的"光明",用"光明"照耀每一个学子,用"光明"抚慰每一个校友。

(2006年)

"德大"的记忆

那天,经过四川中路南京东路口,突然发现熟识的德大西菜社已被错综交叉的脚手架包围。走近一看,"德大"已是人去楼空,一纸告示说"德大"已迁至南京西路成都北路口。有着百年历史,在这个市口经营了六十多年的"德大"悄然退出,让人怅然若失。

有着"德大"情结的我,当即赶往新址寻访。新"德大"是一幢老楼改建的。看得出,改建颇费一番心思,"德大"的经典元素尽可能保留着。门面的装饰一如先前,只是那扇厚重的推门改成了转门。一楼还是咖啡吧。因是下午,二楼西餐区未开放。听说我是专程从老"德大"赶来的,服务生特意引我上楼参观。还是那样经典雅致,只是少了些先前的洒脱。那架三角钢琴局促地躺在一隅,失却了先前的雍容和亮丽。那个流淌着百年历史,摆放着"德大"老餐具的陈列柜不知去处,服务生说会陈列的,但我看已难有适宜的位置了。服务生引我上三楼参观,介绍这里是用套餐的,也可开家庭聚会,可唱卡拉 OK,我的心顿时一沉。下到一楼,又难抑失落。没有缱绻缭绕的咖啡香味和优雅闲适的背景音乐,有的是扑鼻的烟味和嘈杂的说话声,就像在茶馆里。或许我的失落多半是我对"原汁原味"老"德大"的刻意追求。因为老"德大"收藏着我一些珍贵的记忆。

二十多年前的一个下午,我和她从河南路"老介福"楼上黄浦区民政局结婚登记处领到了结婚证书。为了纪念这个日子,我们推开了"德大"典雅厚重的门,点了德大色拉、葡国鸡、里脊牛排和奶油蘑菇汤。柔和的灯光,宁静的氛围,优雅的服务,让我们把这个日子静静地流淌在心底里。以后儿子长大了,我们三人又不时推开"德大"的门,坐到当年坐过的坐席上,平添了几分沧桑感。

三十年前的一个中午,我和工友周第一次怯生生地推开了"德大"的门。"德大"给我们一种别样的意境,恍如走进了某本外国名著的一个细节里。那时,"德大"刚恢复西菜,以套餐为主,分甲、乙、丙三种。我们各要了一份1元1角钱的乙种套餐:色拉、乡下浓汤、炸牛排和咖啡。那年恢复高考的消息引发了我们两个初中生的躁动,选择在"德大"相约,我考复旦中文系,周考上外英语系,他能读懂英语版的《红楼梦》。我们为生命中即将出现的亮色悸动不已。后来,我拿到了师院的录取通知书,他的"海外关系"还是阻隔了前程。

那天,周执意来我家送行。我想起了"德大",用鸡蛋黄加精炼油自拌了色拉,炸了猪排,煮了罗宋汤,可是已没了在"德大"的情调。半年后的一天,周突然告诉我,他也要走了,远涉重洋到美国去上学。他的"海外关系"的伯伯为他承担赴美读书的所有费用。我回赠了他一套西餐餐具,是想让他留住"德大"的记忆。我们相约,等他学成回国时再到"德大"相聚。

时光流逝,一晃三十年过去了,我们却未能相聚。但我还期待着有一天在新"德大"和他相聚,给他讲"德大"的变迁。

（2008 年）

打浦桥的"文化版图"

在打浦桥安家已有些年了。这些年打浦桥华丽转身,"文化版图"不断拓展变化。

这里原本是有河有桥的。河有两条,一是肇家浜,为上海旧城厢干河,是通往松江府的运粮河道。1908年起,浜东段填土筑路;1954年,西段填没,筑肇家浜路。二是日晖港,黄浦江的支流,民国初年两岸辟筑道路,东侧为日晖东路,西侧为日晖西路。20世纪90年代初期,中山南二路以北,肇家浜路以南的河段填没改造成现在的瑞金南路,我的新居就在这条路上。肇家浜原有两座"打浦桥",一是清同治年间就有记载的跨浜于今瑞金二路南端的带浦桥;二是1915年建造的跨浜于今打浦路北首的打浦路桥,后都因填浜筑路而拆除。日晖港在打浦桥地区有多座桥,其中平阴桥是前些年填河辟路时才消失的,现在公交线路还留有平阴桥的站名。

原先,打浦桥在人们心目中一直是个"下只角"。但据史料记载,打浦桥曾是个很繁华很文化的地方。早年日晖港,曾是上海城西货运集散港口。20世纪初,这里还孕育了素负盛名的新华艺术专科学校和东亚体育专科学校。"八一三"侵华日军狂轰滥炸日晖港,打浦桥地区夷为一片焦土,肇家浜、日晖港两侧由此形成了大片棚户区。解放后,"龙须沟"变成了林荫道,但部分棚户依然延续着,直至1997年最后一间棚屋被吊车推倒,这一页沉重的历史终于翻了过去。昔日肇家浜像个分水岭,打浦桥连接着两片反差极大的区域。南面是臭水浜和棚户区,北面洋房成片。如今这种反差已经消退,打浦桥南北两翼文化氛围相映成趣。

肇家浜路瑞金南路口的海兴广场,是打浦桥地区改建工程的标志性建筑之一。萨利亚、味千拉面、屋企汤馆、一茶一座等各色餐饮连锁店云集其间。在繁华市口的这些连锁店常要排队候座,而在这里可以悠闲地挑座。有个好环境,美食才能品出文化味来。肇家浜路上原来有个"真汉咖啡剧场",这招牌就给人留下了悬念。那个夜晚推开了"真汉"的门。里面弥散着咖啡和酒的香味,上下两层,有着精致的舞台,像酒吧,像咖啡馆,又像剧场。这个创意来自学舞美设计出身的"真汉"老板。在纽约生活了近十年的王先生,要将平生最喜爱的戏剧和咖啡糅合在一起。可惜那一晚,只有咖啡,没有戏剧。王先生向我倒出了一肚子的无奈。现在,"真汉"已搬迁到了漕河泾,取名"下河迷仓"。

车水马龙的肇家浜路,由南跨过往北走,就有几条绿荫蔽日,有韵有味的小路,思南路是其中的一条。两里多的小路,留下了近百幢欧陆风情的建筑和为数众多的名人故居。斑驳的围墙,如茵的草坪,陡峭的尖屋顶,油漆剥落的百叶窗,静静地向你诉说着什么。在周公馆旁,有一条长长的小巷,一眼望不到尽头,两侧错落有致的洋房组成了一道优美的弧度。那天散步到小巷的尽头,不经意间竟来到了梅兰芳抗战时期的寓所前。绍兴路上流溢着浓浓的书香味,梧桐树下,出版局、出版社、书屋、画廊、公园,还有上海昆剧团和她的兰馨舞台,毫不张扬地坐落其间,固守着一份特有的宁静和深邃。我喜欢到这些藏在喧闹背后的小路上散步,舔着初春的雨丝和踏着残秋的枯叶,感觉是不一样的。那条原本是马路集市的泰康路,因为有了田子坊,成了一条艺术街。田子坊成了打浦桥"文化版图"中的重要地标。旧厂房、破仓库、小弄堂、石库门,变成了创作室和创意小店,一门一景、一店一品,艺术和时尚在这里触手可及。与灯红酒绿的新天地不同,田子坊不仅保留了石库门的外表,还保留着它的肌理,天井、客堂、厢房一如先前。很艺术的店铺上方伸出长长的晾衣竿,小贩在弄堂里叫卖糖炒栗子,时尚元素和市井风气交融在一起。每次去田子坊,都会有一些新的发现。

在打浦桥的"文化版图"上,还有不少可圈可点之处,比如公安博物馆、卢湾体育馆。那时,夜晚经过卢湾体育馆,常能感受到里面爆棚的呼喊声,禁不住会冲进去加入呼喊一族。可惜自姚明登陆 NBA 后,这种盛况已不再了。

（2008 年）

活下去,并且要记住

这些日子,我们的心灵一直在颤栗着、感动着、牵挂着。这一刻,一段遥远的记忆变得清晰起来,一份久远的感动又鲜活了起来。

那是1981年的夏天,离那场黑色的大地震刚过去5年。我和同学来到了唐山、石家庄做社会调查。那时,整座唐山就像一个巨大的工地,到处是高耸的塔吊,到处可听到机器的轰鸣声。市民还住在简易房里。尽管地震已过去五年了,但我们依然能感受到余震。那时在唐山已很难找到震前的老建筑,我们住宿的市委第一招待所简易房边上,凤凰山公园里的八角亭是其中的一座。在唐山,我们翻阅着那页沉重的历史,倾听着领导、老师、医生、工人、居民,年长的、年幼的同胞的真情叙述,心中除了震撼就是感动。

在唐山截瘫疗养院,我们看到的动人一幕至今难以忘怀。当年大地震,使3817人成为截瘫患者,25061人肢体伤残,政府特地建造了18个在当时来说设施精良的疗养院,有先进的理疗器械,有阳光房,还有电影放映室。护理人员都是精心挑选的,她们都是病人的知心朋友,谁喜花草,谁爱下棋,谁有酒量,谁藏心事,她们都了然于胸,俨如我们今天的心理咨询师。唐山截瘫疗养院安置着49位截瘫病员,他们中只有几位能自己下床。唐山京剧团副团长双腿高位截肢,他乐呵呵地与我们交流戏曲,禁不住吐出了一段行云般的西皮流水,让人回肠荡气。一位双目失明、下肢全瘫的病员用吉他为我们演奏了《我们的生活充满了阳光》,明快的旋律流淌在我们心中。一位花季女孩是文学爱好者,她向我们朗读了鲁迅的名句:生命的路是进步的,总是沿着无限的精神三角形的斜面向上走,什么都阻止他不得。她说,从废墟中活过来后,她就一直有一个信念:活下去,并且要记住!《活下去,并且要记住》,记得那是前苏联作家瓦连京·拉斯普京代表作的书名。也许她从中更坚定了活下去的理由,尽管她要记住的与书中主人公的并不都一样。临别时,疗养院米院长对我们说,虽然治疗截瘫病人目前世界上还是一个难题,但我们要尽力让病员在心理上得到康复。

唐山大地震留下了 4204 个孤儿,政府在石家庄和邢台开办了两所抚养培育 1000 多名孤儿的育红学校。我们到石家庄育红学校时,学校已放暑假,许多学生回唐山亲友家度假了。我们见到了一位留在学校、刚参加高考已达到录取分数线的杨小明同学,他对未来充满了憧憬,对即将告别抚养培育他五年的母校更是难抑感恩之情。育红学校董书记是唐山丰南人,地震中失去了十多位亲人,为了更好地照顾孩子,他把家搬到学校附近,后又搬进了学校,与学生同吃同住同学习,给予他们亲人般的呵护。我们又随唐校长看望了寄住在王老师家中的六岁小男孩刘涛。聪明伶俐的小涛涛人见人爱。唐校长说,这些孩子特别敏感,只有用爱才能渐渐抚平他们心灵的创伤。

弹指一挥间,快 27 年过去了,但那份感动一直存留在心间,那份牵挂始终未能释怀,特别是"活下去,并且要记住!"那句话时常萦绕于脑。他们活下来了,并且记住了许多,特别是记住了坚强、记住了回报。在残运会上,看到了他们奋力拼搏、披金挂银;在汶川大地震中,看到了他们大爱的善举、抢险的英姿……

(2008 年)

收藏"生命记录"

那天下午,上海市档案馆举行了一个简短而隆重的仪式,刚从汶川归来的上海市消防局高级记者吴学华,将240幅抗震救灾新闻摄影作品捐赠给市档案馆永久收藏,其中的119幅在该馆外滩新馆展出。这位曾以一幅《3·24火车相撞事故》摘取中国首个世界新闻摄影大赛桂冠的上海消防救援队随队记者,用镜头记录了上海消防救援队攻坚克难、拯救生命的情景,还原了一个又一个生命奇迹出现的过程。每一幅照片,都集结着生命的力量,都经历过生命的洗礼,都流淌着生命的甘泉。诚如吴学华感言的,这些震撼心灵、催人泪下的"生命记录"不是他一个人完成的,而是救援队员、被救人员和他共同完成的。这些记录、这些作品诠释着一个共同主题:生命礼赞。

许多这样的"生命记录",正在被档案馆收藏。成都市档案馆把灾区遇难学生的日记、作业本、阅读卡、迎奥运图画、大头贴相册、跆拳道等级证书等收集进馆,为世人留下了一份凝重的生命记忆。

十多年前第一次走出国门,在加拿大档案馆的见闻让我惊讶不已。档案馆大厅宛如宾馆大堂,还有放映厅、咖啡厅。档案馆保存着浩如烟海的家庭、个人记录,出生、教育、入伍、婚姻、财产、医疗、逝世,从摇篮到坟墓的各种"生命记录"都有,宽敞的阅览室坐满了"寻根"的人们。多伦多档案馆一个展示城市与水、人与水关系的展览,除运用大量历史照片外,还将供水系统的一些实物和家庭洁具也巧妙安置在其中,一群小学生正饶有兴趣地在观看。原来,档案馆可以这样人文、这样亲近。而那时,我们的档案馆壁垒森严,我在一些档案馆看到的是大量"文山会海"的记录,在利用者中很难发现寻常百姓。

而如今,那些曾经令我惊讶不已的事在我身边经常发生着,我身边的寻常事又让外国同行惊讶不已。2003年"非典"肆虐期间,上海市档案馆向社会公开征集抗击"非典"过程中形成的各类原始记录。由陈逸飞执导、余秋雨撰稿的电视公益片《智者不乱,仁者无惧》和由黄蜀芹执导、王安忆撰稿的电视公益片《回家》的手稿和光盘以及小汤山日记、隔离时期校园日记、《非典预防歌》等手稿相继捐赠给上海市档案馆收藏。当然,这种"生命记录"的收藏并不局限在灾难生活中,也体现在寻常生活中。一个普通家庭50本记录50年家庭收支情况的"流水账"、一对恩爱夫妇连续60年在同一餐馆用餐的1000张账单也入藏上海市档案馆。在上海的区县档案馆中,婚姻登记、知青下乡、征地动迁、独生子女等关乎民生的档案占了馆藏四分之一,平民百姓成了档案利用的主体。青浦区档案馆有过这样一次档案援助行动,全馆人员加班加点,从上万卷还没整理入库的转制企业档案中,为一名下岗女工找到了工资单,使她在规定期限内办妥了退休手续,拿到了一份盼望多年的养老金。

　　收藏普通人的"生命记录",既体现了国家档案馆在收藏观、利用观上的嬗变,也折射出我们民主政治进程的推进。因为什么被记忆,什么被忘却,什么人有权了解真相,什么人无权获知,也是民主政治建设的要义之一。

(2008年)

另类知青的咏叹调

在我们的语境里,知青是个历史概念,专指那个年代上山下乡的青年学生。而那些有幸留在城里进厂做工的人,只能称之为另类知青了。

在我们这个城市中,他们是一个并不小的群体。据档案记载,当年上海"老三届"中的66、67届中学毕业生中有17.5万人安置在市内全民企业。1968年到1976年,上海动员知识青年上山下乡共计104万人,分配进全民单位的有88.4万人,城镇集体企业吸纳27万人,街道里弄生产、生活服务事业净增6.9万人。那个年代,他们能穿上令人羡慕的工作服,多半是由于兄姐的"铺垫"。"一片红"后,上海对中学毕业生实行以兄姐去向为依据,决定本人分配到工矿或农村、上海或外地、全民或集体的"按档分配,对号入座"的办法。

当年他们大多二十岁不到,在流水线上作业,在机台弄档里接线头,在港口码头上扛包,当上技工是可以炫耀的,那时流行"学会车、钳、刨,走遍天下都不怕"。学徒工第一年工资才17元8角4分(其中1元8角4分是服装费),他们省吃俭用,竟能每月抠出2元钱换上一张小小的零存整取的"贴花"。当年这小小的"贴花",寄托着多少青工美好的憧憬。那挡不住诱惑的"三大件"手表、自行车、缝纫机中的一件,就要耗去他们三年学徒的积蓄,再添上满师后的工资。那年月"三大件"是紧俏商品,100个职工才分摊到一张购买券。

青工的生活再平淡不过了,早班翻夜班,夜班翻中班,中班翻早班,循环往复,机械地复制着。虽然不懂"西皮"、"二黄",不知花旦、青衣,但样板戏中的大段唱段能一气呵成。至于电影《地道战》中的精彩对话,更能惟妙惟肖一字不漏地背出。时光不知不觉从手指鳞隙中漏走。"老三届"们做了师傅,工休时吞云喷雾般享受着徒弟点上的"牡丹"烟,那是他们最为得意的时候。到了谈婚论嫁的年龄,没有风花雪月,夜晚在人民公园散步已是很浪漫了。只有胆大的，才敢加入外滩"情人墙"。成双结对、密密相连的背影，毫无顾忌地"蚕食"着江边整条防汛墙，却不得不提防联防队员的突袭："你们在干什么！"

在他们平淡的人生中，结婚是最亮丽的日子。他们第一次成为生活的主角和总设计师，把自己的智慧、人脉、资金挥霍一空，在逼仄的亭子间里，能把 36 只脚（大橱、五斗橱、方桌、床、床边柜、4 把椅子的脚）安置得错落有致。在亲朋好友的贺声中，他们笑纳一个个红包（那时包一张 10 元就是出手很大了）。曲终人散后，男方女方的家里人争先恐后地把全鸡全鸭（客人一般不会动）和剩菜装进大大小小的钢精锅，完成了婚宴最后一个常规动作。

他们中的许多人错过了一次改变命运、华丽转身的极好机遇。恢复高考那年，他们的小日子过得正旺，舍不得刚刚开始的"一亩三分地，老婆孩子热炕头"的生活。而 70 届后的那几批学生，正儿八经没读过几年书，底气有点不足。

以后的日子有点艰难。他们做梦也不曾想到国有企业会关、停、并、转，纺织厂会"砸锭"。能够幸运坚守的毕竟是少数，大多告别了曾经为之荣耀并工作了二三十年的老厂，成了 40、50 下岗协保人员，进入了再就业行列。他们过过苦日子，也容易满足，经过阵痛也坦然接受了现实，因为生活还要继续。他们把希望都附丽在儿女身上，让儿女上自己向往的大学，期盼儿女能找到一份好工作。

如今，当年"老三届"师傅都已过或快到花甲之年了。40 年的日子就这样流水般地溜走了。虽说没有《今夜有暴风雪》般的悲壮，也没《孽债》那么凄婉，但每个人都有一个属于自己的故事，只是他们的故事儿辈不愿听，孙辈听不懂。

（2008 年）

有信的日子

那天,有了闲适的心境,费力拉开了一个大抽屉,尘封的记忆又被激活了。抽屉里储存着数百封泛黄的信笺。

那年月没有网络,没有手机,连家里的固定电话都是稀缺资源。那是有信的年代。写信、寄信、等信、读信,使平淡的生活有了期盼,有了隽永,有了激动。几天一封,是恋情使然;几周一封,是亲情呵护;几月一封,是友情维系。

年轻时信最多,人到中年信越来越少了。有了孩子,有了一官半职,生命的航船就此挂上了拖驳,搁上了舢板,有了航线和负载的制约。没有心境,缺少时间,信就渐渐萎缩了。这时,恋情信使的任务已完成,亲情会在团聚中依存,只是友情没有了信,往往会疏远。生活圈子愈益缩小,先前热络的小学、中学、大学同窗,各种学习班、培训班结识的同学,老单位的同事,不期相遇结交的朋友等等,信往来间隔的时间越来越长,也不知一来一去中,最后是没来还是没去的缘故,信就中断了。有圈子还不怕,只要有个由头,有人领头,就有机会相聚。就怕不期相遇结交的朋友,没有了信,会像断了线的风筝,飘得没了踪影。

在我收藏的信中,有几十封是我的学生寄来的。20 世纪 80 年代初的一个春天,我到一所中学实习,这是师范生的必修课。实习期是 6 周,我就只做了 6 周的老师(毕业后分配进了机关)。我给高一学生上鲁迅的《祝福》、秦牧的《土地》、峻青的《秋色赋》;与他们交朋友,谈人生,不仅收获了教学成果,也收获了纯真的友情。实习结束后,陆续收到了好几位同学在"题海战斗"中抽空给我写来的信。有的告诉我学校的"奇闻趣事",有的向我倾诉"成长中的烦恼"。一位爱好文学的同学给我寄来了他的诗作《有一颗星星对你说》:你看不到我/当阳光占有白昼的时候/但我并没有消失。一位体育特长生给我寄来了上海青少年田径比赛的门票,他将在 5000 米决赛中一展雄姿,特地邀我去助兴。后来,他们——向我报告考进了大学,再后来,可能是我的忙,那种对日升日落渐失敏感的忙,信就中断了。

这28封信,是大学年代在青浦一个部队农场劳动时结识的一位战士写来的。劳动之余,我们一起谈小说、论诗歌,有了许多共同语言。我回学校后,他复员回苏北老家后,我们的讨论还在继续。信,是唯一的载体。后来,他来信说要结婚了,再后来报告我儿子呱呱落地了……再后来也不知怎么信就中断了。

推上抽屉,思念之情却难以抑止。这一刻,我想到了网络。在"百度"上键入了失去联络的老朋友的名字,还添上一些有"个性"的关键词,以剔除重名者。尽管大多石沉"网"海,但终于捞到了几枚珍贵的"针",让我喜出望外。一位中断了30多年联系的小学同窗的名字,出现在中国驻英国曼彻斯特总领事馆官员活动的名单中。我立即给总领馆发去了求助的电子邮件,并把我知道的同窗的一点背景资料诸如小学毕业后被保送到上外附中,"文革"期间被分配在上海灯泡厂工作等附上。几天后,我惊喜地收到了远在英国的同窗惊喜的电子邮件。那位青浦结识的战士的名字,出现在江南时报的一篇报道中,他已成为一名优秀的民警。辗转得到了他的手机号码,迫不及待地发去了短信:"还记得在上海青浦结识的一位大学生吗?"回复马上来了:"是呀!是你吗?"当晚,我们就在网络上互诉"别后"之情了。在茫茫"网海"里,我还意外发现了我的一些学生的踪迹……

如今,我又时常有"信"了,不是靠"鸿雁传书",而是依托网络。有信的日子真好。

(2008年)

输 液 室

那天受了点寒气，患了重感冒，走进了一家三甲医院的门诊输液室。

偌大一间输液室七八十个输液席都已有主。想当初得了感冒，只要一包"午时茶"发发汗就能"如释重负"，而现在流行打点滴了。一大一小两瓶750毫升的药液，看来要输上四五个钟头。正在焦虑之际，看到靠墙的一角有个空位，原来这里是输血区域。在我的请求下，护士同意我在那里输液。

"这里都是些甲肝、乙肝、丙肝病人！"对面正在输血的一位脸色泛黄、精神倦怠的中年女士愤愤地说，似乎很不满我的加入。我想你吓不住我。凭我的医药知识，肝炎病人一般不需输血。但我看她往上拉了一下大口罩，心里明白她是怕交叉感染。"不好意思，实在没位置了，等不及了。"我忙带上准备好的大口罩。她的表情顿时平和多了。在嘈杂的输液室里，这一角有点闹中取静。抗菌素伴随着生理盐水一点一滴渗入静脉，进入血液，我的咽喉能感受到清凉，舒服多了。中年女士看来有点冷，让先生去楼下自备车里取风衣。她与我对视了一下，缓缓和我谈起了病情。她原本是一个充满活力的公司白领，半年前开始身体不适，血色素下降到 5 克左右，记得正常女性血色素应在 11 克以上。经受了数不清的检查，给出了一个疑似再障性贫血的诊断，过一段时间就要输血。"人生真是无常，半年前我还是人们眼中的女强人，如今却……"她长叹了一声。我知道用一般的大道理来安慰肯定于事无补，就向她讲述了自己一次得大病并康复的经历。我说，生活往往处在平衡中，某一方面失落了，另一方面会给你补偿。遭遇疾病固然不幸，但你会得到在常态生活中难以得到的许多东西，比如让你一下子承受了许多亲情、友情，使你对生活的感悟增添了亮色，对重新扬帆增添了勇气。这时，她的先生把风衣轻轻盖在了她身上，她的脸上露出了一丝难得的笑容。

点滴一般要打 3 天。后两天我去得早，就融入到了输液的群体中。真是铁打的输液室,流水的病人。一个病人刚拔出针按着棉团离开,又一个病人躺上了。一幅幅图景在我面前转换着:左边是位女中学生,期中考试前得了感冒,无神的眼睛还在看着外语课本。右面是位公司经理,发着高烧,还在不停地用手机指挥着下属。对面的女青年听口音是外地人,他的先生一直半蹲着用普通话在她耳边絮语,用上海话招呼护士换液。一位吊丹参的阿婆喊肚子空了,抱怨老头子还不送点心来,邻座的老教授忙叫小保姆去对面"新亚大包"买几个包子,阿婆顿时笑逐颜开,还不忘追加一句:"要菜包!"

　　输液室像个折射百味人生的舞台,有时还会上演感人的情景剧。第三天刚换了一瓶药水,邻座坐上了一位中年汉子。护士给他进针后,他惊喜地向对面一位老人叫了起来:"张家姆妈,侬也来吊针啦?""小黑皮,是侬啊,好几年没看到侬。阿拉姆妈老慢支又发啦。"老人的儿女们顿时围了上来亲热地问长问短。原来他们曾在一条弄堂一个屋檐下做了几十年的邻居。老房拆迁后,他们搬到了新居所,但总忘不了老地方,连吊针也要回到熟悉的老医院来。"张家姆妈人老好格,我小辰光得脑膜炎,亏得张家姆妈及时送我到医院,否则要变'戆大'了。""迭个辰光里弄里家庭妇女都参加工作,我当托儿所阿姨,晓得点医疗知识,发现小黑皮头痛,手掌上有不少红点子,就想勿要是脑膜炎。眼睛一眨50年了。"张家姆妈眯着眼睛沉浸在回忆中。"姆妈做了点好事人家记得牢来,好人有好报。"儿女们七嘴八舌夸着。

　　输液室是嘈杂的,但也是祥和的。

(2008 年)

年　味

　　儿时的年味糅合着浓浓的京味,糅合着铿锵激扬的京鼓声和荡气回肠的京胡声。

　　那时家的附近有不少演京戏的剧场,比如福州路上的天蟾舞台、延安东路上的共舞台、牛庄路上的中国大戏院、九江路上的人民大舞台。除了上海京剧院外,还有新华、新民、黄浦等京剧团。那时戏票最便宜的也要3角钱一张,在天蟾舞台就要上3楼看戏了。过年即便饭桌上菜再少,父亲也要带我们去剧院。父亲是听戏,对戏文烂熟于心,对唱腔也耳熟能详。进入境界时,微眯着眼睛,抑扬顿挫、摇头晃脑地和着台上的西皮流水、二黄原板。往往这时,我有点坐不住了。只有当一曲唱罢,满场响起震耳欲聋的叫好声时,我才兴奋起来,跟在大人后面"好!""好!"乱嚷一气。我是看戏,就喜欢打打闹闹的连台本戏、机关布景,比如《七侠五义》、《开天辟地》、《西游记》、《宏碧缘》之类的。最爱看的是《七侠五义》,依稀还记得头本《七侠五义》扣人心弦的结尾:武艺高强的白玉堂纵身飞跃过江,被蒋平用利斧砍断桩子,铁链组成的"独龙桥""哗"的一声断裂散开,白玉堂坠落江中……让人期盼看二本。最喜欢的剧场是共舞台,听说那里的舞台会转动的,布景换得很快,一幕刚落,下一幕就拉开了。

　　那年初夏,我刚念完小学四年级。一天,父亲突然对我说,要我去报考中国戏曲学校。尽管喜欢看京戏,但从来没想到将来去演戏。对未来还是懵懵懂懂的我,跟着父亲到附近的吉祥照相馆拍下了人生第一张报名照。考场设在毗连文化广场的上海戏曲学校内,人山人海,其火爆场面是这些年艺术院校招考盛况难以比肩的。后来,虽然连复试通知书都没能得到,但这个经历在我的人生档案里留下了特殊的印记。

　　以后随着年龄的增长,不仅爱看戏,也喜欢听戏了。《玉堂春》、《贵妃醉酒》、《龙凤呈祥》这些文戏也吸引了我,看着舞台两边幻灯打出的字幕也会不由自主地哼上几声。悠扬的琴声、优美的唱腔、富有韵律的唱词,把我带到了一种艺术境界里。这时,我才体验到父亲那种"听戏"的味道。

这些年,父亲年龄越来越大了,行动很不方便,只能在电视的"空中大舞台"里过过瘾。一直有个愿望,想带父亲去剧场看京戏。2008 年过年前,我到逸夫舞台讲了我的愿望,得到了有关人员的热情帮助,帮我选择了靠走廊的位置,指点我推轮椅进场的路径。大年初四,年近 90 岁的父亲坐着轮椅,由我推着从汕头路逸夫舞台的边门坐电梯上剧场。扶着父亲落座后,我把轮椅寄放在剧场的售品部。在喜庆的锣鼓声中大幕启开了,这是一台别开生面的"三代同堂"迎新春京剧演唱会,其中有尚长荣与金喜全的《飞虎山》、李炳淑的《杨门女将》、陈少云的《追韩信》。父亲依然微眯着眼睛入神地听戏,偶尔还哼上几句,只是不能像先前那样抑扬顿挫、摇头晃脑了。

如今虽然不是每逢过年都去看京戏,但京戏是我挥之不去的过年情结。

（2009 年）

新年新生活

2009 年款款来了。对于这个年份,早在 40 年前的冬天我就遥算好了。1968 年秋,19 岁的我踏进了工厂的大门,有幸成为工人阶级的一员。那个冬日,我跟在师兄们后面,敲锣打鼓欢送胸戴大红花的师傅退休时,心里就遥算了:到共和国欢庆 60 华诞之际,就是我们这批生在新中国、长在红旗下,取名建国、解放,与共和国同龄的属牛之辈"功成身退"之际。

"盘点"40 年来的从职生涯(上大学是带薪计工龄的),套用一个经典的结论:个人的命运与祖国的命运始终相连。我们这代人和新中国一起分担困难、经历磨难,一起分享喜悦、收获成果。40 年来,人生每一个重要关口都未曾想到:1968 年"文革"中断学业,进厂当学徒工;1978 年考入大学,与小自己十来岁的同学同进一个课堂,同居一个寝室;1982 年大学毕业去档案局"叩访"神秘兮兮的档案,经历了档案从封闭到开放的历史进程:档案馆启开壁垒森严的大门,开放第一批历史档案,迎来第一位凭身份证查档的市民,建成一个公共文化设施……没想到这种"叩访"已经延续了 26 年。我的"叩访",与改革开放的大进程是环环相扣的;我在这种"叩访"中"成长"。

2009 年来了。对于这个年份,我还在 22 年前的秋天算计过了。1986 年秋,儿子呱呱落地。掐指一算,儿子大学毕业走上职场之际,就是我退出职场之时,也算是别一种的职场"顶替",完成了生命之链的一次"递交"。

儿子"生不逢时"。正当进入大四求职应聘期,一场百年未遇的全球金融危机突如其来。儿子有时会责怪为什么不早点生他,我只能"反唇相讥":那要怪格林斯潘 20 年前未能预判到这场危机了。2008 年 9 月开始,我就被儿子带进了求职的焦虑期,随儿子关注着校园招聘和网上应聘活动。儿子想"广种薄收",一连网申了几十家公司和银行。不得不佩服一些跨国公司的营销理念,只招多则上百、少则十几名员工,校园招聘会和网上推介倒是声势浩大、有声有色,吸引了雪片般的简历,让成千上万的学子、家长和他们周围的人记住了这些企业及其品牌。网申、投简历——笔试——一面(第一轮面试)——二面(第二轮面试)——终面(最后一轮面试)——体检录取,求职之路"风险叵测",一关未过,前功尽弃。儿子经历了一次次失败,惋惜不已的是在一家汽车制造公司过关斩将,眼看幸运触手可及时,意外的是这家公司受到金融危机影响,集体"冬眠"停产放假了。对儿子的应聘,我没多少话语权,好在儿子有宣泄倾诉的地方——网络。当我进入"应届生求职网"等儿子的网络世界时,我被感动了。在这里,同龄人相互勉励,毫不保留地交流自己的"笔经"、"面经"(笔试、面试经验),最后总不忘写上一句对自己给他人的Bless(祝福)语。终于,当2009年新年钟声即将敲响之际,儿子得到了人生第一份 Offer(录取通知)。

2009年,对于我们共和国是一个重要的年份;对于我和儿子也是一个重要的年份,人生档案将"书写"新的篇章。有位名人说过:"一味沉浸在过去的回忆或是未来的憧憬里,只是浪费生命。新生活要从现在开始。"我和儿子的新生活,从2009年开始。

(2009 年)

海 外 览 档

访 加 散 记

一、会见国际档案理事会主席

1995 年 11 月 13 日至 18 日,上海档案工作代表团访加期间,得到了加拿大各地政府、议会和档案部门的高度重视,给予了很高的礼遇,使我们有幸会见了好几位高层人士,留下了美好的印象。特别是其间发生的两件事,更令我久久难忘。

一次是与国际档案理事会主席、加拿大国家档案馆馆长让·皮埃尔·瓦洛先生的意外会见。

加拿大国家档案馆坐落在渥太华著名的里多街上。顶部有着哥特式塔楼的联邦政府议会大厦建筑群就在这条街上。国家档案馆建于 1872 年,已成为加拿大最古老的文化机构之一。因第 13 届国际档案大会召开在即,所以我们这次访加原本并不打算惊动担任着国际档案理事会主席的瓦洛先生。我们去国家档案馆参观时正值周末星期五的下午。正当国家档案馆政府档案司一位官员在向我们作介绍时,瓦洛先生兴冲冲地推开了接待室的门,热情地与我们会见,他说,他得知中国上海档案工作代表团来访,一定要来会会,因为他曾先后两次访问过上海,上海的档案工作给他留下了很深的印象。我实在钦佩瓦洛先生的记忆力,他一下子认出了我,因为我们曾在上海见过一次面。

那是 1993 年 5 月 22 日下午,时任上海市副市长徐匡迪在外滩市政府贵宾室亲切会见了瓦洛先生和他的夫人。那天会见我也有幸参加了。这是瓦洛先生第二次访华,也是第二次访问上海。与 8 年前不一样,他这次是以国际档案理事会主席的身份来华考察我国档案工作,并了解我国筹备第 13 届国际档案大会的有关情况。徐匡迪副市长向瓦洛先生简要介绍了上海的发展概况后指出,上海作为中国最大的经济中心城市充满了勃勃生机,无论是经济、市政建设,还是其他各项事业都呈现出前所未有的好势头,而这一切也包含了上海档案工作所作出的努力和成绩。他表示上海市政府始终重视档案工作,并全力支持北京召开第13届国际档案大会以及随后在上海召开的国际档案理事会新一届执委会的首次会议。瓦洛先生对上海这些年来的发展变化非常感慨,特别是对刚落成不久的上海市档案馆新馆深表赞赏。他还对徐匡迪副市长说,上海是一个国际性的大城市,它不仅要为国际经济的发展作出贡献,也应积极参与并为推动国际档案事业的发展作出努力。那次会见虽然时间不长,但友好和谐的氛围使我至今记忆犹新。这次在加拿大又见到了瓦洛先生真是很高兴,我向他重提两年前上海市领导会见他时的情形,他连说记得记得。

访加期间会见时的另一件事也令我铭心刻骨般地难忘。那是魁北克省政府宴请我们时,魁北克省外交部国际组织、国际事务部主任让·阿·勒内先生在餐桌上的一番深情的讲话。

那次宴请设在著名的魁北克市议会大厦餐厅内。这是一次很正规的宴请,我们每人坐席前都放有英文姓名的席卡。宴请开始前,勒内先生十分幽默地说,请允许我先说几句话,这样能使我们接下来比较从容地吃饭。他的开场白引来了一片笑声。他首先以魁北克省政府的名义,对我们来自中国的档案工作代表团第一次访问魁北克的首府魁北克市表示热烈欢迎。接着,他回顾了中国和加拿大,上海市和魁北克省之间的友好交往。他特别提到1995年正值上海和魁北克省的蒙特利尔市结成姐妹城市10周年,提到1992年在蒙特利尔市召开的第12届国际档案大会,提到他们将组织一个人数众多的代表团前往北京参加第13届国际档案大会。然后,他十分动情地向我们追述了他个人20多年前在中国经历的一件令他终生难忘的往事。

1971年,他作为加拿大工商业部部长参加了中国举行的西方国家的商务展览活动。他说,当时他和许多西方人一样怀着探险者一般的心情,首次踏入了中国的大陆。在中国,我们看到了灿烂的文化,友好的人民。一天,各代表团接到通知,明天将会见一位重要的中国领导人,但总共只有10位代表可以出席。他说,你们可以想象我当时的心情是多么不平静。非常幸运的是,我被列入了出席名单中。或许想参加会见的人太多,第二天又接到通知,所有的人都可以参加,而我们10位代表在主席台入座,还可以发言,顿时,大家都欢呼雀跃起来了。会见我们的是中国政府总理周恩来先生。会见持续了两个小时,正式会见结束后,我们几位代表又和周总理用英语交谈,周的英语非常好。我有一幅和周恩来先生合影的照片,我非常珍惜这张照片,把它珍藏在银行的保险柜里。

最后,他深情地说,正因为中国给他留下了如此美好的印象,所以今天他在这里接待来自中国的代表团感到格外高兴。勒内先生的话刚结束,整个餐厅响起一片掌声。

二、档案馆的大厅有如宾馆的大堂

大堂,是宾馆酒店的"脸面"。它不仅是宾客的集散处,也是体现宾馆的重要窗口。一些境外宾馆的大堂,还成了社交活动的场所。香港半岛酒店的大门是终日开启的,酒店的大堂成了港人聚集消闲的好去处,商人在那里谈生意,记者在那里采新闻,还有一些人在那里相约朋友,品茶聊天。去过广州花园宾馆、白天鹅宾馆的人,对那里的大堂一定也留有鲜活的记忆。但那毕竟是豪华的大宾馆、大酒店。令人诧异的是,当我步入大多伦多市档案馆的大厅时,顿时也产生了有如走进宾馆大堂的感觉。

大多伦多市(也称多伦多大都市)是加拿大最大的城市,1953 年设立,由 13 个城市组成,1965 年后合并为现在的 5 市 1 镇。大多伦多市档案馆于 1992 年 1 月正式对外开放。该馆大厅宽敞而亮丽,典雅而实用。进口处,设有咨询台,工作人员负责解答市民关于档案方面的问题和要求;中间错落有致地设置了一些舒适的坐席,既可会客,又可供公众休息;陈列架上摆满了制作精美的介绍多伦多历史和档案馆藏的小册子和折页,供市民随手索取;大厅的四周,可布置一个专题展览,展览内容定期更换。我们去时,正展出一个题为"城市供水系统的今天和昨天"的展览。该馆负责人在向我们介绍办这个展览的意图时说,主要是让人们从历史的角度去看现代问题,通过历史的回顾,让公众了解水和生命的关系、水和城市发展的关系,认识到为什么政府要花那么多钱来不断改善水的质量。同时,通过展览也可提高人们对历史档案重要性的认识,增强社会的档案意识。该展览反映的内容追溯到 1900 年多伦多市供水系统形成初期。令人耳目一新的是,展览中除布置了大量历史照片外,还将某些供水系统的实物和现代家庭洁具也巧妙地安置在展览中,并配有灯箱等较现代的展览设施,让人产生身临其境的感觉。我们在参观时,一群中学生刚参观完展览,在大厅中间的会客区休息。看来,这个展览对学生来说是很形象,也很有教益的。

我们看完展览,从大厅一侧上楼去别处参观时,发现该馆还专门设置了放映厅、咖啡厅等文化休闲设施,后来到加拿大其他档案馆参观时,也可常见到这类设施,在走廊上还可见到挂着的各种艺术作品。档案馆的文化气息十分自然地流露和散发着。

大厅,也可说是档案馆的"脸面"。大多伦多市档案馆的大厅给人的启迪是多层面的,给人的联想是富有空间的,感触最深的是加拿大档案馆那种面向社会、面向公众的意识。在这里,档案馆不仅仅只是少数历史学家钻故纸堆、考证历史的好场所,也是传播历史、满足市民文化需求的一个好去处。

三、跨越国界的"档情"

不仅仅是多伦多市档案馆,加拿大许多地方档案馆都将传播历史知识、弘扬传统文化,作为体现档案馆社会功能的一个重要方面。

举办各种档案展览是传播历史传统的主要形式。我们在魁北克省国立档案馆参观时,该馆的展厅正在展出建馆 75 周年的纪念展,展览了该馆首任馆长创建档案馆时的文件和馆藏中反映重要历史事件的有关文件。我们对展览的制作发生了浓厚的兴趣,因为该展览制作手段颇为新颖,展览所用的载体不是通常的展板或现代的灯箱等,而是一种棉麻织物。该馆负责展览的一位先生指着垂挂着的一幅幅织物介绍说,先根据内容设计版式,然后用静电处理的方式,将图像和文字转移到织物上,最后再对织物进行保护处理,如同涂塑保护书面一样。这种将图像信息、印刷和保护处理三种技术合为一体的做法,改变了展览载体的老面孔,具有长期保存、方便存放、便于运输、有利巡回展出等优点。我们问了制作价格,每幅长 2 公尺、宽 1 公尺的织物制作价约 500 加元(约人民币 3000 元)。

加拿大档案部门举办的展览大多专题性很强。渥太华市档案馆将馆藏中反映该市对外交往活动中形成的各种历史文献进行陈列,并按专题定期

更换。我们看到的是反映渥太华和海牙结成姐妹城市的历史文献。陈列的
文献都是原件,有着很好的保护措施,连镜框玻璃都是防紫外线的。一些档
案馆还在馆外公众活动场所设立或租用了长期的展厅,多伦多市档案馆在
市艺术中心布置了一个展厅,每年要举办 3 次专题展览。

　　加拿大不少档案馆还充分利用馆内的公共场所,如阅档室、会客室、咖
啡厅等处,陈列历史照片,有人物,有事件,也有反映市政发展的。这些照片
大多是黑白的,给人一种凝重的历史感,我们在魁北克省国立档案馆西部地
区分馆的接待室内,看到墙的四周挂着一些展示蒙特利尔发展的历史照片;
在魁北克省国立档案馆的咖啡厅里,看到了一组反映魁北克风情的照片,这
是一位摄影家与一位人类学、种族关系学家在 40 多年前到魁北克考察后留
下的历史镜头。

　　令人颇感意外的是,我们在渥太华市档案馆楼梯口的一角,看到了一个
微型档案展览,馆长介绍说这是出自实习学生之手。这种强烈的历史意识
和档案意识,不能不让人折服。值得一提的还有,加拿大档案部门十分注重
对自身的宣传,魁省国立档案馆走廊的墙上,陈列了该馆历任馆长的大幅照
片和馆址沿革的历史照片,该馆展厅的名称还是以首任馆长的名字命名的。

　　除了经常举办形式多样的展览外,加拿大档案部门还通过制作以馆藏
历史照片为内容的明信片、图册,拍摄、编辑电视录像片,向学生作专题报告
等多种途径传播历史、宣传档案,我们在蒙特利尔市档案馆看到了一部展示
该城市发展的录像片,片中运用了许多历史照片和电影资料,进行新旧映衬
对照,没有几句解说词,但给人的印象却很深。

　　多伦多市档案馆的对外联络和宣传部主任对我们说,举办展览,开展宣
传的又一目的是为了增加公众的档案意识,有些人对档案还不了解,以至于
每逢出席宴会之类的社会活动时,自我介绍是位档案工作者,大多数人都不
理解,就乘机向他们介绍什么是档案、如何保护档案,等等,不知在中国情况
怎么样?我们听后都会心地笑了。他又甚为感慨地说,加拿大这些年处于
经济萧条时期,档案部门一定要加强宣传,宣传以后效果就大不一样,政府
在预算方面就会增加投资。看来,中国和加拿大虽然国情不同,但“档情”
倒颇有相似之处,或许这种“档情”具有“世界性”吧。提高公众的档案意
识,加强档案宣传,已成为一个跨国界的课题了。

四、文档一体化管理已承袭 35 年

　　布谢维尔市位于美丽的圣劳伦斯河的东岸,是蒙特利尔市管辖下的一个小城,虽说人口仅 3.9 万人,但城市的历史可追溯到 1622 年。市政大楼是一幢典雅别致的楼房,被一大片葱翠的浅草坪环抱着。11 月的加拿大东部地区,已进入了冬季,前几日这里刚下过雪,残雪消融,绿草依然生机盎然。加拿大的冬天,到处可见片片绿茵。

　　布谢维尔市档案文献中心位于市政大楼的地下室。加拿大幅员辽阔,但我们见到不少建筑物都延伸到了地下,当然,地下建筑内各种现代化的设施都一应俱全。

　　没有客套,主人彬彬有礼地把我们带到了地下室的档案文献中心。主人在工作室站着向我们作介绍,我们也站着边听边记。这个文献中心仅 5 名正式雇员,但却承担了市政府各种文件整个生命周期的管理,从现行文件半现行文件到非现行文件(即档案)实行一体化管理,这种集中管理的体制已沿袭了 35 年。市政府的文件由市秘书负责统一处理,处理完毕后即送至档案文献中心,工作人员就将该文件的所有信息输入计算机内。这里从收发、文书处理、组卷归档,到提供利用等流程,全都依靠计算机辅助管理。政府各部门都不保存文件,每个工作人员都可以通过计算机对进入文件中心的本部门或其他部门产生的文件进行查阅、拷贝,获取该文件的全部信息。当然,涉及保密的文件,计算机已自动将信息锁住了。根据魁北克省档案法的规定,除了有限制的以外,任何市民都可以来利用这些文件。当我们后来参观了保存半现行文件的库房后,才得知其实这里仅是个文件中心,其中约 5% 才转化为档案,保存在与市公共图书馆合用一幢建筑的档案馆内,那里的工作也由文献中心管理,查阅档案则必须到档案馆的阅览室,当然提供的是缩微片。

　　听完介绍,主人邀请我们到咖啡厅休息,并说市长将会见我们。访加数日,对加的接待礼仪大致已有了解,市长、议长的会见大多安排在喝咖啡或宴请前。我们刚落座,市长笑盈盈地进来了,与渥太华一样,也是位女市长。她对我们的到来表示非常高兴,希望我们的访问有收获,不仅在布谢维尔,

而且在加拿大的其他地方。当我们互赠纪念品后,会见和休息就结束了,而我们由于忙于拍照、交谈、记录,碟子上的点心都来不及用,有的连咖啡都顾不上喝。

布谢维尔市政府文件、档案一体化管理的做法带给我们不少思考。当我们结束访加旅程时,我们发现这种管理方式不仅仅局限在布谢维尔这样的小城市,大多伦多市 1982 年就开始实施文件、档案一体化管理的战略,由此将档案部门和秘书部门紧密联系起来;渥太华市档案馆 1977 年建馆之初即明确了文件管理和档案管理,现行文件和文件中心的管理均由档案馆统一控制;蒙特利尔市档案馆也如此,我们还在那里观看了一部片长 15 分钟的录像片,介绍从现行文件到半现行文件的过程;魁北克市档案馆馆长还专门用图示的方法向我们讲述了他们对文件生命周期的理解和做法:现行文件一般保存在本机关,用来为机关决策之用,保存一定时间后即成了半现行文件送到文件中心,每份文件都有各自的保管期限,需查考者可到文件中心来利用,当文件失去行政作用后,约 5% 具有历史意义的文件即成了非现行文件,也就是档案,进入档案馆保存和提供利用了。

他山之石,可以攻玉。起源于“二战”时期美国军事部门的文件中心,已在许多国家和地区得以立足和发展。随着办公自动化的日益普及,文档一体化管理的模式很可能成为现代技术辅助档案管理的必然趋势。我感悟到我们似乎正面临着一个严峻而紧迫的选择。

五、古老和现代的成功“嫁接”

外面的世界的确精彩。当我在加拿大参观了 10 多个档案馆和文献中心后,对档案现代化管理的含义才有了更直观、更清晰、更深切的感受和认识。一旦档案信息“嫁接”到现代技术上后,会产生怎样令人惊叹的魅力!

渥太华市档案馆在加拿大只能算是一个中型馆,工作人员仅 8 名,每人都各司其职,馆长负责现行文件管理,副馆长承担档案的接收、整理和著录,其他工作如修复保护、利用、缩微、计算机操作等都有一名工作人员负责。这种高效的工作依赖于现代技术的应用,尤其是计算机技术的应用。该馆有一个中央控制系统,与政府各部门和文件中心相连,市档案馆通过计算机直接控制政府各部门的现行文件和文件中心的半现行文件的运行和管理。利用者可以通过计算机自动检索文件的目录,并了解该份文件的存放地点。该市文件中心每年要收到约 1500 人次的查询调卷。市档案馆馆藏指南已进入一个国际网络系统,世界各地的研究者可以通过这一网络系统查询和利用有关档案。

在圣福瓦市档案馆,主人向我们介绍说,这里对文件和档案的管理基本上都借助于电脑,大多采用的是通用软件,也有一小部分是自行研制的。主人为我们演示了计算机检索私人财产档案的过程。据介绍,已有 77000 多份个人财产登记信息输入了计算机,在魁北克省的任何一个城市,都可以利用计算机检索到本人有关这方面的信息。

在魁北克省国立档案馆,我们看到该馆利用光盘技术,已将馆藏的历史照片全息储存,可检索,还可复制。工作人员当场将我们要求检索的一幅魁北克历史建筑的彩色照片复制给我们,还原度很高。魁北克市档案馆利用图像光盘系统,已将 4 万张反映市政建设的照片、图片和三分之一的图纸进行了全息储存,并供读者免费自行利用。如需复制,则收取一定的工本费,复制照片每幅 2 加元(约合人民币 12 元),照片说明纸每张 0.2 加元(约合人民币 1.2 元)。每年有上千人次来利用该系统。

加拿大档案部门缩微技术的应用非常广泛,起步很早。蒙特利尔市档案馆早在 20 世纪 50 年代就开始应用缩微技术,目前已拍摄了 35000 卷胶卷,1.25 亿张缩微片。我们在那里观看了一部片长 10 分钟的介绍该馆档案缩微的录像片,从中可见该馆缩微技术的应用已非常先进而普遍。在加拿大的有些地方,文件进入文件中心后就要缩微,对利用者一般只提供缩微品,而不提供原件。对于缩微的目的,他们很明确,一是为了安全,二是为了取代。和我们一样,他们的缩微品经认定后也同样具有法律效力。

加拿大在档案保护技术方面的成果同样也令人瞩目,尤其是纸张脱酸和档案修复技术更是有其独到的先进之处。加拿大国家档案馆宽敞明亮、设施先进的修复室一直是该馆工作人员引以为豪的。那天我们去该馆时正逢周末,听毕介绍,看完计算机演示已临近他们下班了。接待我们的一位先生特地去修复室关照,请工作人员延迟下班,因为这是一个特别值得参观的场所。这一举动令我们十分感动,这个修复室确实让我们大开眼界,在这里,你又发现,古老和现代是可以"嫁接"得如此完美和谐。

六、异国他乡遇故人

那天中午,我们乘坐的大巴刚抵魁北克车站,前来迎接的市档案馆馆长娜爱勒女士即把一封信函交到了我们手中,说是我们以前的同事周先生托她转交的。是小周! 我们心中掠过一阵惊喜。几年前就听说小周来到了加拿大,但由于没有他确切的地址,我们访加活动又行色匆匆,所以并没有期望能在异国他乡会一会老同事。而他竟主动与我们联系上了,魁北克档案馆馆长成了我们会面的信使。小周在信中邀请我们几位老同事当晚去他家小聚。

按行程,下午我们参观圣福瓦市档案馆,圣福瓦是进入魁北克的一个门户。市档案馆建立于 1976 年 1 月 1 日,该馆现代化手段的广泛应用给我们留下了深刻的印象。参观结束时,夜幕已降,天还纷纷扬扬飘起了雪花。不一会,小周驾车来到了馆前,把我们几位老同事亲亲热热接进了车里。大洋彼岸遇故人,真让人喜出望外。小周原是我们上海市档案馆的工作人员,主要从事法文档案的翻译工作,也曾在《上海档案》杂志上发表过一些介绍法国档案工作的译文。后来,他成为上海一所大学法国文学专业的研究生,毕业后分在上海一家国际问题研究所工作。再后来,他去了加拿大……

小周把车停在了离他家不远的一家餐馆前。他的夫人和女儿正在餐厅里迎候我们。当我们一起围坐在长长的餐桌前,喝着洋酒,用着刀叉,吃着西餐,讲着上海话,顿时都被浓浓的乡情和友情包围了。互道问候后,自然聊起了小周一家在加的情况,小周以十分平和的语气谈了起来。他来加拿大已 5 年多了,刚来时为了生计当过送报员,做过洗碗工,后来在一家华人开的针灸所当助手。当年在广阔天地插队务农时"赤脚医生"的经历,成了他今天"洋插队"的一份富有财产。当他羽毛渐丰时,通过考试注册,另立门户开起了私人诊所,运用中国传统的针灸医术和中草药为当地人治病,中草药是特地到蒙特利尔的唐人街上采购来的。经过几年的奋斗,他在异国总算有了自己的立足之地,买了房子、车子,又把夫人和女儿接到了魁北克,他夫人料理家务,正在当地的语言学院学习法语,他的女儿在当地一所小学上五年级,小孩适应能力强,语言关已过了,学习成绩还不错。与加拿大其他城市相比,这儿的消费水平不算高,一幢房子连税 9 万加元(约合人民币 56 万元),一辆七成新的轿车才 8 千加元(约合人民币 5 万元),他的年收入已达到当地中产阶级的水平了。"我的情况就这样。当然,我是幸运的。留学生中能有我这样境况的也不过十分之一吧,同来的不少人至今还在餐馆里洗碗。我的确很幸运。"小周还是以平和的语气结束了他旅加经历的介绍。我们几位举起酒杯,祝小周事业上的成功,也祝小周一家生活美满。

晚饭后,我们一同来到了小周家。这是一幢二层的楼房。楼上是卧室、客厅、餐厅、厨房和盥洗间,楼下是工作间、储藏室、健身房等。在客厅里,小周给我们看一份电传,那是魁北克有关部门传给他的,内容是我们上海档案工作代表团在魁北克的访问日程安排。原来,小周还参与了当地的不少社会活动,与当地的政界和档案部门接触颇多。他告诉我们,他将参加魁省和魁北克市的政府、议会领导对我们的会见和宴请,协助做一些翻译工作。就在我们谈话间,小周家的门铃响了两次,先后来了两批就诊的人。小周说,他在市中心租了间房作诊所,家里只接受预约好的晚上就诊者。为了今天晚上和我们相会,他已婉拒了好几位就诊者,这两批实在难以推辞,他们开了两个多小时车特地赶来的。乘小周到楼下为病人扎针之际,他夫人才喜滋滋地告诉我们,小周在当地已小有名气了,一些西医没能治好的病,特别是腰痛腿疼之类的病,到他那里竟能妙手回春,我们听了都甚为高兴。

夜色浓重时分,小周把我们送回了下榻的饭店。握别时,他深情地说,他很愿为中国和加拿大,特别是上海和魁北克之间档案工作方面的交往出点力。

七、魁北克的冬夜

魁北克市,是我们访加的最后一站,也是给我留下记忆最多的一处。正如魁省外交部国际组织、国际事务部主任勒内先生在宴请前非常幽默的致词中所说的那样:"西菜最后一道是甜点,你们访加的最后一站是魁北克,你们在魁北克一定能过得甜甜蜜蜜。"

那天中午,魁北克市议长在著名的枫得纳克城堡饭店宴请我们一行。

议长先生对我们第一个来自中国的档案代表团表示了很大的热情。餐后，他特意请魁北克市档案馆馆长娜爱勒女士陪同我们游览历史悠久的魁北克老城。

我们乘上了一辆面包车，司机看上去快 60 岁了，他缓缓地开着车，用鼻音很重的法语向我们娓娓道来这个城市的过去和现在。每到一个景点或标志性建筑物前，他就停下来，让我们透过车窗细细观看。我们通过一位来自西子湖畔，正在当地拉瓦尔大学就读研究生的杭州姑娘的翻译，深沉地读着魁北克绵长的历史，古朴的风情……

"魁北克市是魁北克省的首府，位于圣劳伦斯河沿岸，城市建在狭长的高地上，扼守进入北美大陆的门户，有着'北美直布罗陀'之誉。市区面积89 平方公里，居民 16 万 5 千人，其中市政人员 2100 多人。魁北克地区最早是由法国探险家贾克斯·卡蒂尔于 1534 年发现的。1608 年建立了魁北克城，由此魁北克成为北美最古老的居民点之一。这里有着众多的富有法兰西文化特色的历史遗迹，保存着北美大陆唯一的城墙，有着北美历史最悠久的拉瓦尔大学。

"魁北克城分上下城两部分，城中心区就是我们现在所在的老城。魁北克老城 1968 年被联合国教科文组织命名为历史文化遗产城。有约 4 千人生活在老城区。为了保护历史的原貌，老城内不能建筑 5 层以上的楼房。现在留存的 5 层以上的建筑仅有 3 幢，那是 20 世纪 50 年代末作出这一规定以前建的。城内的各种建筑要力求维护历史原貌，不能让人感到有现代意味，老城内最多的是餐馆，有 90 多家，但餐馆和其他商店都没有五光十色的霓虹灯。也许你们会问：那么老城的人、服饰、汽车不现代行吗？"

我们听了这幽默的提问，忍俊不禁笑了起来。

"魁北克气候严寒，冬季长达 5 个月，前几天，我们又经历了一场大雪。这样的雪，对来自中国南方的你们，也许会感到新奇，而我们却讨厌下雪，因为这会阻碍交通，魁北克省每年铲雪要花费 2200 万加元，这里的市民非常热情、厚道，并不因气候寒冷、潮湿使他们变得冷漠、沉闷。魁北克省每年要接待 300 至 400 万名来自世界各地的旅游者。魁北克的座右铭是：'我记得'。几乎每辆车后的车牌上都有这一铭言，希望你们以后能时常记起这个古老的城市……"

　　魁北克冬天是漫长的,它的冬夜也是漫长的。下午四时不到,已经暮色四合了。车在老城转了一圈后,把我们送到了住宿处嘉沃纳花园饭店。我们真诚地感谢这位深沉而热情的司机,他以广博的知识把我们带进了一段我们并不熟悉的历史里,留给了我们许多沉思。

　　嘉沃纳花园饭店坐落在老城的中心区,是一座小巧典雅的建筑物。已有150年的历史了。虽说没有气宇轩昂的大堂,没有现代化的娱乐设施,但它却给人温馨可人的感觉。饭店依傍着圣劳伦斯河,对面是嘉沃纳花园。我能想象夏天这里的盛况,然而在冬夜,它显得格外寂寥。离晚餐还早,于是我走出饭店,在冬夜的魁北克老城里,继续用自己的感觉读着魁北克的过去和现在。

　　路很窄,弯弯曲曲,上上下下,很有点像青岛;路很暗,没有霓虹灯闪亮,只有餐馆里烛光融融;路很静,车辆稀少,偶见行人裹着大衣匆匆赶路。各类小店一个紧挨着一个,最多的当然是餐馆。十分显眼的是,每个餐馆外都有价目表,据说明码标价是老城餐馆的规定。小小的餐馆酒吧里,只有两三个人在轻轻地用着刀叉。这就是古城,也许古城就该是这样。冬夜的魁北克老城,是这般寂寥;又是这般温馨。

　　回国后几个月了,我还深沉地记得那个寒夜。是的,"我记得"。但我更记得魁北克省档案工作者暖暖的友情,记得蒙特利尔市档案馆馆长黛安娜女士为我们这次成行和顺利访问穿针引线,精心安排所作的努力;记得魁省国立档案馆西部地区负责人米罗托先生将珍贵的第十二届国际档案大会纪念章赠予我们时的情景;记得在魁北克国际机场魁省档案工作者以西方人特有的礼节与我们依依惜别时的场面;……是的,我记得,不仅仅是在魁北克省,在加拿大我们的所到之处、所历之事,至今都历历在目。

(1996 年)

巴黎印象

一、巴黎的震撼

初次到巴黎,我被巴黎的气势所震撼。卢浮宫、凡尔赛宫、凯旋门、埃菲尔铁塔、巴黎圣母院、蓬皮杜艺术中心、香榭丽舍大街……让人眼花缭乱、欣喜若狂。巴黎带你走进了古老的历史,走进了灿烂的文化,走进了顶级的时尚。巴黎圣母院悠远的钟声,唤醒了尘封已久的岁月;曾是天堂般遥远的珍稀巨作《米罗的维纳斯》、《萨莫特拉斯的胜利女神》和达·芬奇的《蒙娜丽莎》、米开朗琪罗的《奴隶》就摆放在你伸手可及的地方;香榭丽舍大街上世界名品云集,身着时尚裙装的巴黎女郎摇曳多姿,汇成一道靓丽的风景线;登上埃菲尔铁塔,巴黎全景尽收眼底,城市布局沿塞纳河作"黄金分割",十二条大道呈放射状对称分布,城市规划百年来一脉相承、一以贯之……这就是巴黎,你不得不为巴黎的历史沉思,不得不让巴黎的艺术淹没,不得不对巴黎的时尚注目,不得不被巴黎的气势震撼……

再次到巴黎,我被巴黎的细节所震撼。市中心街上巨石阵般的建筑苍老得泛出烟熏般的黄色,繁复精湛的石雕爬满了墙角、露台,就连不少马路也是由石子铺成的,车轮经过这坑坑洼洼的石子路,人在车上一颠一簸,如同岁月的摇椅触动了人们的历史情怀。经不住历史的挽留,你还会下车在石子路上走走,这样,你的脚印不定会叠印着凡·高、塞尚、莫奈、米勒的脚印,甚至巴尔扎克、莫泊桑、狄更斯、罗曼·罗兰的脚印。再次到巴黎,你可以悠闲地寻访塞纳河两岸的历史踪迹。蜿蜒曲折、波光粼粼,风情万种的塞纳河流经巴黎市区 30 多公里,巴黎的精华几乎都荟萃在塞纳河两岸。塞纳河像一位饱经沧桑的老人,目睹着巴黎的兴与衰、贫与富、快乐与悲伤。河上的 36 座桥,建筑年代不同,建筑式样各异,每座桥都有一百个故事……在巴黎永远消逝的时光背后,有着数不尽的传奇和诡秘,而在它触手可摸的细节中,则隐藏着开启巴黎历史之门的钥匙。

这些年来,巴黎给我的震撼、给我的冲击力始终没有停止过,特别是巴黎对历史的呵护、对建筑的保护、对文化的爱护之情,深深叩击着我的心扉。巴黎对文化遗产保护的历史,可以追溯到 170 年前法国工业化发端之际,最先提出这一问题的是法国作家雨果。1832 年 3 月 1 日,雨果在那篇著名的《向拆房者宣战》中,用激愤的语言斥责当时大肆破坏法国城市历史的人:"目前在法国,没有一个城市,没有一个省县,没有一个区镇,不在摧毁某一座文物建筑,或者正计谋着,或者刚刚动手,或者已经完成。""在巴黎,我们也到处眼睁睁地看着那些人破坏文物。……我知道破坏文物者把巴黎圣母院粉刷得不像样子,知道他擅动了法院的塔楼,知道他拆掉了圣玛哥鲁尔教堂和雅各宾隐修院,知道他截去了圣诺曼德佩教堂上的大部分尖顶……""现在每一天都有法国的一点历史被抹去,随着曾记载过它的石头而去。每一天,都有几个字母从那本表示我们珍贵传统的书籍中隐没。"为此,他昂首挺胸地捍卫着法兰西的历史文明:"为了文物建筑,为了艺术,为了法国还是法国,为了记忆,为了人类智慧的伟大结晶,为了先人集体创作的作品,为了历史,为了制止摧毁永不可再生的,为了给未来留下一个民族最神圣的东西,为了过去,为了这一切来制定一条可称之为正确的、好的、健康的、有用的、必需的并且紧急的法律……"雨果的文化敏感和文化责任,令人惊讶和感动。正是这种对传统文化遗产强烈的保护意识,使法国文化保留了根脉,使世人为巴黎而震撼。而当今的中国,在大规模地向城市化、现代化的进程中,大批文化遗产正面临着生死存亡的危境中。好在还有像冯骥才这样具有高度历史责任感的文化人。他呼吁中国知识分子应担负起在保护文化遗产上的责任。他说,巴黎的历史保护为什么做得这么好,实际上是 3 个作家起了关键作用:雨果,他写了《向拆房者宣战》;梅里美,他成立了一个古典建筑的监督委员会;马尔乐夫,他提出在全法国进行文化普查。中国知识分子也应反省一下,在时代变迁过程中应承担什么责任。中国传统文化大到一个古村落,小到一个荷包,都需要我们抢救和保护,要留住中国传统文化的根脉。中国保护文化遗产、守望精神家园的"宣言",也由文化人提出了,我们的有关方面难道不应承担起更为重要的文化责任吗?请停止急功近利的思路,请刹住横扫传统的推土机,给城市、给村落留下点文化根脉吧。

巴黎的震撼是久远的，却是难以释怀的。

（2003 年）

二、在巴黎，有一片宁静的地方

心中的巴黎曾是那般繁华、雍容和富有。但当我参观了拉雪兹神甫公墓后，对巴黎的印象又多了一份宁静。

那次拉雪兹神甫墓地之行，是十分偶然的。那天下午原本是去拜访法国外交部档案馆的。当我们准时抵达位于塞纳河畔的法国外交部时，突然被告知拜访日程因故要改在第二天上午，这一通知前几天已电传至上海。而那几天，我们正在德国访问。这样，我们不得不临时调整访法日程，而在巴黎，多出了三个小时的停留时间。我们的翻译兼驾驶员陆先生提议去巴黎新区，那是现代巴黎的体现。这个主意不错。可我的记忆却跳出了拉雪兹神甫公墓这一方宁静的土地。在我的记忆里，巴黎的富有，不仅仅是她拥有埃菲尔铁塔和卢浮宫，葡萄酒和香水，还因为她曾上演过一幕幕伟大的史剧，产生过许多耀眼的名人。而在拉雪兹神甫公墓里，可寻访到这样的历史踪迹。或许是我团长的权威，或许是巴黎公社唤起的激情，大家同意了我的提议。

陆先生虽说长年侨居德国柏林，但巴黎已来过多回了，对各种名胜古迹的方位已了然于胸，但还未听说过拉雪兹神甫公墓。于是，我就打开了巴黎市区图，按图索骥，指挥着我们的福特面包车前行。墓地在市区的东面，离繁华的市中心不远。曾从一篇文章中读到，巴黎之所以把这么一方黄金地段留给了墓地，那是因为巴黎人不把生和死分割成截然不同的两个世界。

福特面包车从喧嚣渐渐驶向了宁静。"到了！"蓦地，在我们眼前出现了一段似曾相识的残墙，上面是展现巴黎公社社员英勇牺牲情景的浮雕。时光切换，眼前重现了一百二十多年前在这里发生过的壮丽一幕：1871 年 5 月 28 日，凡尔赛反动军队进攻巴黎公社保卫者的最后据点拉雪兹神甫墓地，公社战士 174 人浴血奋战，英勇献身……后来，有一部分公社战士就掩埋在拉雪兹神甫墓地里,其中有《国际歌》的作者欧仁·鲍狄埃。

沿着长长的围墙走了好长一段路,才找到了墓地的大门,整个墓地被竖竖横横的路径错落有致地划分成上百个区域,恍如步入了一个宁静的小城。每一座墓碑,都是一个风格独特的建筑物,有的古典,有的现代;有的写实,有的抽象,都很艺术。音乐家肖邦的墓碑是一组白色的雕塑组成的,三个少女有的低头拉琴,有的读着乐谱,有的手拿花束,神态各异,优美动人。法国人认为,墓地建筑是法国文化的一个组成。

长眠在这里的,有出生在 18、19 世纪的,也有 20 世纪末叶的;有法国人,也有其他国度的人;有声名显赫的人,也有普普通通的人。在公墓示意图上标出的著名政治家、音乐家、戏剧家、歌唱家、作家、画家等名人墓地就有 106 处。这样,我们不得不对拜谒的最主要的对象作出选择。我的提议又一次通过了:寻找巴尔扎克!

斜阳透过树叶的缝隙,斑斑驳驳洒落在一座接一座的墓冢上。本已不多的游客大多已离去,偌大的墓园显得更加宁静。我们踩着路径上闪闪烁烁的光点,不停地走着,寻访着,一个个造型别致的雕塑在我们面前匆匆而过,来不及停下脚步细细端详。终于,我们来到了巴尔扎克的墓前。墓碑简洁明了,白色的墓碑上耸立着青铜色的巴尔扎克头像,他双眉紧锁着,像沉浸在一个苦恼的思索世界里。巴尔扎克生于 1799 年,卒于 1850 年,仅仅活了 51 年。他以近 20 年勤奋不辍的笔耕,为后人留下了浩浩九十部作品组成的鸿篇巨制《人间喜剧》,刻画了整整一个时代的人生百态,写尽了整整一个世界的故事。伫立在巴尔扎克的墓前,我的心中响起了这位世界文学巨匠的一段自白:“我所写的是整个社会的历史。我经常用这一句话来表达我的计划:一代人就是一出有四五千个突出人物的戏剧。这出戏剧,就是我的书。”三十年前,我正是读着巴尔扎克的书,开始认识那个时代的巴黎的;三十年后,当我来到巴黎,来到他的墓前,一种历史的沧桑感在我心中尽情地流淌着……

离开墓地。我感到拉雪兹神甫公墓留给我的不是那种墓地特有的肃穆、压抑和忧伤,萦绕于怀的却是亲近、缠绵和美丽。

（1998 年）

三、巴黎淘邮记

五月底的巴黎,已处处感受到了'98 法国世界杯足球赛揭幕前的气氛。步行街上,飘扬着花花绿绿的参赛国的国旗,店铺里挂满了印着世界杯足球赛吉祥物大公鸡的各种广告衫,连宾馆客房里为旅客准备的信封上,也印上了世界杯的标记。

那天晚上,我们一行在巴黎一家中餐馆用完餐,正准备离开时,蓦地眼前一亮,吧台的玻璃橱里,端放着一枚'98 法国世界杯足球赛的小全张。我们忙请老板拿了出来。这是一枚制作十分精致的小全张,由 10 枚表现充满动感的足球竞赛各种场面的邮票和一枚展现足球场璀璨夜景的中央附票组成。10 枚邮票分别印有 10 个竞赛所在城市的名称。"如果你们需要的话,我这里还有一些可以出售。"见我们爱不释手的样子,老板小心翼翼地从柜里又取出几枚小全张。"每枚 50 法郎,不过面值只有 30 法郎,因为外面已经卖完了。"老板坦率地补上一句。听他这么一说,我们毫不犹豫把他余下的小全张,包括玻璃橱里陈列的那枚统统买了下来,生怕过了这个村就没这个店了。第二天公务活动之余,我们禁不住到邮局去碰碰运气,因为我们还没买够。只见邮局大厅显眼的一角,专门布置了一个世界杯足球赛邮品专柜,我们一拥而上惊呼起来,引来老外惊奇的目光。柜里陈列的各式纪念邮票、纪念封、纪念邮折琳琅满目、熠熠生辉,只是没找到我们昨晚买到的小全张,我们为昨晚的买断之举得意不已。我们的陪同兼翻译兼司机正在找车位停车,顾不上等他帮忙翻译,我们"土法上马",用笔一一记下各自所需的款式后,拥到了柜台前,用"洋泾浜英语"加手势再加计数器与一位中年男营业员交流起来。那位营业员极其耐心地接待着我们,连我们在带来的纪念封上加盖纪念邮戳的请求他也答应。这时,我们突然发现在我们身后,柜台一米线外正静静地排着几位老外时,刷地脸红起来,sorry,sorry 道个不停,并请老外先购买。可老外十分友好地请我们先买。这种绅士风度着实让我们汗颜。

当我们带着一份意外的惊喜离开巴黎时,我们还是宽容地感激着那位"宰"了我们每枚 20 法郎的中国餐馆的老板,因为在他的餐馆里,我们发现了世界杯足球赛纪念邮票,激起了我们购买珍藏的欲望。

(1998 年)

北 欧 纪 事

一、岩石下的档案馆

被誉为北欧珍珠的斯德哥尔摩市,不仅有着美丽的自然景观,而且拥有丰厚的人文资源。斯德哥尔摩市档案馆绵延 65 公里排架长度的档案史料,见证了瑞典几个世纪的历史。

斯德哥尔摩市档案馆坐落在市政厅旁,建于 1943 年,已有 60 年的历史了。当馆长先生把我们领进了地下库房时,不无神秘地对我们说,档案库是建在岩石下的,这在世界上是独一无二的。市档案馆最古老的档案可追溯至 1474 年。几个世纪前的一册册厚厚的档案,按年代整齐地排列在架子上。虽经岁月侵蚀,档案已显得陈旧,甚而有点破败,但仍然看得出封面装帧十分精美。岩石下的档案库,居然没用电子或机械控制温湿度。问及馆长先生,也没给出个明确的答案,只说以前一直这样。这些古老的文献已经开始和现代信息技术"对接"。在演示室,馆长先生向我们介绍了该馆档案数字化方面的情况。该馆为了满足公众"寻根"和研究社会历史、医学等需要,已建立了 1870~1922 年人口记录数据库,包括人口统计、教育、住宅、移民、救济和工商业等有关档案资料,甚至记录下每个人的死因。各类数据和图片是整体联动的,只要移动某个数据或画面,就会相应给出有关的图文。通过这个系统,可以找到这一时期在世界各地出生的瑞典人。我们看到了一位 1875 年在上海出生的瑞典艺术家的资料。馆长先生坦言,数字化工作费时费力,只能有所选择。

与其他欧美档案馆一样,该馆的职责不局限在保管和提供利用档案方面,还定期对进馆档案的职能机构开展档案检查、指导和培训。访问临近结束时,馆长先生特意向我们展示了一份市政府颁发的精美证书,笑容满面地说:"上周四我们刚得到工作优秀奖,这是全市档案系统的荣誉。"

二、世界名校的档案员

创办于 1878 年的斯德哥尔摩大学是世界著名的高等学府。大学城被青翠的森林和蓝色的湖泊环抱着。学校国际关系部主任奥格先生有很深的中国情结,近年来曾两度访问中国。在北京,他曾骑着自行车走街串巷;在上海,他率北欧大学访问团与上海图书馆进行了合作交流。奥格先生对我们说,斯德哥尔摩大学与中国有着不少合作项目,2003 年又与复旦大学签订了协议。他十分欢迎在档案业务上开展交流。

一位年轻漂亮的女档案员向我们介绍了斯德哥尔摩大学的档案管理网络。学校档案工作属于校管理中心领导,校部档案员只有一个半人(一位还兼其他工作),下面有 80 个部门,每个部门都有兼职档案员,因此校部有繁重的指导任务。女档案员告诉我们,她最头疼也最为得意的工作是建立学生毕业论文和成绩册档案,常常因收集困难而头疼,但又为整理后的档案而得意。在库房里,她甚为自豪地向我们展示了她的工作成果,果然令我们惊叹不已。瑞典的库房总会给人点意外的感觉,这里的档案架不是金属做的,而是木制的。或许是北欧木材资源丰富的缘故吧。看着这一排排整理有序的档案,我们更为意外的是,承担这一工作的只有一个半人。奥格先生告诉我们,斯德哥尔摩大学是瑞典最早创办档案专业的大学,女档案员就是档案专业毕业的。

三、嘉士伯酿酒公司陈列馆

嘉士伯啤酒是世界五大啤酒品牌之一。嘉士伯的创始人 J. C. 雅可布森 1847 年在丹麦哥本哈根旧城墙外设立了酿酒厂,以他儿子卡尔的名字命名为嘉士伯啤酒,并把建厂的坡地称之为卡尔斯堡。

卡尔斯堡访客中心保留着当年的厂房、烟囱。陈列馆以历史图片和实物展示了公司 150 年的历史,再现了当年酿酒制作的流程,让你身临其境,时光倒流。为了更好地还原这一过程,陈列馆还特意保留着马房,养着许多匹马。参观结束,每位参观者还可在访客中心酒吧免费享用两杯嘉士伯啤酒或其他饮料,让人轻松地步出时光隧道。看来,国外一些知名企业都十分注重企业人文资源的积累和开发。

　　"美人鱼"是哥本哈根的象征。这座雕塑源于嘉士伯创始人的儿子卡尔的灵光闪现。卡尔观看了根据安徒生童话创作的芭蕾舞剧《海的女儿》,深受感动。他出资请丹麦艺术家艾瑞克森创作了这一雕塑,并作为礼物送给了哥本哈根市,从此成为丹麦重要的景观。可惜"美人鱼"历经磨难,或被损毁,或被推入大海。我们去时,只剩岩石底座,不见"美人鱼"踪影,让人怅然若失。

(2003 年)

澳 新 见 闻

一、别具一格的维多利亚州档案馆

澳大利亚维多利亚州首府墨尔本是一座具有独特风韵的城市,有着生态和人文和谐的氛围,古典和现代结合的气质。绿色,是这个城市的基色,不论你走到哪里,满目都是沁人心脾的绿树。维多利亚州档案馆就坐落在一条枝繁叶茂的街上。

档案馆特意安排我们在该馆主办的档案史料图片展《人民与议会(1855~2006)》开展之际去拜访,我们应邀参加了展览开幕式,参观了档案馆,并与澳大利亚同行进行了交流。

维多利亚州档案工作的体制与我国相似,在墨尔本的档案行政管理部门州公共文件办公室和档案馆也是"合二为一"。州档案馆是 1973 年 4 月开始运作的,在此以前,档案由州立图书馆档案部收集保管。现在的档案馆是 1990 年决定建立的,档案馆建筑共三层,底层为阅览室、展览厅,一、二层存放档案。档案馆建筑在设计、建造时,对有关细节考虑得十分周到,运档案的车辆可直接通向库房,便于档案入库。库房设在建筑的中心,工作人员办公室设置在建筑的四周,这样既不让外人看到库房内部结构及馆藏,有利于档案库房温湿度控制,又有利于办公室的采光和工作人员吸收新鲜空气。公共文件办公室和档案馆共有员工 80 名,其中专职 60 名,兼职 20 名。馆藏档案排架长度约 120 公里,是上海市档案馆的两倍。为避免工作人员搬运档案时受伤,对装有分量重的档案的盒子,分别标明重量。阅览室每天有 60~70 人前来查阅档案资料,其中半数以上是为了查阅家谱、婚姻等档案。该馆根据公众要求编制了一些档案指南,以指导公众利用档案。同时编撰了一批档案史料,其中有部书详尽记录了中国人 1860 年以来在澳大利亚的旅行、移民和定居的情况。该馆用了两年时间建立了档案数字化程序、标准和格式,采用美国宇航局电子文件管理系统。政府机关和法院、医院等公共部门报送的电子文件必须符合这一标准、格式。公众还可在网上订购档案馆复制的照片。

不仅在建筑结构布局上别具一格,细节铺排上注重人性化,而且档案馆的外观造型也与众不同。馆舍前的草坪上竖立着几个以档案记录为背景的金属装饰牌,向人们传递着厚重的历史信息;而大门一侧以档案馆的门牌99 号为名的咖啡馆,不时飘溢着浓郁的香味,让人沉浸在现代与历史、沉重与愉悦交织的氛围中。

二、丰富多彩的昆士兰州档案展

布里斯班是澳大利亚昆士兰州的首府,依傍蜿蜒的布里斯班河而建,拥有美丽的黄金海岸。当地电视台每天播放着一首《我爱布里斯班》的歌曲,歌中把布里斯班赞誉为"河流之城、阳光之城"。

坐落在布里斯班市的州档案馆馆藏档案排架长度约40 公里,有员工45 名,设有收集整理、缩微管理、政策研究等部门。收集、整理部门负责档案的收集和对外阅览、举办展览等公共服务。缩微管理部门主要提供档案缩微咨询,包括两方面的工作:一是对政府机构缩微资料管理进行监督和指导;二是制定长期保存缩微资料的规划。政策研究部门负责根据档案的法定保管期限,研究制定永久性档案进入档案馆保存的指导标准,对外发表展览活动等信息。该馆在政府网上提供档案文件咨询服务,并检查政府部门向公众提供资料的情况。

档案馆每年举办若干个展览,最多一年举办了7 次。每年根据州的特别活动设定一个主题展,另设几个专题展,并在各地举行巡回展。该馆展厅虽不大,但展览却不断,每年要办好几个。我们去访问时,正举办着"女性拥有投票权100 年"的档案图片展。该展览展示了昆士兰州百年来女权运动的发展历史,通过展览公众可了解各历史阶段社会各阶层妇女工作、生活的状况,展览结束处还专门开辟了一个留言板,请参观者提供所了解的与该展览主题相关的档案线索,已有好几位参观者提供了相关线索。这个细节安排,显示了办展者的独特用心,使办展者和参观者形成了互动,又为丰富馆藏资源设计了一个新的渠道。在此之前,该馆曾举办过昆士兰的古建筑、昆士兰的海洋资源、自然环境与文化等专题展。

此行,我们还考察了上海市档案馆将在昆士兰州举办《上海风情》档案图片展的展览场地。昆士兰州政府国际合作交流部项目主管米歇尔·卡尼先生等带领我们考察了几个可供选择办展场所:一个是专业艺术展馆,但是个老建筑,展厅又设在三楼;一个是商业大楼的门厅,虽装饰豪华,但格局不是很适宜办展。因而,我们选择了澳方提供的昆士兰州政府大楼的门厅。州政府大楼坐落在布里斯班市的市中心,门厅高大宽敞,透光良好,此处办展有利于吸引政府官员和公众观展。我们也热情邀请昆士兰州档案部门到上海办展。档案展览,把两个姐妹城市联结更加紧密。

三、和谐合作的达尼丁文献机构

达尼丁是新西兰第四大城市,是个花园般的城市,拥有悠久的文化、经典的建筑,市内分布着不少各具特色的博物馆、美术馆。达尼丁市的档案主要由市政厅、图书馆、移民博物馆的档案部门共同管理。市政厅档案部门主要负责管理与政府行政管理相关的档案;图书馆档案部门主要负责管理与文化相关的档案;移民博物馆主要负责管理早期移民档案。三个部门工作各有侧重,但由于都属政府管理,相互协调较好,关系融洽。三个部门保存的档案均向社会开放。市立图书馆档案资料室保存着自公元 10 世纪以来的历史档案。这些历史档案部分由公众捐赠,部分是图书馆用公众捐款购置的,其中收藏的大量手稿、书籍,主要由作者或出版商捐赠。为了方便公众利用,档案部门经常举办一些有关馆藏内容信息的讲座和珍贵档案资料的展示活动。图书馆档案资料室对古老、珍贵的档案资料单独存放(即"特藏")。根据每册档案资料的尺寸,分别设计不同大小的专门纸盒装具,以利于更好保护珍贵档案。该馆是新西兰少数拥有自己制作档案资料专用放置设备的机构之一。移民博物馆原是一个奥他哥定居者组织,1990 年后转为市政府的一个部门,主要收藏移民家族档案,保存有照片 6000 多张、日记 400 多本,其中有 1870 年中国淘金者照片集。该馆当时举办着《早期移民展》、《二战时期达尼丁妇女》、《华人历史之窗》等展览。市政厅档案室保存着排架长度达 14 公里的档案资料,最早形成于 1855 年,主要是行政管理方面的档案,如房产档案。2002 年后形成的房产档案资料已全部扫描入库,公众只要输入有关信息,即可在网上查到个人和他人的房产信息。

上海 1994 年与达尼丁结为友好城市。我们访问时,受到达尼丁华裔市长陈永豪先生的热情接待。他告诉我们,早在一个多世纪前,华人就在新西兰定居,华人对新西兰的发展作出了卓越贡献。上海和达尼丁将共同投资在达尼丁建造一座"中国花园",以展示富有魅力的中华文化。我们向市长表达了我们的热切期待,希望通过友好城市这一纽带,加强两个城市间档案方面的交流和合作。

四、傍海而建的奥克兰海事博物馆

奥克兰是新西兰最大的城市和海港,有着"帆船之城"的美誉。怀特马塔港和马纳考港环抱着美丽的城市,蓝色的海湾里,扯着五颜六色风帆的帆船在穿梭游弋。新西兰国家海事博物馆就建在奥克兰港码头上。

博物馆收藏有奥克兰海港船务档案 1500 箱、照片 100 多册,其中有在南太平洋发现新大陆的早期探险者的史料、北方蒸汽轮船公司的档案等。博物馆已建设拥有 1.5 万条目录的电子数据库,其中有 1850—1950 年百年间每艘到港船的记录、奥克兰海港董事会和北方蒸汽轮船公司的会议记录。博物馆同时注意收集私人航海档案,如假日航程中的航海日志,乘客的名单、船票、用餐的菜单等,生动记录了航海活动中的细节,让人平添些许历史沧桑感。档案大多来源于社会捐赠,也有购买的。博物馆由董事会管理并提供资金,政府也提供部分资助。博物馆有 14 位员工、190 多位志愿者。志愿者中有退休,也有在职的;有船长、工程师、海港工人,也有对海港感兴趣的人。员工和志愿者除了收集管理海港档案资料外,主要负责导游、接待工作,讲解海港的历史。博物馆设有数个大型展厅,以大量实物和史料展示新西兰海洋事业的发展历程,让人着实感受到了海洋的博大和精深。

(2005 年)

印度、土耳其掠影

一、你好，孟买

孟买，一个陌生的近邻，因为我对她的了解甚少，最熟悉的莫过于《拉兹之歌》的旋律了。2007 年 12 月，我有幸作为上海档案代表团一员参加"上海—孟买手拉手活动"，走进印度孟买，切身感受到孟买的亲情、亲近与亲和。

孟买给你亲情。那个祥和的上午，孟买泰姬陵总统饭店会议厅里欢声笑语不断，"上海—孟买手拉手活动"开幕式即将在这里举行。因为昨晚这里有个盛大的婚庆活动，我们"上海风情图片展"的布展工作只能安排在早晨。举办这个展览是手拉手活动的一部分。要在十分有限的展线内展现上海的风情，我们上海市档案馆的领导和展览策划制作人员颇费了一番心思，展览从上海的"高度"、"速度"、"深度"、"力度"和"大度"等方面，多维度地简明又形象地介绍了今日上海，比如在"高度"中既有姚明的"高度"，又有上海最高建筑物环球金融中心的"高度"。展览还展现了近年来上海市和印度的交流情况。展览吸引了许多前来参加开幕式的中印嘉宾。一对华人老夫妻拉着我的手，指着展览中的照片赞叹不已。他们的祖先很早就移民孟买，但对中国的情感一直延续着，虽说老家早已没了亲友，但这些年已五次回到老家湖北荆门，因为那里有他们的"根"。每当孟买有关于中国的活动，他们都热心参加，因为这样可以和"老家"的人说说话、叙叙情。开幕式结束后，我们又将展览移址孟买繁华的阿齐拉商场大厅展出。商场里名品云集、客流涌动，使我想起了上海的恒隆广场。我们很快完成了布展，并在商场中心的电子大屏幕上滚动播出《上海协奏曲》。一批又一批孟买市民在展览前驻足观看，祝愿两个姐妹城市手拉手同发展。五个中学生看了展览后，高举"中国结"，齐呼"孟买—上海！"。有位萨塔先生当即对前来采访的上海新民晚报记者说,他旅游的下一站就选在上海。

孟买让你亲近。透过流动的车窗,可以尽情地浏览孟买富有特色的建筑、街景、风土、人情,不时会发出会心的感叹:"这像上海的外滩!""这像四川路九江路!""这里有点像以前南市的棚户区。"街上发生点小事,刹那间聚集起了一群人,让我们忍俊不禁。发端于小渔村、曾遭外国列强侵略、五方杂处的移民社会、风格不同的建筑典范,全国最大的港口和经济、金融、文化中心,还有涌动的人流、车流、物流,甚至那终日灰蒙蒙的天空,我从中多少体味到了上海的往昔和今天。

孟买对你亲和。繁华街上疾驶而过的公交车上,簇拥在敞开的车门旁的孟买市民会对你友好地招手问候;典雅宁静的王子博物馆里,一队队孩子会对你虔诚地鞠躬致意,你就此会对刚才乞讨者的纠缠等诸多不快消散了大半。

"天空中没有翅膀的痕迹,而我已经飞过了。"这是泰戈尔《飞鸟集》中的名句。孟买之旅尽管行程匆匆,但我已感受到了孟买的自信和魅力。

二、难读的德里

离开孟买,来到德里。德里分为新旧两城,以著名的拉姆利拉广场为界,南面是新德里,北面是老德里。新老德里虽说仅隔一箭之遥,但两城历史不同,风格迥异。老德里是座古城,三千多年前印度人就选中她作为首府,历史悠久,历经沧桑;新德里是1929年才建成的新城,1947年被宣布为独立后印度的首都。余秋雨先生在《千年一叹》中曾这样评述新老德里的区别与联系:"新德里新得说不上历史,老德里老得说不清历史,现在它们已经连在一起了,新旧互相对峙着旋涡着穿插着使岁月显得更加神秘和混沌。"

新德里是一座身披绿装的花园城市,林地覆盖面积占70%。街道宽阔整齐,绿树葱茏,百花争艳,芳草如茵,茂密的林地里生活着松鼠、猴子等动物。高贵富有的康诺特广场周围林立着名品云集的高档商店、豪华的酒店餐厅以及银行、航空公司、电影院,等等。让人特别难忘的是从总统府到印度门那条雄伟而美丽的大道以及两旁的大广场、政府机构和富丽堂皇的王宫。印度门造型简练,伟岸挺拔,很像巴黎的凯旋门,但却是一段悲壮、悲情历史的永久纪念。这座建筑是为了纪念在一次世界大战中阵亡的 9 万名印度士兵,为了换取印度的独立为英国而战付出了宝贵的生命。但结果只换来了这样一座纪念碑,冰冷的墙壁上铭刻着他们中一万多人的名字。

老德里显得苍老而破旧。老德里依然保持着上百年前的建筑风貌;老德里人还保留着传统的生活方式和经营模式。蜿蜒曲折、重重叠叠的街道由许许多多、各式各样的店铺连接起来。街上,外观破旧的小车大车卡车公共汽车不分车道满满地挤在街口,似乎所有的车喇叭都在作响,此起彼伏;卖衣服的、卖水果的、卖蔬菜的、卖书刊、卖食品的全混在一起叫卖,秩序混乱,声音嘈杂,市容卫生也很差。但从当地人的表情看,他们似乎很悠闲,很满足,很适应这样的生活环境。据说,印度首都 1400 万人口,有 2/3 生活在老德里。

一个城市、一个首都,新与旧、美丽与肮脏、幽雅与嘈杂、传统与现代、先进与落后竟这样和谐相处、和谐相生着,着实让人难以解读。在参观了印度国家博物馆、拜谒了"圣雄"甘地墓后我依然没有找到些许答案。但是有一点是感悟到了:读懂了德里,也许就能更深刻地理解印度了。

三、横跨欧亚的伊斯坦布尔

从印度德里飞抵土耳其的伊斯坦布尔,我们从一个文明古国进入到另一个文明古国。伊斯坦布尔是土耳其最大的城市,地处欧亚交通要冲,博斯普鲁斯海峡大桥飞跨欧亚两洲,将被海峡分割两洲的城市联在了一起,成为世界一大景观。

伊斯坦布尔拥有绵长的历史,但又不张扬。街上,断壁残垣和现代建筑和谐交替;博斯普鲁斯海峡两岸的丘陵上,遍布着古老的塔楼宫殿和层层叠叠的各式现代建筑。每一段古城墙,每一个古堡都尽可能原样保留。它们很古老,又很平易,你禁不住会对遥远的历史进行一番追寻和沉思:古代小亚细亚、拜占庭、奥斯曼帝国,特洛伊、君士坦丁堡。这种追寻和沉思,随处都有原汁原味的实物载体可以依托。伊斯坦布尔的地铁是不连续的,据说是因为城市地下到处都有古迹和文物。

伊斯坦布尔东西交汇,大度包容,你既可以感受到欧陆风情,又能体验到东方习俗。在伊斯坦布尔,随处可见圆塔顶的清真寺。据说共有450座,是世界上建造清真寺最多的城市。最著名的是建于1619年的蓝色清真寺,其内壁共用了21043块蓝色瓷砖。光线从穹形圆顶和260扇窗户射入,映出一片柔和迷离的蓝色的光。墙上镶着美丽精巧的花边图案,地上铺着土耳其紫红色地毯。进寺里必须脱鞋,使人觉得无比的静谧和肃穆,连说话的声音都要压低再压低。6个对称的宣礼塔,高耸入云,传出回肠荡气的祈祷声。走进世界杰出的建筑典范圣索菲亚博物馆,从最初的基督教教堂,到改为清真寺,再到后来的博物馆,会给你讲述一个历经沧桑、走向融合结局的独具魅力的故事。

这样一个独特的城市,留下的档案史料一定极其灿烂,我们想象着。当我们访问了伊斯坦布尔市档案馆后,对于这一点我们有些失望了。该馆只负责保管1923年土耳其共和国建立以来伊斯坦布尔市政府机构的档案,以前的历史档案保存在土耳其国家档案馆里。档案馆库房设在一幢办公楼的地下室。限于目前的条件,大部分档案还分散保管在各个机构里。该馆负责人表示,该馆准备筹建一个拥有建筑面积1万平方米库房和7千平方米行政楼的新馆。这样,档案就能从分散到集中,从地下移到地上。利用者根据各自利用的权限,可在因特网上查阅该馆相应的档案。尽管两国档案管理体制不同,但伊斯坦布尔市档案馆在档案管理和档案数字化工作中的不少做法,都给我们留下了深刻的印象。

四、寻访古城以弗所

从伊斯坦布尔飞往土耳其第三大城市伊兹密尔,是为了寻访50公里外的古城以弗所。

这个古老而神奇的城市在被历史和尘土湮没了3000年后,直到19世纪后半叶一次偶然的发掘才使它重新为世人所知晓,确认这就是《圣经》里曾经提到过的那座著名城市以弗所的遗址。这座小亚细亚西岸的滨海城市大约在公元前11世纪由来自古希腊的爱奥尼亚人所建。到公元前6世纪时已成为雄霸小亚细亚西部大片土地的吕底亚王国境内的工商业中心。曾是世界七大奇迹之一阿耳忒弥斯神殿也建在这里。当年,这座临海依山、美丽富庶的港口城市曾吸引无数慕名而来的观光客,朝觐和贸易又给它带来了源源不断的财富。鼎盛时期,城里人口达30万之多。此后,以弗所饱经战火蹂躏,先后被波斯、马其顿、帕加马和罗马所占领,到中世纪渐趋衰落,沦为一片废墟。

土耳其古老的历史遗址自然亲近,后天修缮增补的地方很少。以弗所除了南北加了两道门收门票以外就再也没有现代的痕迹,走入大门就走回3000年前。道旁横七竖八堆着的石块,雕得就是公元前的细密花纹;游客们随便坐着休息的一截石柱,就是古希腊爱奥尼亚式建筑风格的实物。从已经发掘的以弗所遗址,可寻访到古城的概貌,遥想当年的盛况:四条有名称的主要街道,将所有重要建筑遗址连接起来;坐山面海的露天大圆剧场气势恢弘,可以坐25000人。直到现在这个大圆剧场还在使用中,每年八九月份在这里举行以弗所艺术节。圆剧场的前面是长500米通向海港的港口大道,可以想象当年街上车水马龙,港口万船待发,海面帆影点点的繁荣景象。那条大理石大道一直通到图书馆,大道以精美的大理石路面而得名,大道下面有完善的城市排水系统,大道的左面是城市高级住宅区,右面是金银市场和奴隶市场。有趣的是,有一块大理石上刻着一位女子的上半身、一只脚以及一颗心,考古结果说这是一家妓院门前的广告,这也许是现存最早的色情广告了。建于公元2世纪初高耸华美的图书馆是以弗所的标志。在图书馆前面的路上,还有一个蒸汽浴池,有更衣室、冷热水浴室、健身房和休息室,可以一瞥当年以弗所商人的奢华。在这条路上还有一个公共厕所,环墙一圈是大理石铺砌的座位,上面有一个个圆洞,功能就像今天的座厕,在大理石下面是深3米的环槽,可以定时放水冲槽。看来这座厕所的功能,和当时罗马的公共浴池一样,还是人们的一个社交场所。

"人不能两次踏进同一条河流",提出这个著名命题的古希腊哲学家赫拉克利特,就出生在当时波斯帝国统治下的以弗所。是的,一切都存在,同时又不存在,因为一切都在流动,都在不断地变化,不断地产生和消灭。这片古老的废墟,从历史走到今天,给了你太多向往和想象的理由。

(2007年)

说 档 评 刊

档案期刊的社会性

我常思索,有些专业刊物何以走进寻常百姓家?手头有本中国园林学会和上海市园林局主办的专业刊物《园林》,该刊在交流园林绿化经验,开展园林设计研究,传播园林绿化信息的同时,还热心普及园林绿化知识。在内容编排上,公共绿化、专用绿地(工厂、机关、学校)和家庭绿化"三分天下",既受到专业园林绿化工作者的欢迎,也受到花鸟鱼虫爱好者的青睐。这样,刊物就把专业知识普及到了社会上,在专业工作和社会之间架起了一座桥梁。

由此我想到了档案专业刊物。这几年来,我们档案宣传工作有声有色、颇有成效,但若从长计议的话,似乎还缺少一个稳固的宣传阵地,缺少一条长久的沟通渠道。不错,我们已拥有其他专业无可比拟的众多专业刊物,但基本上是"内向型"的,能否将档案期刊的功能拓展一些,使这片档案内部交流经验、探讨理论的园地辟出一条"蹊径",同时兼及向社会传播档案工作知识,展示档案工作的重要作用,以提高社会档案意识呢?

《上海档案》1989 年起,开始走上了这条道路。一年多来我们走得歪歪斜斜,深一脚浅一脚的,饱尝了跋涉者的甜酸苦辣,艰苦地寻找着理想的路标。为此,我们付出了很多,失去了不少。然而,却赢得了弥足珍贵的经验与体验,最为欣慰的是,这种尝试,得到国家档案局领导的鼓励与帮助,得到了众多读者、作者的理解、关心与支持。专业期刊的社会性,不能摆脱其专业性而存在,"皮之不存,毛将焉附?"档案期刊的社会性,如果离开了"档案性",那么也就失却了赖以生存的土壤,失却了刊物的个性与特色。重要的是,要寻找一个好的角度,我认为,这个角度就是档案与社会的"交叉点",以这样的角度来透视和反映社会与档案千丝万缕的联系,那就既有"根深"的"档案性",又有"叶茂"的社会性。

《上海档案》自创刊以来,一直孜孜以求这样的反映角度,追求"档案性"与社会性相得益彰的境界。我们先后设置了"名人与档案"、"档案与社会"、"档案启示录"、"档案透视"等栏目,以此把档案刊物的反映触角伸向了社会的方方面面、形形色色,运用生动的笔触,把档案与各级领导、企业家、工程师、艺术家、作家、医学专家、宾馆经理、公安干警、里委干部以及学生、导游、农村专业户等等之间的各种联系——清晰地凸现在读者面前,使社会读者增进了对档案工作的了解,使档案工作者多方位地意识到了自身的价值。但是,要准确地把握好这个"交叉点"并非轻而易举。首先,要寻找到这个"交叉点"。两条平行线,是永不会相交的。如果仅仅驰骋于档案天地而未发掘到其在社会有关方面的作用,或仅仅展示了色彩纷呈的社会生活,而未揭示其与档案的联系,那么,档案与社会就会"失之交臂"。其次,要反映好这个"交叉点"。档案,严肃而又不乏神秘;社会生活,多彩而又不乏冷峻。两者"碰撞",定会演绎出许许多多生动而又深沉的故事来。但是真正要把握好,的确不太容易。档案工作者对档案、档案工作"了如指掌",但对描绘形形色色的社会生活却力不从心,社会作者则相反,他们缺乏必要的档案意识与档案工作常识,难以找到准确的反映角度。由此看来,档案工作者与社会作者也要来个"交叉",进行"互补",帮助那些有一定文字基础的档案干部提高写作水平,帮助一些社会作者了解档案工作。这样,就能逐步形成一支基本的写作队伍,在这个"交叉点"上就大有文章可作了。

档案刊物中的内容,如果能被具有广泛社会性的报刊转摘,也就成为情报学上的"二次文献",那档案刊物的社会性,就有了一个广阔展现的天地。《上海档案》近几年来,时有文章被综合类或文摘报刊转摘,以近几期为例,《档案折射出的五彩世界——来自上海大宾馆大饭店的报告》被《报刊文摘》转摘;《赵祖康先生与档案》被《文摘报》转摘;《我国古代最大的档案库》被人民日报(海外版)转摘;《团圆梦——档案牵起两岸情》被文汇报转摘。这几篇被转摘的文章大致可分为三类:一是展现了档案在社会生活中的作用;二是披露了档案与知名人士之间的关系;三是介绍了档案史话,从中也可悟到档案刊物要辐射社会的一些捷径。通过拥有大量社会读者的报刊转摘,档案、档案工作的作用与意义,就将被更多的人所了解,社会档案意识也会由此而日积月累。

　　不少刊物已愈益注重扩大社会影响,编辑人员的视野已跳出了小小的编辑部,以刊物为依托,把社会作为广阔的背景和舞台,匠心独运地筹划了一系列光彩夺目的社会活动,以期获得刊物本身难以达到的成功。我们办档案刊物的,自知档案工作的社会性及不上其他工作广,又囿于目前的社会档案意识,以及开展社会活动所需的人、财、物,所以对社会活动参与不多,但有一次意外的收获,却留给我们不少思索。1988 年春,《上海档案》在上海自行车三厂等企业的协助下,举办了"凤凰杯档案知识大赛",原本的目的,只为了在档案系统内部进一步宣传,没想到,这样一个很不起眼,专业性又很强的知识竞赛,竟然也会在社会上引起小小的反响。试题刊出后,刊物成了"抢手货",尽管已比预订数增印了不少,还是供不应求,来买刊物的,大多是社会上的参赛者,有工人、教师、机关干部、工程技术人员、营业员、医护人员、海员、学生等。那些天,编辑部成了"热点",大量社会读者涌入了小小的编辑室,向我们询问各种各样的问题。对他们把握试题答案正确性的能力,我们大为惊讶,原来,他们已查阅了档案学所有的主要著作,而且能发现对同一问题两种版本的不同解答,当然,这也是他们最为头疼的。那时,不少单位的档案室也成了小小的咨询中心。竞赛结果揭晓后,一至四等奖获奖名单中,社会参赛者竟占一半以上。因而,我们大可不必自卑,在社会大舞台上,档案宣传工作是可以大有作为的。

(1990 年)

《档案》的优势所在

1987 年瓜果飘香的金秋时节,应甘肃《档案》杂志之邀,我们 20 多位档案刊物编辑同行相聚兰州,共商省市档案期刊的发展大计。会议期间,我们参观了榆中县档案馆后,顺便游览了距县城西南 5 公里处的兴隆山。峰峦叠翠,溪流潺潺,虽说没有岱宗的雄伟,匡庐的秀丽,黄山的神奇,但在这一广袤的黄土地上,兀地出现了这么一片苍翠的天地,着实让人击节赞叹。在那一刻,我不知怎么想起了甘肃的文化。虽说甘肃地处西北,自然条件不够优越,经济尚不甚发达,但文化却源远流长,让人折服。近年来甘肃的出版业更是令人刮目相看,一本《读者文摘》走遍大江南北,深入千家万户。就拿我们的同行甘肃《档案》杂志来说吧,在全国档案界也是颇有影响的。从山到文化,到刊物,让人浮想联翩,咀嚼不已。

我与《档案》(以前为《甘肃档案》)的接触,已有六七年了。1984 年,为创办《上海档案》,我曾认真研究了全国各省的档案期刊,其中《甘肃档案》是特别引人注目的一种,从中得益匪浅。《上海档案》问世后,为了学习,也为了竞争,又经常研究《档案》杂志,从中借鉴了不少经验。

我以为,《档案》杂志至少已形成了这样几个优势:一是创办时间早,积累了不少的办刊经验,算上杂志的前身,《档案》出刊已十年有余了,至今出刊刚好一百期。这在省级档案刊物中,可称得上是兄长了。其间又不故步自封,几经改版,锐意创新,取得了长足的进步。二是已拥有了自己的作者队伍。为《档案》经常撰稿的,既有造诣颇深的专家学者,也有"小荷才露尖尖角"的莘莘学子;既有省内的,也有省外的。这与《档案》的办刊方向是一致的。该刊数年来始终遵循这样的目标:立足本省,面向全国,宣传甘肃。三是已显露了自己的特色。"广纳百家之言,博采众说之长",这是《档案》孜孜以求的境界。可以说,《档案》的追求是卓有成效的。《档案》稿源广,内容新,论述深,时有耳目一新的佳作问世,给人留下了深刻的印象。

　　从百期《档案》杂志中,我看到了《档案》编辑人员奋发向上的精神。正如《档案》编辑部在一篇总结中表达的:"甘肃地处大西北,档案工作比较落后,但新时期赋予了新的特点,甘肃已成为开发西北的重要基地之一,档案工作和其他工作一样,不能自甘落后,要以外地之长补本地之短,借鉴全国,激励自己。"因而《档案》杂志"立足本省,走出甘肃,面向西北和全国,与全国档案界广泛交流,为介绍甘肃,宣传甘肃,支援甘肃,建设甘肃,振兴甘肃档案事业鸣锣开道。"拳拳之心,令人感动。在这《档案》期刊出版百期之际,祝愿《档案》杂志百尺竿头,更进一步。

（1990 年）

拱破原有的思维定式

　　1991 年,由《上海档案》主办的"企业与档案"征文活动落下了帷幕。这次征文活动,对促进企业档案管理向更高的层次跃升,无疑会具有十分积极的意义。然而,我以为它的影响不会局限于此,而将是多层面的。这次征文活动在反映和研究档案工作时,拱破了档案部门长期以来积淀而成的某种思维定式,给人以耳目一新之感。其一,征文主题确定为:"反映和研究档案工作在企业进步与发展中的地位和作用",这就没有囿于档案工作自身发展的狭隘视野,而是在档案工作和社会某一具体环境、具体现象相交叉,相联系上聚焦,扇面拓展了反映和研究的领域及内容;其二,征文的形式除了学术短论外,还融有通讯、特写、专访、杂谈等,以开阔的视角,多样的手段去观照"档案世界";其三,征文作者的职业颇为广泛,除了档案工作者外,还有厂长、经理、工程技术人员、企管人员、作家、记者、编辑、教师、大学生等,形成了新的作者群体,给征文活动裹挟进了阵阵清新之风。

(一)

　　以档案、档案工作为中心网络的社会关系来概括社会,通过对档案工作的矛盾、档案对企业兴衰成败的思考来触摸社会的规律,这是部分应征稿件孜孜所求的。

　　石大泱在《成也是档案,败也是档案》这一鲜明的标题下,追述了发生在湖北黄石市两家制药厂兴衰成败的真实故事:红星制药厂以其畅销四方的产品、名列前茅的产值闻名于黄石企业界,被盛誉为黄石企业界的一颗"新星"。然而这颗"新星"却被一个由街道作坊发展起来的光明制药厂击落了。该市企业界对此曾作了苦苦的探究,谁知答案竟是那么明确而简单:成也是档案,败也是档案。作者抓住了这两个颇具典型意义,颇有说服力的事例,同时并没有仅仅停留在对事例平铺直叙的描述上,而是把思考的触须敏锐地伸向了社会档案意识的深层,进行有理有据的剖析,给人以震撼。苏万生的《档案,故事不多》,向读者娓娓道来了几则围绕档案"事故"的故事。作者虽然没有进行直截了当的说理分析,但由于几则故事内容充实,特点鲜明,意蕴深厚,流淌着一组组思考的旋律,同样会拨动读者的心弦。王建湜、孙建兴的《一方土,一方五色土》给读者叙述的故事虽不那么惊心动魄,但由于较好地运用了背景材料,使全文弥散着哲理的气息。陈幸的《档案——宾馆优质服务之源》,则为读者启开了窥见宾馆"秘闻"的户牖,那一段段有声有色的故事的底蕴,原来都来自档案。此外,顾鸿年的《声像档案,企业创利的好帮手》、张振国的《从档案中赢得新效益》等文,也都选取了生动的事例,反映了企业"从档案中吮吸琼浆以壮实自己,从档案中寻找生命的支点或赖以生存的线索"的跌宕起伏的经历,读来也有新意。这些文章虽然列举的档案利用事例不多,少则一二个,多则三四个,但比那种简单地罗列一大堆档案利用效益的文章的说服力、感染力要大得多。

(二)

一条踏熟了的路径——"争取领导重视,制定规章制度,改善库房条件,汇编参考资料……我们是这样加强企业档案管理的。"尽管征文要求"研究和反映档案工作在企业进步与发展中的地位和作用",尽管编辑部曾应有关系统的要求,派员去参加座谈会,讲解如何论述和反映好这一主题,但是仍有为数不少的应征稿件依然沿着这条踏熟了的路径走来,把视野封闭在企业档案工作内部,株守一隅地大谈如何管理,如何升级。这也从一个侧面反映出了一些档案人员的思维定式。当然,也有一些上乘之作问世,它们开辟了一条新的路径。

王恩汉的《企业档案管理的重要理论课题》,是一篇切入点准确,理论有深度的佳作。正如作者在文中指出的那样:"如何研究企业与档案的关系,在这里怎样选择一个好的角度,是非常重要的。是从管好档案出发去研究,还是从企业生产、经营的需要考虑,这涉及到能否从更深的层次去认识企业档案对企业生产、经营的价值,关系到企业档案管理理论框架的建设。"作者不仅论述了企业档案工作的特点,而且由此层层递进深入论述了企业档案促进企业发展的特点,企业档案的投入与产出,企业档案的综合管理与整体建设,较为准确地把握住了企业档案工作与企业发展的关系,使之裸露出规律性的矿脉。刘凤坤的《活力·威力·竞争力》,着重论述了档案对提高企业素质的作用,并形象地将之概括为三个"力"——活力、威力、竞争力,是一篇有一定特色的好文。令人扼腕的是,文章没有做"足",理论上没能向更深的层次挺进。作者陈宝顺选了一个好题目:《企业档案与质量、品种、效益》,与今年国家对企业的要求颇为契合。作者提出:"企业开展质量、品种、效益年活动,关键要靠技术进步,而技术进步的根本,是捕获科技信息,而企业档案开发利用是企业技术进步最可靠、最经济的信息资源。"这一观点,无疑是精当确切的。然而,尽管该文把视野移出了档案部门,但最终仍没有跳出那种摆上一个观点,罗列几个事例的论述方法,无论从力度而言,还是从深度来看,都还欠一定的"火候"。至于其他几篇论述性的得奖征文,在这方面的"痕迹"就更加多了,这是档案部门作者思维定式的另一种表现。相对而言,刘光宏的《企业档案利用工作面临的挑战及我们的对策》,理论色彩较浓郁,作者着重分析了中小企业档案开发利用工作的"滞后"现象,并提出了克服这一现象的相应对策。作者认为:"我们应把注意力聚焦在科技人员的利用活动上,创造出符合新形势下现阶段规律的提供利用方法,并在此基础上改革现存的利用'滞后'现象。"全文观点新,材料新,论述角度新,就一篇档案学论文来说是出色的,但遗憾的是,该文与本次征文所要展现的主题,还有不小的距离,因而未能评上较高的等级。这与该文成文时间较早有很大的关系。

（三）

　　以企业领导的档案意识,来观照档案工作在企业中的地位,这虽说不无一点"人治"的味道,但在现实生活中却是颇能说明问题的。在目前的情况下,档案工作向前演进的杠杆,往往来自领导的档案意识。正是从这个意义上说,领导的档案意识特别难能可贵。因而不少应征稿件写了企业厂长、经理,写了他们关心重视档案工作的动人事迹,以此来凸透出档案工作在企业中的地位与作用。

　　于是我们面前走来了可亲可爱的几位厂长、经理：刘长林、林秀山、杨武领、黄棣洪……地处偏僻老区的江西吉安国营四三八零厂，企业档案管理工作却走到了全省的前列，这成功里熔铸了全国五一劳动奖章获得者刘长林的一番心血；上钢二厂新建了一个现代化的库房：安装了花费近20万元的档案密集架，铺上了红黑格子的地毯，安放了大功率的空调机、去湿机……令许多大企业钦羡眼红，这都是上任不久的林秀山厂长一手筹划的；上海硫酸厂杨武领厂长"将思维的触角伸展到了极易被人疏忽的部位：企业档案"，他亲自挂帅，抽调精兵强将充实档案科，身体力行，充分利用档案信息为科学决策服务；马鞍山钢铁公司副总经理黄棣洪常说的经验之谈是："企业要生存离不开档案，要发展更离不开档案。"该公司的人、财、物均向档案部门"倾斜"。作者钟益财、唐华德、印岚、毕长春没有把笔停留在对企业领导如何重视档案工作上，而是还写出了厂长、经理们思想脉络的走向和心理嬗变的历程，剖析了企业领导重视档案工作的动因，从而从一个侧面展示出档案工作在企业中的地位及作用。

（四）

　　通过作者本身对档案工作感同身受的袒露，来间接地反映出档案工作在企业中的地位和作用，这是部分应征稿件选取的又一角度。它揭示了这部分作者了解、理解、热爱档案工作的精神流程。作者的笔尖下流淌着清澈明净的情感的河流。

　　沈嘉禄的《让生命在档案中闪光》，以清新优美的文笔，娓娓叙述了他，一位小有名气的业余作家，与档案工作"结缘"的心路历程。作者最后在文中充满激情地写道："我把我的心血溶化在这份建设性的工作中了，因此格外珍惜它……当我的生命结束之后，我的作品也许被人遗忘，但档案却载着我的笔迹存在于这个世界上……"这种升华的认识，不也从另一种角度折射出了档案工作的地位吗？河北省唐山市棉纺织厂的张欣，以《我无怨无悔的选择》为题，向广大读者真诚袒露了自己的心迹，她曾无数次地"诅咒"过档案工作，但在人生的又一个十字路口，却心甘情愿地选择了档案工作，因为"是档案事业中经受的痛苦、奋斗、代价和喜悦,才能使我真正领会了人生的真谛和个人的价值。"这些对档案事业的一片倾心,令人折服,令人感动。很可惜的是,尽管这两篇文章内容充实,文笔流畅,感情真挚,富有感染力,但与征文的主题尚不够贴近,因此在评奖的时候,评委们不得不忍痛割爱,"贬"之为三等奖。此外,值得注意的现象是,"无怨无悔"地选择了档案工作,要"让生命在档案中闪光"的两位作者,都是来自档案战线上的新兵。这就让人思考:档案战线如何引进一批有作有为、敢作敢为的人才,使档案工作不断盈溢着新的活力? 再则,档案工作如何不断迸发新的"刺激点",使长期从事这一工作的人们保持亢奋的精神状态? 当然,这似乎是题外话了,本文只能点到为止。

（1991 年）

站在历史与未来的连接点上

——《山西档案》十岁寄语

（一）

我与《山西档案》的关系始于 1990 年,那年夏天,《山西档案》编辑部和《山西革命根据地》编辑部联手承办了第五次部分省市档案期刊工作研讨会。我们 16 家中央和地方档案期刊的编辑先后会聚在太原市的迎泽宾馆和省档案局的招待所,从更广阔的背景上,更高的层次上来考察和反思我国档案期刊工作的过去、现在和未来,在一系列重大问题上达成了共识。那时离 1989 年春夏之交的"动乱"仅仅一年多,因此,就档案期刊工作而言,这次会议尽管是"民间"自发组织的,其意义却是不可低估的。与会者都十分感谢山西同仁为此次会议所作出的贡献,也十分珍惜这一机遇,进行了积极而富有成效的讨论乃至争论,并在一些原则问题上取得了一致。事实也已证明,这次会议对 1989 年后,我国档案期刊的健康发展是十分有助的。也就在这次会议上,我认识了山西省档案局的领导,他们对档案期刊的重视与关心,对办刊工作的理解程度都给我留下了很深的印象。同时,我也结识了《山西档案》和《山西革命根据地》的同仁。我以为,在档案期刊的编辑队伍中,山西是比较强的。这一印象不仅是从与他们短暂的交往中得出的,更是从他们所办的刊物中得到的。后来,当《山西档案》、《山西革命根据地》两刊合并为《山西档案》后,编辑水平又上了一个新的台阶,获得了"1 + 1 > 2"的整体效应。近年来的《山西档案》在两个方面给我的印象尤为深。一是不失时机地组织对档案界热点问题的讨论。在现代"冲击波"面前,积极引导三晋大地广大档案工作者面对挑战,抓住机遇,拓宽视野,锐意创新,较好地发挥了期刊的舆论导向作用。二是积极推动档案理论与实践的发展,编发了不少有一定理论深度和工作指导意义的佳作问世,引起了档案界不少同行的关注,因而,《山西档案》被列入档案学、档案事业类的核心期刊,是当之无愧的。当然,《山西档案》的特色和成绩并不限于此两点。

(二)

《山西档案》十岁了,我们的《上海档案》也快十岁了,全国大多档案期刊也或早或晚走过了第一个十年,跨入了第二个十年。档案期刊第一个十年的成绩是有目共睹的。是不是可以这样概括,第一个十年是我国档案期刊的初创期,其主要标志是:档案期刊从《档案工作》一家,发展到现在的70多家,初步形成了一个档案期刊群,成为档案宣传出版事业中一个主要的组成部分和重要的支撑力量;部分档案期刊已从工作简报中脱胎出来,开始按照期刊自身的办刊规律发展着,并已崭露出一些办刊特色;在众多的档案期刊中,已形成15家档案学、档案事业类的核心期刊。

面对过去的十年,我们当然问心无愧。我们这为数不多的文弱书生,合力支撑起了这片天,开拓出了这块地。办期刊,远不如一些人想象得那么潇洒,个中艰辛,只有自己最明白。所以,我们也需要别人的理解,领导的、师长的、广大读者的。

第二个十年,是跨世纪的十年。对我国档案期刊来说,是一个十分重要的时期,是否可称之为发展期? 我以为,这一时期的主要特点是档案期刊将经历世纪相交时期的震荡和骚动,在市场经济条件下求生存图发展。正如人们常说的:挑战与机遇并存。新世纪的到来,市场经济运行机制的确立和运转,会给档案工作以及档案期刊工作带来一系列新的问题,同时,也会给予我们前所未有的机遇,就看你能否把握了。对此,山西档案界的同行已做了有益的探索,这从近期的《山西档案》上可以窥见。

站在历史和现实的连接点上,我们有很多问题要思考,有很多事情要去做。档案期刊的发展已进入了一个新的历史时期,这是一个比初创期更为艰难、更多忧患的时期,但也一定更为壮美、更多收获。伟人说过:"雄关漫道真如铁,而今迈步从头越。"我谨以此与《山西档案》的同仁共勉。

(1994 年)

困惑和诱惑同在

——《档案与建设》十岁断想

（一）

我们的读者常抱怨，档案期刊林林总总，却总有千人一面之感，有个性、有特色的不多。这是切中档案期刊编辑工作的时弊的。当然，期刊要办出特色来，实属不易；档案期刊要办出特色来，更属不易。个中的原因是多层面的，但有一点是特别应该引起我们关注的，这就是我们档案部门负载的历史承传过于沉重，连我们的编辑记者也难以"潇洒走一回"。档案期刊似乎早已铸就了办刊的思维定式，要拱破它，除了勇气，还要胆识。

怎样才能办出档案期刊的个性和特色来？这不是一两句话所能言明的。但我以为，只要从自己的各种实际出发，注重发挥自己的各种优势，就能办出自己的个性和特色来。这方面，《档案与建设》是有建树的。

《档案与建设》最大的特点就在于贴近现实，贴近档案事业发展的现实，贴近档案业务建设的实际，深深扎根于大江南北的沃土里。江苏地市的档案工作颇为出色，刊物就常有各级领导"指点"档案工作的宏论；江苏乡镇企业实力非常雄厚，编辑部的视野就常在乡镇企业档案工作上聚焦；江苏基层档案工作相当活跃，刊物就积极引导开展各类业务问题的研究；江苏有着一大批事业心强、素质好的档案干部，刊物就为他们袒露自己的感同身受提供园地，展示他们热爱档案工作的精神流程。由此可见，《档案与建设》的定位是准确的，这是由其特定的办刊宗旨和与之相适应的受众群体的需求所决定的。这也是《档案与建设》十年来不断取悦于广大读者的成功之处。

（二）

当我们和《档案与建设》以及其他档案期刊的同仁同贺十岁佳节，共享成功喜悦时，我以为，我们不妨增强点忧患意识。毋庸讳言，当我们大多数省级档案期刊迎来十岁生日佳期时，正默默承受着新旧体制转换时期的阵痛。诸如机构的变动、人员的流动、机制的转换，给档案期刊传统的生存模式带来了不小的震荡，订数下降、经费紧缺、广告匮乏、作者队伍萎缩等等，各种问题与矛盾接踵而来。是我们认真正视这些现实问题的时候了。那种以不变应万变的态度犹如"鸵鸟政策"，机遇将与其失之交臂。为了使我们的档案期刊在新的层面上跃起，我以为，首先，我们要树立竞争观、超越观。我们的档案期刊长期以来缺少一种内在的驱动力，似乎无须竞争，无须超越，因袭着"老谱"就可以不断走下去，"称霸一方，各领风骚"。在市场经济的冲击波面前，这样的定式势必将遭到破坏和瓦解，对此，我们不能无动于衷，不仅在档案圈子里要培植并形成良好的竞争机制，还要有勇气到社会上去闯荡一番。其次，我们要发挥群体智慧的互补效应。历史的推进，要求智能优势的集约，创新精神的凝聚。档案期刊的发展，也要求充分利用群体智慧的互补优势。在这方面，我以为我们有关的主管部门对我国档案期刊的生存与发展似乎缺少应有的热情和扶持，对档案期刊的整体推进缺乏组织，缺少帮助。倒是民间的联络断断续续保持着，彼此间择优补歉，获益不少。

（三）

前苏联文艺理论家巴乌斯托夫斯基在他那本著名的关于作家劳动的札记《金蔷薇》的最末一节："对自己的临别赠言"中写道：

"这本书的写作好像在陌生的国土上旅行，每走一步都可以发现新的远景和新的道路，它们不知道把你引向何方，但却预兆着许多助长思考的意外的东西。所以即使不全面，像一般所说的，粗枝大叶地，但还是应该搞清楚这些错综交织的道路，这是饶有趣味的，而且实在是必要的。"

这段"临别赠言"对我们挥手告别第一个十年的档案期刊编辑同仁来

说,是不无启迪的。我在今年初《山西档案》十岁寄语中曾写道:"档案期刊进入的第二个十年,是跨世纪的十年。""这一时期的主要特点是,档案期刊将经历世纪相交时期的震荡和骚动,在市场经济条件下求生存图发展。"我国档案期刊还年轻,还幼稚,尽管路途上有着太多的忧患,太多的困惑,但依然是充满希望,充满诱惑的。只要我们同心协力,积极开拓,勇于探索,在档案期刊发展的第二个十年里,一定会有更多收获,更多成功。我想,这也是我们庆贺《档案与建设》以及其他档案期刊创刊十周年的根本目的所在吧。

(1994 年)

远亲不如近邻

——给《浙江档案》的同仁们

一、远亲不如近邻

或许是近邻的缘故吧,在与各地档案期刊的接触交往中,我们《上海档案》与《浙江档案》的关系最为密切了。近年来,我们曾联手举办过一些活动,例如"档案你我他"征文活动。我们编辑部的几次笔会、研讨会都安排在浙江,每次都得到《浙江档案》同仁的鼎力相助和热情关照,例如千岛湖"改革潮中话档案"笔会,温州"市场经济与档案工作"研讨会。那一年,我还应邀参加了《浙江档案》编辑部在西子湖畔举行的全省通联会议,为我提供了在浙江宣传介绍《上海档案》的难得机遇。那份真诚、那份气度,令我感佩不已。浙江秀丽的风光和《浙江档案》同仁的友情,酿就了一杯杯浓香的醇酒,令我们心醉。由此,我深切地感受到,维系我们两个编辑部之间这种关系的,又不仅仅是因为近邻。

二、四十岁,人生的"中途岛"

提到《浙江档案》,或许眼前还离不开许绍州。十年来他一直主持编辑部的工作。在我们这个圈子里,他是一个非常活跃,同时也是一个点子颇多的人物。我与他的初次谋面是在十年前北国美丽的大阳岛上。那回,在《黑龙江档案》王鹏举、王英俊的多方奔走,四处联络和省局领导的热情支持下、全国部分档案期刊首次工作研讨会终于在哈尔滨揭幕了。那时,正值地方档案期刊初创之际,我们近十家地方档刊的编辑首次聚会,那激动的神情至今还难以忘怀。悠悠十载,弹指一挥间。太阳岛上聚首的同仁,有的荣升了,有的下海了,有的退休了。所剩无几的还在操持着老行当。终于,许

绍州也走了。今年春天,他去宁波市委政策研究室就任副主任要职了。对于他的走,我能理解。他是个不甘寂寞的人,况且生命之船行将驶入四十岁这一人生旅程的"中途岛"。匆忙的人生之旅在这里可以"奢侈"地休整一下,退出那匆匆的行列,静观那依然匆匆的现在和将来,去把握人生的最后一次机遇,就此改变生存的环境,置换已经拥有与失却的,寻找新的生命轨迹,实现新的人生价值。许绍州走了,他去把握人生最后一次机遇了。

三、大千世界有你的一席之地

许绍州离得开《浙江档案》,《浙江档案》也离得开许绍州。许绍州走后,《浙江档案》还照样出,还是每月一期,还是有滋有味、显山露水。

尽管有扎实的基础,尽管有强大的惯性,但当你了解到推动每月一期刊物编辑、印刷、发行运转的主要是这么两位年轻人,你就不得不为之吃惊了:一位是美编出身的胡晓阳,一位是刚出大学校门不久的周峰林。

今年6月初,我在北京昌平档案期刊工作研讨会上初识小周,她的名字像男子汉,其实是位热情的姑娘。而后,我在8月中旬厦门《中国档案》通联会上再会小胡。我从他们那里了解到了《浙江档案》目前的状况,我从很现代的小周和很实在的小胡那里读到了难能的热情和执著。由此,我也不无痛苦地感悟到了年轻的美丽和力量。当然,我知道支撑《浙江档案》的不会仅仅是他们两位,他们身后一定集聚着一股很强的合力,来自领导,来自作者,来自读者。

英国作家迈克斯·埃尔曼曾富于诗意地说过:你就像地上的树木、天上的星星一样是宇宙之子。大千世界有你的一席之地。不管你自己是否意识到,毫无疑问,天地是按自身的规律向每个人洞开着。两百期以后的《浙江档案》在年轻人手中一定越发生气勃勃、婀娜多姿,我相信!

（1995年）

以小见大　由浅入深

——写在《济南档案》创刊十周年之际

在全国林林总总的 70 多家档刊中,也许《济南档案》算是"小"的。说其小,一则该刊既不是全国性的,也不是省级的,而是一份市级档刊,主要面向本市档案工作者;二则该刊容量不大,每年 4 期,每期 2 个半印张,全年 20 多万字;三则该刊设置的栏目小而颇具特色,讲求"一得之见"。这或许正是该刊在当前档刊激烈竞争中得以顽强生存、健康发展的立身之本吧。

大有大的难处,小有小的优势。《济南档案》根据自己的正确定位,在"小"字上大做文章。其中"一得之见"的栏目办得尤为出色。因为面向的主要是本地档案工作者,因此帮助广大读者解决业务工作中的一些具体问题,对刊物指导功能的体现就显得非常重要。诸如如何正确写案卷标题、怎样保证干湿球湿度计测试准确无误、怎样使调出用完的案卷迅速回位等等档案管理中的 ABC 也登上了刊物的"大雅之堂",而这些 ABC 对基层档案工作者想必是很受欢迎的。当然,"一得之见"又不局限在传统的档案管理的 ABC 上,而同时把思考的触角伸向了现代社会给档案管理带来的新的 ABC 上,从这些文章的标题上即已透示出了现代气息:《发挥软件优势,提高录入速度》、《"一会一节"话档案》、《企业档案人员也要重视处理好公共关系》、《胶卷档案稳定性判定有"诀窍"》、《进入市场不能忽视经营档案》、《高校音像档案分类编号之我见》,等等。这些文章题目小,篇幅短,一事一议,一得一见,与基层档案工作贴得近,不仅指导档案人员如何具体操作,同时也拓宽了档案人员的视野。当然,《济南档案》这方面的特色栏目不仅仅是《一得之见》,而《泉城古今》、《趵泉横萧》、《济南文化名人》等也是一组很有地方特色的小栏目。如果《济南档案》就此停留在"小"字上做小文章,那么她的生存发展空间未免太局促了,可喜的是,她不仅在"小"字上大做文章,而且在"小"字上做"大"文章,这就是,她在贴近基层档案工作的同时,还努力用十分有限的篇幅去关照时代给档案工作提出的新课题,社会生活与档案工作之间的碰撞,编发了一批颇有分量、很有见地的文章,如《城市档案与城市发展》、《来自天堂的报告》、《又一次不该发生的……?!》等,把广大档案工作者的视野移向了更高的层次,更开阔的天地,使整本刊物给人以小见大,由浅入深的感觉。

办刊物难,办档案刊物更有其难,要把一份档案"小"刊物办出自己的特色和个性来,能在如林的档刊中生存发展,那就更为艰难了。十年辛苦不容易。我由衷地期待,《济南档案》在保持特色、发扬优势的基础上,再接再厉、更上一层楼,在世纪之交的第二个十年中再创辉煌。

(1996 年)

《湖南档案》及其当家人

（一）

　　《湖南档案》在全国省级档刊中至少在这样几个方面是可以称"大"的：一是创刊早，是全国首批问世的省级档案刊物，已 15 岁了。12 年前，当《上海档案》正在孕育之际，《湖南档案》等首批出版的地方档刊，成了她的一个催生婆。二是发行量大，最高发行量达到 3.5 万份，这在全国省级档刊中也许是首屈一指的，许多发行量正跌入低谷的省刊编辑部对此都惊羡不已。三是动作大，不时推出大笔之作，组织评选全省"十佳档案员"即是一例，从全省上万名基层档案工作者中"千里挑一"，评出"十佳档案员"，其发动之广，影响之大，令人折服。

（二）

　　在我印象中，湖南省档案局的领导历来对档刊编辑工作很重视。十年前，时任湖南省档案局副局长的刘国能在长沙主持了全国部分档案期刊第二次研讨会。这次会议对正在开始形成的档案期刊群进行了分析评价，当时，刘副局长指出，全国大多数档案期刊正处于从工作简报向期刊发展的脱胎期。这一颇有见地的看法，准确地概括了档刊发展初期的特征。现任局长李明秀对档刊也"情有独钟"，又是在刊物上撰文，又是到发行会上作动员，又是参加论文评选、"十佳档案员"的评定，殷殷之忱，让人感奋。"领导重视是关键"，是套话，也是实话。

（三）

　　与《湖南档案》副总编老田结识已久，一副大智若愚的模样常让人忍俊不禁，有胆有识，又深蕴几分机警，是个性格鲜明的人物。有一件事特别让人难忘。记得多年前初识他时，他的舞跳得并不好，再加上身材上"三围"的欠缺，那别扭的舞姿常让人捧腹大笑。但一年后再见他时，舞池里的他潇洒自如，风度翩翩，与以往简直判若两人。后来才得知，他曾发誓要学好舞。现在，会议之余的娱乐场合他是最活跃的，又唱又跳，满室生辉，满座皆惊。这真是富有传奇色彩的"神来之举"，这种"神来之举"，"移植"于《湖南档案》上，那就会折射出别样的风采了。

（1996 年）

有感于档案期刊"变脸"

临近岁尾,又闻档案期刊"变脸"声。已有几家广而告之,明年将全新改版。

手头有两份"变脸"的试刊本,一份是《湖南档案》,一份是甘肃的《档案》。也许是厚积薄发,两份"变脸"的试刊都显山露水,自成一格。

据有关统计,我国档案期刊已达70多种。这对于其他行业、其他专业似有点匪夷所思。这一独特的社会现象倒很值得研究一番。这些期刊大多创办于20世纪80年代,十多年来,除了一部分以不变应万变,有滋有味地固守着一方外,大多还是有变化的,内部发行的转为公开发行了,双月刊的改为月刊了,小十六开本的变为大十六开本了,其中的一部分进入了全国核心期刊之列,有的还被评上了省一级期刊。档案办刊人殚精竭虑,苍天可鉴。

如果排除了发行范围、出刊周期等的变化外,那么档案内容"变脸"的始作俑者当属《上海档案》了。惜乎,《上海档案》的"变脸"不识时机,不识时务,结果不得不遭遇尴尬。历史会有惊人的相似之处,却不会简单重复。现在"变脸"的档刊,已"享受"不到《上海档案》当年的遭际了。但这份难以忘却的经历,还是能让人汲取不少有益的东西的。

伴随着人们资讯要求的提升和城市化进程的加快,各式各样的期刊已组成一道显眼的人文景观,而纷纷"变验"的期刊又为这道景观增添了缤纷色彩。当它们一改昔日的老脸孔争相浮出水面后,不仅是在抢占现有的读者份额,更是在创造新的阅读领域和新的读者群。上海有本《人民警察》,原本是份纯而又纯的业务刊物,面孔比我们档刊还板,后来却因讲述着一个又一个迷离曲折的破案故事而走进寻常百姓家。上海还有份《编辑学刊》,是份以编辑理论和实践为内容的专业期刊。前两年改版后专业特色依旧,但增设了"编坛三家村"、"语文门诊"等栏目,拉近了与业外读者的距离。

不少获得成功的期刊,开发的过程往往是一个由专业性内容走向大众的过程。但这一过程如何走,这个"脸"如何"变",却颇有讲究的。《人民警察》是一种走法,《编辑学刊》又是一种走法;《湖南档案》是一种"变"法,《档案》又是一种"变"法。而《湖南档案》在"变"时又留了一手,6期面向业内,6期面向社会;一半是火焰,一半是海水。

近日,来自全国20多家文学期刊的负责人会聚沪上,就"文学期刊的困境与出路"、"能否将纯文学进行到底"等问题进行了热烈的讨论。移花接木,"能否将纯档案进行到底",是各家档刊要回答的。事实上,各种回答已经发出了。面对这些回答,对于档案人来说,千万不要轻易作出谁优谁劣的评判,讨论是需要的,争论似大可不必。要留给"变脸"的档案期刊更多的时间和空间。

（2001 年）

路，在脚下延伸

——写在《上海档案》出刊 100 期之际

自 1995 年 1 月《上海档案》双月刊创刊号问世，至 2001 年 7 月《上海档案》第 100 期出刊，《上海档案》走过了跨世纪的 16 年半的路程。百期《上海档案》，记录了新时期上海档案事业开拓奋进的历史进程，钩沉了上海史料的"沧海一粟"，揭示了档案与社会、历史、人生的密切联系，展现了档案人筚路蓝缕、艰苦创业的精神风貌。

（一）

《上海档案》的档案，记录了她行色匆匆的步履：1985 年 1 月，《上海档案》开始在档案、图书、文秘、情报资料等系统内部发行；1989 年 1 月，《上海档案》开始通过邮局向社会公开发行，并进入期刊发行的零售市场网络；1990 年 7 月，《上海档案》、《档案与历史》两刊合并，改名为《上海档案工作》；1991 年 7 月，《上海档案工作》开始向境外发行，首批订阅者来自美国、英国、法国、日本等国以及我国香港、台湾地区；1992 年 1 月，《上海档案工作》被列入了世界著名检索期刊美国的《历史文摘》，发表的文章在美国的《历史文摘》和《美国历史与生活》上备有摘要与索引；1995 年 1 月，《上海档案工作》恢复《上海档案》刊名；2000 年 6 月，《上海档案》再次荣膺全国中文（档案学、档案事业类）核心期刊。

百期《上海档案》发表各类文章 4000 多篇，共计约 1000 万字。刊发的部分文章曾被《人民日报》、《解放日报》、《文汇报》、《报刊文摘》、《文摘报》和中国人民大学报刊资料中心《档案学》等转载、转摘。《上海档案》编辑部于 1995 年曾将发表在该刊上的部分文章计 30 万字编辑合成，取名为《叩开档案神秘之门》，由复旦大学出版社出版。百期《上海档案》累计发行达近百万册,读者遍及全国各地。十六年来,《上海档案》以其独特的风采跻身于我国档案期刊之林。

(二)

改革开放和现代化建设是新时期中国社会生活的主旋律。《上海档案》紧扣时代脉搏,追逐改革浪潮,"书写"了一篇篇华章。刊物从三个方面来发挥导向功能:一是浓墨重彩地展现档案工作为经济建设、社会发展和改革开放服务的成果;二是引导开展档案工作自身改革的研讨,努力把思维的触角投注到社会运行方式、运作机制对档案工作的碰撞和影响,从中来考察和反映档案工作面临的新课题、新对策;三是热情弘扬档案系统先进集体、先进人物无私奉献、开拓进取的精神。浦东新区及各开发区,地铁、大桥、隧道等重点建设项目,东方明珠、上海大剧院。浦东国际机场等标志性建筑,第八届全运会、上海国际少年儿童艺术节、上海国际茶文化节等重大社会活动,国有企业、股份制企业、外资企业等有关方面的建档工作和档案管理与服务工作都进入了刊物重点报道的视野。自1992年起,编辑部先后组织召开了"深化档案工作改革"、"社会主义市场经济与档案工作"、"开发区档案管理现状及其模式"、"档案馆拓宽社会功能"、"新领域档案工作的现状及走势"、"档案中介机构理论与实践"、"档案依法行政和行政执法"、"改革发展中的上海企业档案工作"等专题研讨会。为纪念党的十一届三中全会召开20周年,与《档案学通讯》编辑部联合召开了研讨会,京沪两地档案界专家学者高屋建瓴,多角度、多层面地回顾总结了改革开放20年来档案理论与实践的重大成果及历史经验。编辑部还在上海召开社会有关方面人士参加的"改革开放中的档案工作"座谈会。这些专题研讨活动,对上海乃至全国档案工作产生了较为深刻的影响。另外编辑部还集中组织了几次档案系统先进集体、先进个人的报道,对不同历史时期的先进档案工作者,还作过追踪报道。

上海的地理环境、经济地位、社会结构和文化传统等给上海地区档案的形成、管理和利用形成了诸多特点,上海档案部门依托这些优势有声有色推进了工作,《上海档案》以开阔的视野,多样的手段对此进行了观照。百期

《上海档案》刊发的业务交流文章,从总量上是最多的。刊发文章的内容在重点突出档案法制建设、档案现代化管理,企业档案、重点工程项目档案、新经济领域档案和社会重大活动档案管理的同时,注意辐射到档案工作的各个环节和各类档案的管理,以适应不同层面档案工作者的需求。刊物在着重推出上海地区档案工作新经验的同时,也注意介绍各地档案工作的新成果。

坚持"百花齐放、百家争鸣"的双百方针,推进档案学理论研究,是编辑部拳拳服膺并身体力行的。不论是专家学者,还是莘莘学子;不论是"鸿篇巨制",还是"一得之见",只要有利于事业、有利于学术,能言之有理、持之有故,都在刊发之列。刊物在学术上既标新立异、不同凡俗,又注重实事求是、切合现实。《上海档案》尽管是双月刊,内容又呈多样化,每期刊出的学术论文容量有限,但从 1991 年全国进行中文核心期刊评选以来,一直占有档案学、档案事业类核心期刊的一席之地。刊物把丰厚学养,促进档案学理论研究作为自己的责任,同时,也承担起了培养学术新人的义务。十多年来,刊发的一些理论上颇有建树的论文,大多出自学术新人之手,其中有的还荣获中国档案学会、上海市社联、上海市档案学会优秀学术成果奖。

随着档案业务对外交流活动日趋活跃,刊物除以一定的容量来传播海外档案工作新技术、新信息外,还注重向海外介绍上海的档案工作。1996年,为祝贺第十三届国际档案大会在中国召开,《上海档案》编辑出版了彩色特辑,上海市市长徐匡迪和国际档案理事会第十二届主席为特辑撰写了文章。在档案期刊国际交流与合作研讨会上,这本中英文对照的特辑受到国际档案理事会秘书长和外国同行的赞赏。

(三)

《上海档案》创刊伊始,就注意把视野延伸至社会。这是基于这样几个原因考虑的:一是新时期档案事业从封闭逐步走向开放,愈益成为一项与国家各项事业紧密结合并为之服务的具有广泛社会性的事业;二是档案工作的根本目的是为社会有效地提供利用档案信息资源,加强与社会的联系,才能提高服务效益;三是长期以来档案部门缺少对外宣传的舆论阵地。1989

年春，国家档案局召开了建国以来首次档案宣传工作会议，提出了"立足档案，面向社会，振奋档案人员精神，增强社会档案意识，为发展我国档案事业服务"的档案宣传工作方针。这一方针的确立，为《上海档案》的进一步定位定下了坚实的基调。刊物把揭示档案与社会、历史、人生的联系，宣传档案工作社会、经济效益，增强社会档案意识作为自己的一项使命，努力为档案、档案工作、档案部门与社会之间架起一座沟通的桥梁。刊物开辟了一些具有创意的栏目：档案启示录、档案你我他、档案与社会、人生档案、档案面面观、史料钩沉等；组建起了一支社会作者群，以他们的感同身受和生动的笔触来"演绎"跌宕起伏而富有内涵的档案故事；经常邀请社会有关人士参加编辑部举办的研讨会、笔谈会等；注重采访一些社会名人，如巴金、刘海粟、苏步青、李国豪、袁雪芬、孙道临等，请他们倾吐自己与档案结下的不解之缘和对档案工作的理解，同时，也引导档案人除耕作学术论文、业务文稿之外，在刊物上倾吐自己的心声，描绘多彩的人生。这种具有人文关怀精神介入社会生活的方式，并不是一开始就得到档案界的认同的。但随着时间的推移，档案人逐步宽容、融通甚而热忱接纳了这一方式。因为有了这座"桥"，不仅增强了人们的社会档案意识，同时也提高了档案人的档案社会意识。

与此同时，编辑部还尝试将活动的舞台从刊物拓展到社会。例如，每年或每隔两年举办一次征文活动，有的征文主题有一定的社会性，如企业与档案、档案你我他、档案叙事等，并邀请著名作家担任评委。另外还举办了几次规模较大的档案知识竞赛。这些活动组织和吸引了许多行政领导、管理人员、科技人员、职工、教师、学生等社会各方面人员参加，对增强社会档案意识，提高社会档案法制观念发挥了积极作用。自1997年起，刊物承办了上海十大档案新闻的评选和发布活动，对档案部门争先创优，树立精品意识起了推波助澜的作用。

（四）

沉甸甸的百期刊物，体现了各级领导的亲切关怀，汇聚着广大读者、作者、通讯员和全国档刊同仁以及社会各有关方面人士的热忱扶持，凝结着全体办刊人的如许心血。尤使编辑部感到难以忘怀的是,1987 年编辑部提出采访时任上海市市长江泽民的提议得到了有关部门的高度重视,在市档案局领导的支持和组织下,这一提议最终促成了 1987 年 8 月 27 日《上海档案》和解放日报记者联合采访江泽民同志,江泽民同志到上海市档案局、上海市档案馆检查工作,并就档案工作发表重要讲话的重大活动。两年后,经中共上海市委办公厅报中央有关部门批准同意,江泽民同志的这一重要讲话在《上海档案》1989 年第 5 期上公开发表,这对全国档案事业的发展具有深远影响。

　　百期刊物,在档刊中可能已不算少,但在林林总总的社科期刊中,她还是十分年轻的。努力保护和开发利用档案资源,是档案人始终如一的目标,因此,《上海档案》任重而道远,她将以新的手笔绘就新的辉煌。

(2001 年)

档案期刊的资源配置

期刊是一种重要的传播媒体。在当前国家对期刊发展实行"控制总量、合理布局、优化结构、提高质量"的方针下,期刊资源及资源的合理配置显得尤为重要。

我国档案期刊群形成于20世纪80年代,到90年代初已初具规模。据1992年5月全国档案期刊工作会议披露,全国档案期刊达70余种,其中有全国统一刊号的25种。据2000年版《中文核心期刊要目总览》报道,列入档案学类专业期刊一览表的期刊达105种,其中13种列入档案学核心期刊。列入表中的105种期刊,有25种从名称上即可辨认为工作简报及内容与档案不符的期刊。这样,列入表的档案期刊实为80种,与90年代初相比略有增加。档案学的相邻学科信息与知识传播类期刊列表的有97种,图书馆学、情报学类期刊列表的有96种。与相邻学科期刊比较,档案学期刊在数量上是与之接近的。80种档案期刊已自然形成明显的结构体系。以主办单位划分,大致可分为国家级、省(部)级、市级三级和档案局馆(学会)、高等院校、业务协作组三类;以报道类型划分,大致可分为工作指导、学术研究、史料公布三类;以出版地区划分,各省、自治区、直辖市都有,有的副省级市和省辖市也办有档案期刊;以发行范围划分,可分为国内外公开发行、国内公开发行、内部资料三种。档案期刊的这种结构体系是档案工作发展和档案期刊规模扩大后自然形成的,总体上满足了档案部门和档案工作者的需求。但毋庸讳言,其缺陷也是显而易见的,特别是期刊的报道类型过于单一,重复严重,80种档案期刊中,工作指导类期刊占80%以上,而时政性、科普性、文化休闲性等档案期刊却至今未问世。有的省办有省级和市级多种工作指导类档案期刊,多的达6至8种,不可避免产生期刊内容重复、发行艰难等弊病,造成档案期刊资源配置不甚合理。

国家新闻出版署有关部门认为,目前我国8000余种期刊大致可分为

"发展类"和"生存类","发展类"期刊占总数的 20% 左右。"发展类"期刊能够自负盈亏,面向市场意识较强,竞争机制较完善;大多数的"生存类"期刊因主要依靠公费出版、订阅,或因品种退化、品种重复及市场与社会接纳程度低等原因,存在较严峻的生存危机。就此而论,80 种档案期刊大部分可归入"生存类"期刊。传媒整合与重构的大环境,对档案期刊的资源配置会产生什么影响呢? 至少目前这种影响还远未全面波及。对大众期刊而言,市场是期刊结构的调节手段,能够适应市场需求的期刊会发展、繁荣,反之将会被淘汰出局。然而,像工作指导类的档案期刊,并未真正融入市场,而是依托着行政经费、行政手段在一个封闭的系统中运行,依然能够偏安一隅,自得其乐。但是,随着改革的深入,国家有关新的期刊政策规定的出台实施,期刊业整合重组的影响必然会波及到档案期刊。个别档案期刊在行政经费"断奶"的情况下,开始了"变脸",6 期依然为工作指导,面向业内;6 期以"摄取社情世态,洞悉历史真相"为主旨,面向社会,"一半是火焰,一半是海水"。虽是无奈之举,也是应对之策。在要波及而尚未全面波及之际,应是档案期刊与时俱进思考变革的大好时机。变,比不变好;早变,比晚变好。有志之士可率先作些有益的探索。比如,一个省如有 5 种档案期刊,能否在省内将其重组整合,办出几份个性鲜明、优势互补的档案期刊来呢? 比如,有的档案期刊能否调整办刊方针,面向社会呢? 如能这样,档案期刊将进行第二次创业,不少档案期刊将由"生存类"期刊脱胎为"发展类"期刊,档案期刊资源配置也将更趋合理、优化。

(2002 年)

档案期刊的社会定位

　　档案期刊要生存和发展必须思变,而思变的前提便是期刊正确的社会定位和发展战略。一般而言,档案期刊的社会定位是明确的,无论是办刊方向定位,还是读者定位和内容定位都是从档案工作、档案人员、档案专业期刊的实际出发的。因而这种定位使档案期刊一直处于较为稳定的发展状态中。

　　在期刊整合重组的背景下,档案期刊的定位是否要作必要的调整呢?从思变的角度看,这种调整应该是势所必然的。当然,这种调整主要是针对工作指导类档案期刊而言的。工作指导类档案期刊办刊方针主要为宣传政策法规,开展业务交流,进行学术探讨,传播工作信息;内容上大致分为四个板块:工作信息、业务交流、学术研究、档案与社会;读者主要来自四个层面:有关领导、档案人员、档案院系师生以及关心档案工作的人员。应该说,这种定位有其独特的优势:在专业上有权威性、可靠性和实效性;在期刊市场上占据着唯我独有、他人所无的有利空间;有着虽有局限但却相对稳定的读者群。但由于定位雷同,工作指导类档案期刊栏目类似,内容重复,依靠行政手段在本区域内把守征订份额等已成了不争的事实。这对档案期刊的长远发展显然不利。

　　在新形势下,思变的工作指导类档案期刊在定位方面可作两种调整选择:一是办刊方针和读者定位基本不变,内容定位上稍作调整,突出业务交流、学术研究、档案与社会中的某一板块,相对弱化其他板块,或内容定位基本不变,但对"工作指导"注入新的理念,拓展其内涵和外延,并以较为时尚的样式反映之,以使期刊的个性凸出,并逐步形成自己的风格特色;二是进行转型,在办刊方针、内容和读者、风格定位上做大的调整,使档案期刊由面向业内转为面向社会。前一条思变之路,应是不少档刊可选择的,这样可打破档刊"千人一面"的尴尬,办出特色,创建品牌。即使是在学术性、业务性上做大"蛋糕",也是很有可为的。档刊中虽已有 2 份高层次的学术类刊物,但并不能满足档案学研究人员和档案工作者的需求。如有一两份省级档刊在档案学术园地上异军突起,敢于学术创新,成为青年学者和莘莘学子的"精神家园",那不也很有价值吗?即使是"工作指导",也要适应新的工作内容、新的读者审美观念的需要。不能忽视这样一个简单的事实,档案人员的年龄结构、文化程度、审美情趣较之十多年前已有了明显的变化。近年来,我国新闻学界对新闻传播的指导性作了新的思索。原来的指导性思想是建立在组织传播基础上的,过分强调工作组织方面的指导和经验报道,但新的指导性概念,则远远跨出了组织传播的大门,建立于大众传播的理论上,突出服务意识,突出大众意识。读者需求是期刊生命的决定因素,不断变化的读者需求会给刊物带来压力和动力,使期刊顺应读者需求不断创新。然而,对于公费出版、公费订阅的大部分档刊来说,读者需求的压力和动力往往难以显现,这也许是造成部分档刊"以不变应万变"办刊思路的原因吧。档刊要思变,应重视读者的需求,适应读者的需求。在工作指导类档刊中,注入文化的内涵,增加社会的内容,揭示档案与社会、历史、人生的密切联系,是一些档刊尝试已久并不断进行探索的。这虽然不可能奢望由此增加社会读者的份额,但至少可扩大档刊的社会影响。一些视角新颖、社会性较强的文章被大众媒体转载后,不仅增加了社会读者的档案意识,也增加了社会读者对档刊的认同感。同时,这种办刊理念、办刊风格已愈益受到档案工作者的欢迎。而在 10 多年前,这种办刊理念和风格是很难在档案界中立足的。当然,这种尝试和探索还需继续,风格的形成、品牌的建树,毕竟不是一蹴而就的。不过,这种尝试和探索期刊也会为此付出一定的代价,这种代价已不是来自档案工作者的批评,而是来自权威机构的评判。1992 年起,我国开展了中文核心期刊的评定工作。档案期刊评定核心期刊的主要来源和依据是刊发的学术论文。这就使一些注重社会性的档刊处于两难境地,不得不在刊发一定容量的社会性文章的同时,刊发较多有分量的学术文章,以免被挤出核心期刊的圈子。这不能不给刊物的整体风格带来一些负面的影响。

在档案期刊的架构中,如有几份以社会读者为主的"立足档案,面向社会"的档刊,那无疑会给档刊创造新的阅读领域和新的读者群。因而档刊另一条思变之路,不必讳言,是一种办刊方针、内容和读者定位的转型。工作指导类期刊向社会大众类期刊转型的成功例子已不少。创办于建国初期,由上海市公安局主办的工作指导类刊物《人民警察》在 20 世纪 80 年代中期成功转型后,发行量一路攀升,近年来期发行量一直保持在 23 万份,始终占据着上海十大发行量最大期刊的一席之地。城市机关报和行业报的转型也为办刊人提供了新的办刊理念和思路。近年来,一些城市机关报转型为介于机关报和晚报之间的都市报,一些面向业内的行业报转型为面向大众的消费指导类报,在报道手法和内容上作了变革,使它在服务性和发行方式上更加满足市民的需求。当然,档案期刊的转型不能照搬其他报刊转型的模式,要充分挖掘和利用档案资源,准确把握期刊的市场定位。对于档刊转型往往有一个认识误区,即档刊面向社会,就是堆砌一堆历史故事和轶闻。倘若在十多年前,这类秘闻还颇有市场的话,那么今天它却会受到冷遇。即便是很有史料价值的揭秘内容,如果没有好的策划、好的手笔、好的包装,也很难风光地"嫁"出去。历史故事类报刊从上世纪 80 年代初的兴盛到世纪末的渐渐淡出,给档刊的转型提供了很好的启迪。一种媒体能否生存发展,要看有没有独特的市场支点,能不能扬长避短地适应这些市场支点的需求。档案资源,无疑是支撑档刊发展的市场支点,因而档刊转型必须坚持"立足档案,面向社会"的方针。同时,对于档案资源的运用,也应转换视角,拓宽视野。档案虽与历史结缘,但档刊运用档案资源不能囿于清宫秘史、民国名人,特别要适应现代读者的阅读习惯和审美情趣。除了"历史类"以外,档案期刊转型还可以有其他选择,比如"时政类",以新闻和旧闻有机的结合,图片和史料互动的样式来记录和反映时代发展、社会变迁,也不失之为档刊利用档案资源的新视角,这样的档刊不仅有社会价值,还有收藏价值。再比如"休闲类",现在档案馆正在开发文化休闲功能,那么,这种功能能否体现在档案期刊上呢?总之,不论是调整定位,还是转型,只有思变,档案期刊才能发展。

(2002 年)

档案期刊的环境建设

档案期刊的环境建设包括政策环境、学术环境和运作环境的建设。

政策环境,主要指国家档案行政管理部门对档案期刊的发展提出的有关方针政策。新时期以来,国家档案局先后于 1989 年和 1992 年召开了全国档案宣传工作会议,于 1992 年召开了全国档案期刊工作会议,提出了全国档案宣传工作的方针、任务,总结交流了全国档案期刊的发展情况和办刊经验,对档案期刊的长足发展发挥了重要作用。档案行政管理部门虽然不是期刊的直接管理部门,但作为行业管理部门,可以依据本行业的特点及需要对档案期刊的发展进一步提出指导意见,制定推进政策。

学术环境,主要指对档案期刊及档案期刊工作的理论研讨和业务交流活动。20 世纪 90 年代以后,随着档案期刊群的初步形成,对档案期刊的评论也开始见诸档刊。从不同的视角对档案期刊的现状、问题和前景发表了各自的见解,对促进档案期刊的健康发展具有积极的意义。档案宣传部门、档案期刊及关心期刊发展的读者,应该对期刊评论工作给予更多的关注,为评论提供更多的空间,营造更好的氛围。档案期刊群发轫之际,档刊之间的协作交流就已开始。自 1985 年,部分档案期刊在哈尔滨召开了首次档案期刊研讨会,至 2001 年,已先后举行过 14 次这样的研讨会。此外,区域性档刊交流活动近来也在开展。在此期间,还曾举办过几次专题性档刊研讨会,如 1993 年十家档案期刊在杭州举办了"档案期刊走向市场研讨会"。这些交流活动总体而言取得了较好的成果,特别是有的交流研讨活动对档案期刊的发展富有建设性意义。现在有必要对档刊的交流活动进行总结和审视,以进一步提高交流的实效。

运作环境,主要是指档案期刊编辑出版工作的机制和条件。由于受传统行政管理体制的影响,不少档刊的管理体制和运作机制还带有浓厚的传统色彩。"小作坊式"的运作,一两个人集采访、编辑、发行、广告于一身"包打天下"的做法,显然与期刊的现代运作机制相去甚远。现在的档案期刊在管理模式、人员设置、物资配置等方面也要有所变革。期刊有自身的运行规律,按照简报的程式办刊,刊物终将难以褪去简报的"胎记"。期刊办刊人员,是期刊发展的主要因素。办刊人员观念意识的转换对期刊的发展至关重要。广告经营,已成为有些档刊财力的重要支撑。但广告内容大多为档案装具、管理软件,这种广告来源很难鲜活持久。拓宽广告来源,档案期刊除了面向社会别无选择。此外,对于财力有困难的档刊,目前行政上的补贴还是需要的。对学术理论期刊采取补贴出版的保护措施,在国际上也是通行的。我国档案期刊正面临一个新的发展阶段,机遇与困难同在,只要敢于创新,勇于实践,相信档案期刊一定能走进一片新的天地。

（2002 年）

我们共同走过的路

——写在《浙江档案》出刊 300 期之际

　　这是一条筚路蓝缕的创业之路。20 世纪 80 年代初,伴随着档案工作从封闭走向开放,档案学研究从孤寂走向繁荣,一批省市级档案期刊应运而生,纷纷从工作简报中破茧而出,裹挟着一股清新之气走进了中国期刊方阵。我们这些人,立马摇身一变为编辑、记者,甚至主编、副主编。为了完成这一角色的转换,我们付出了许多。从铅排到照排,从单色到彩色,从 32 页到 64 页,从季刊到月刊,从内刊到外刊,迢途上迈出的每一步,无不凝结着办刊人的心血。20 多年来,林林总总的档刊与时俱进地记录着档案事业的发展变化,由此汇聚成一部恢弘翔实的新时期中国档案史。在这条路上,《浙江档案》是走得快的,她已出刊 300 期了,从这个意义上说,《浙江档案》无愧是一个领跑者。她是最早在省级档刊中推出月刊的,她那明快俊逸的风格,已植根于档案人心中。

　　这是一条孜孜不倦的探索之路。开始,我们亦步亦趋地循着档案期刊的龙头老大《中国档案》(当时称《档案工作》)的印迹走着,渐渐,我们不满足于"邯郸学步"了,不断探寻着各自的办刊特色。王国维曰:"词以境界为最上,有境界则自成高格。"填词如此,办刊亦如此。20 多年来,即便穷极工巧,也难以达到"自成高格"的境界。"红杏枝头春意闹",有了"闹"字才有境界;"云破月来花弄影",有了"弄"字才出境界。路漫漫其修远兮,档刊的"闹"字、"弄"字何处可觅呢? 我们的探索从没间断过。我们离开了踏熟的路径,拱破了定型的思维,以开阔的视野、多样的手段去观照"档案世界"。我们在档刊的"小众化"、"大众化"之间游走。尽管至今未能寻找到"自成高格"的境界,但不倦的探索为档刊的发展增添着新的活力。其中还不乏有多家保持个性、彰显特色的档刊,《浙江档案》即是其中的一家。20 多年来,尽管编辑部人员换了一茬又一茬,但刊物稳中求变、变中谋发展的精神却层层递交。

这是一条举贤任能的成才之路。编者、读者、作者携手并进，延揽新风，喜摘硕果。办刊理念、运作机制、市场定位的发展与变革，锻造了一支档刊编辑队伍，成为档案宣传工作中的生力军。曾经有过一段办刊的经历，以后从事其他工作时，定会有更高的境界，更阔的视野，更深的思索，就像老师不一定记得曾经执教过的每一位学生，但学生一定难忘每一位教诲过自己的老师一样，办刊人不一定记得每一位作者，但作者一定难忘每一份曾经提携过自己的刊物。或许，他和她就从这里起步，赢得了喝彩和掌声，在人生坐标上找到了合适的位置；或许，仅仅是被编辑慧眼所识的一篇佳作的推出，改变了他或她一生的命运。300 期《浙江档案》曾推出数以千计的习作、佳作和力作，许多人一定难忘西子湖畔的这片"精神家园"。

这是一条志同道合的友情之路。我们一同创业，一同探索，一同发展。虽说我们之间会有竞争，会有碰撞，但是因为我们是走在同一条路上，竞争可以成为动力，碰撞可以变为推力。我们曾相聚在北国的太阳岛、中原的五台山、西北的宁卧庄、南国的"世界之窗"，共谋档刊的生存、发展之计。路，在脚下延伸；友情，在心中储存。

（2004 年）